新文科·新传媒·新形态 精品系列

新媒体
节目主持策略与技巧

微课版

白海◎主编
邓君◎副主编

人民邮电出版社
北京

图书在版编目（CIP）数据

新媒体节目主持策略与技巧 : 微课版 / 白海主编.
北京 : 人民邮电出版社, 2025. -- (新文科·新传媒·新形态精品系列教材). -- ISBN 978-7-115-66306-1

Ⅰ. G222.2

中国国家版本馆 CIP 数据核字第 2025WN4862 号

内 容 提 要

本书旨在为新媒体环境下的节目主持人提供全面的主持策略与技巧指导，内容涵盖新媒体节目主持概述、新媒体节目主持人培养、短视频节目概述、短视频节目的主持策略与技巧、直播节目概述、直播节目的主持策略与技巧及网络节目主持等。本书通过理论讲解、案例分析、课后实训相结合的方式，帮助节目主持人提升在新媒体环境下的专业素养，增强新媒体节目的吸引力和影响力。

本书适合作为高等院校新闻传播、网络与新媒体、播音与主持艺术等相关专业的教学用书，也可作为新媒体、互联网及其他相关行业从业者的参考读物。

◆ 主　　编　白　海
副 主 编　邓　君
责任编辑　林明易
责任印制　陈　犇

◆ 人民邮电出版社出版发行　　北京市丰台区成寿寺路 11 号
邮编　100164　　电子邮件　315@ptpress.com.cn
网址　https://www.ptpress.com.cn
涿州市京南印刷厂印刷

◆ 开本：787×1092　1/16
印张：9.75　　　　2025 年 6 月第 1 版
字数：245 千字　　　　2025 年 6 月河北第 1 次印刷

定价：49.80 元

读者服务热线：(010)81055256　印装质量热线：(010)81055316
反盗版热线：(010)81055315

前言

党的二十大报告提出："加快发展数字经济，促进数字经济和实体经济深度融合，打造具有国际竞争力的数字产业集群。"短视频与直播是数字经济的重要组成部分，为新媒体节目主持人提供了新的表现平台，合理使用新媒体节目主持策略与技巧能提升短视频与直播内容的质量。

在新媒体时代，节目主持不仅仅起传递信息的作用，更是与观众建立情感连接、引导舆论走向、塑造品牌形象的关键环节。新媒体节目主持的重要性日益凸显，它不仅体现节目质量，更体现媒体机构的软实力和核心竞争力。新媒体节目主持的核心在于"互动"与"创新"："互动"是指新媒体节目主持人在节目中与观众的实时交流，这要求主持人具备快速响应和深度沟通的能力；"创新"则是指新媒体节目主持人在主持风格、内容呈现、话题选择等方面呈现独到之处，以吸引和留住观众。

学习新媒体节目主持策略与技巧对于个人和媒体机构都有十分重要的意义。对个人而言，学习新媒体节目主持策略与技巧可以提升语言表达、逻辑思维、情感表达等多方面的能力，为职业发展打下坚实的基础。对媒体机构而言，拥有一支优秀的新媒体节目主持团队，可以提升自身的品牌形象和市场竞争力，吸引更多的观众。

为了让读者更高效地掌握新媒体节目主持策略与技巧，并将其应用到实践中，我们有针对性地设计并编写了本书。

本书具有以下特色。

- **紧跟行业热点，突出实践应用。**本书紧扣当前新媒体节目的热点话题和趋势，将理论与实践相结合，注重培养读者的实践能力。通过大量的案例分析和实践演练，读者能更好地掌握新媒体节目主持的策略与技巧。

- **内容丰富多样，分析深入透彻。**本书内容丰富多样，涵盖了新媒体节目主持的各个方面，包括开场白的设计、现场互动技巧、情感表达方式等。同时，本书还深入分析了新媒体节目的特点和规律，为读者提供了实用的指导建议。

- **注重创新思维，引导读者思考。**本书在介绍新媒体节目主持策略与技巧的同时，也注重培养读者的创新思维。除此之外，本书还通过对行业前沿动态的介绍和分析，引导读者思考如何在新媒体节目中实现创新和发展。

- **配套资源丰富，辅助教师教学。**为丰富教学内容，满足读者学习需求，本书编者制作了丰富的配套资源，包括 PPT 课件、教学大纲、电子教案、拓展资料、微课视频等。用书教师可登录人邮教育社区（www.ryjiaoyu.com）搜索本书书名或书号获取。

本书由四川文理学院白海教授担任主编，由邓君博士担任副主编。本书是四川省教育厅高等学校人文社会科学重点研究基地巴渝民间艺术研究中心（项目编号：BYMY22B02）、达州市哲学社会科学重点研究基地巴文化传承发展研究中心（项目编号：BCF2023YB22）、四川文理学院高层次人才科研启动项目（项目编号：2022GCC05R）的成果之一。尽管我们在编写过程中力求准确、完善，但书中难免有疏漏与不足之处，恳请广大读者批评指正。

编 者

2025 年 3 月

目录

第 1 章　新媒体节目主持概述

知识目标

1. 了解新媒体的由来、发展与传播。
2. 了解新媒体节目的由来与发展。
3. 了解新媒体节目主持人的概念、类型。
4. 了解新媒体节目主持人应具备的技能与素质。

能力目标

1. 了解新媒体的发展阶段和发展趋势。
2. 熟悉新媒体节目的特征。
3. 具备新媒体节目主持人应具备的技能与素质。

素质目标

1. 树立成为一名合格新媒体节目主持人的理想信念。
2. 培养以美育人、以文化人的价值观和精益求精的工匠精神。
3. 树立主动承担责任、为团队积极付出的奉献精神。

2021—2023 年，中国新媒体行业围绕战略传播、数字经济、元宇宙、网络治理、互联网出海等热点内容发展，发展的关键词是“变局”。新媒体行业发展成果显著、特点鲜明，展现出巨大活力与创新力，这意味着下一代互联网正在走来。

1.1　新媒体概述

1.1.1　新媒体的由来

“新媒体”一词由英文“New Media”直接翻译得到，所以要了解“新媒体”的起源，还得从“New Media”一词的来源说起。新媒体的由来可以追溯到 20 世纪中叶。1967 年，美国哥伦比亚广播电视网技术研究所所长戈德马克（Goldmark）[①]率先使用“新媒

① 戈德马克是黑胶唱片（Long Playing Microgroove Record）和电子录像（Electronic Video Recording，EVR）的发明者。

体”（New Media）一词。

1．新媒体的概念

新媒体是利用数字技术，通过计算机网络、无线通信网、卫星等渠道，通过互联网、移动通信等新兴信息技术手段及计算机、手机、数字电视机等终端，发挥信息传播、社交互动、娱乐休闲等功能的媒体形态。从空间上来看，新媒体特指当下与传统媒体相对应的，以数字压缩和无线网络技术为支撑，利用其大容量、实时性和交互性，可以跨越地理界线，最终得以实现全球化传播的媒体。

广义的新媒体包括两大类：一是基于技术进步而出现的媒体形态，尤其是基于无线通信技术和网络技术而出现的媒体形态，如数字电视、交互式网络电视、手机终端等；二是随着人们生活方式的转变，以前已经存在，现在才被应用于信息传播的载体。

狭义的新媒体仅指第一类，即基于技术进步而出现的媒体形态。

实际上，新媒体可以被视为新技术的产物，数字技术、多媒体技术、网络技术等新技术的出现均是新媒体出现的必备条件。

总之，新媒体的由来与数字技术和网络技术的不断发展密切相关，它打破了传统媒体的传播模式，使得信息的传播更加精准化、对象化，并且具有更强的互动性。

2．新媒体的特点

新媒体诞生以后，信息传播媒介的形态就发生了翻天覆地的变化，如出现了地铁电视、楼宇电视等，传统媒体的传播内容被移植到了全新的传播空间。新媒体具有鲜明的特点，主要包括以下几个方面。

- 全方位的数字化：新媒体通过全方位的数字化，将所有的文本内容缩减成二进制元编码。与传统媒体相比，其生产、分配与储存过程将全部数字化。
- 超强的交互性：新媒体实现了信息传播与接收的个性化，可以以网络环境为基础，基于用户使用信息的习惯、偏好和特点向用户提供满足其各种个性化需求的服务。新媒体超强的交互性使得每个人都可以成为信息的传播者和接收者，这种去中心化的传播方式使得信息的传播更加快速和广泛。新媒体独特的网络介质使得信息传播者与接收者的关系走向平等——信息接收者不再轻易受信息传播者“摆布”，而是可以发出更多的声音，影响信息传播者。
- 跨时空性：新媒体利用通信卫星和全球互联的网络进行数据传输，完全打破了有线网络的限制和国家等行政区划和地理区域的限制，这让用户可以在地球上的任何角落和世界相连。
- 内容表现形式多样：新媒体传播的内容除文字，还有图片、音频、视频等形式。
- 全民化趋势明显：新媒体传播的门槛很低，逐渐呈现“人人都是自媒体”“万物皆可播”的状态。
- 个性化突出：用户经常发出一些网络“金句”、网络段子，内容呈现非常明显的个性化特点。
- 用户选择增多：新媒体与传统媒体相比更加“自由”，这让用户有更多的选择。
- 信息发布的实时性：新媒体大大提升了信息的传播速度，打破了传统媒体定期传播的规则，让信息传播没有时间和地域限制，这让用户可以通过计算机、手机等实时发布信息并及时接收信息。

1.1.2　新媒体的发展与传播

随着技术的不断进步和发展，新媒体也在不断地发展变化。

1．新媒体的发展阶段

在科技的驱动下，新媒体的发展历经了多个阶段，每一个阶段都标志着信息传播和文化交流方式的变革。在这些发展阶段中，新媒体不断进化，成为我们生活中不可或缺的一部分。

- 精英媒体阶段：在新媒体诞生之初的一段时间内，仅有为数不多的群体有机会接触新媒体，并使用新媒体传播信息，这部分人多数是媒介领域的专业人士，具有较高的文化素质，因此这一时期称为精英媒体阶段。
- 大众媒体阶段：当新媒体大规模发展并得到普及时，其发展历程就进入了大众媒体阶段。直至今日，以手机等移动媒体为主的新媒体已为广大受众所享有，利用新媒体传递知识、信息成为一种常态。精英媒体向大众媒体发展，离不开媒介技术进步所带来的传播成本的下降，这让新媒体以更低的传播成本、更便捷的传播方式及更丰富的信息传播内容成为一种大众媒体，其传播的内容及形式从某种程度上甚至改变了人们的生活方式和对媒介本质的理解。
- 个人媒体阶段：伴随新媒体技术的不断发展及普及，以往没有占据媒体资源和平台，但具备媒介特长的个体，逐渐开始通过网络来发表自己的言论和观点，因此这一时期称为个人媒体阶段。

2．新媒体的发展趋势

新媒体是一个整体概念，其内容包罗万象。为方便理解，下面将选取更贴近生活的新媒体平台的发展趋势来感受新媒体行业的发展。

新媒体平台的发展趋势有以下几个。

- 内容为王和流量至上：优质、独特、有价值的内容始终是吸引用户的关键，新媒体平台只有提供有深度、有见解、有情感共鸣的内容，才能在信息海洋中脱颖而出，赢得用户的青睐；流量不仅代表用户的关注度，更代表新媒体平台的商业价值和影响力。内容与流量相辅相成，共同推动新媒体的不断发展和进步。
- 更关注社交化和互动性：新媒体平台越来越注重社交化和互动性，强调通过用户间的互动和社交功能的开发，增强用户黏性和改善用户体验。这不仅能提高新媒体平台的活跃度，也能促进社区的形成。
- O2O（Online to Offline，线上到线下）化：新媒体平台通过线上营销和线下体验相结合的方式，打造全新的用户体验。例如，新媒体平台可以通过线上推广和线下门店联动，打造全新的消费场景和品牌形象。
- 商业化和变现模式创新：随着新媒体平台的不断发展，商业化和变现模式创新将成为其未来发展的重要方向。新媒体平台需要探索新的变现模式，涉及广告、付费内容、电商等方面，以满足用户的多元化需求。
- 品牌建设和口碑管理：随着新媒体平台的不断发展，品牌建设和口碑管理将成为新媒体运营的重要组成部分。新媒体平台需要通过各种方式打造自己的品牌形象和口碑，增强用户的信任感，从而提高自己的影响力并增强用户黏性。
- 区域一体化建设：区域一体化建设可以更好地整合资源和技术，推动全媒体传播体系的发展。
- 媒体融合发展规范化程度更高：在技术驱动和网络生态不断变革的当下，我国媒体融合发展已从“野蛮生长”转变为规范化、标准化运营。为应对互联网空间新形态和舆论引导需求，解决媒体融合发展中的各种挑战和问题，传媒产业在转型升级发展的同时也不断细化内容，构建体系化、科学化的媒体融合范式。

- 注重主流意识形态与网络舆论空间治理：数字化进程加速网络空间意见流动，滋生如网络暴力、网络谣言等互联网乱象，同时各级别媒体融合发展存在差距，舆论引导能力仍有待提升，因此，未来新媒体平台需要更加注重主流意识形态的传播与网络舆论空间的治理。

在未来的发展中，新媒体平台会根据技术进步和社会需求的变化而不断调整和创新。

3．新媒体的传播特征

以数字技术为代表的新媒体，其最大特点是打破了媒介之间的壁垒，消融了媒体介质间、地域间，甚至传播者与接收者间的边界。新媒体的传播表现出以下几个特征。

- 媒体个性化突出：由于技术的原因，以往所有的媒体几乎都是大众化的。而新媒体却可以做到面向更加细分的受众，即个人，个人可以通过新媒体定制自己需要的新闻。也就是说，每个新媒体受众手中最终接收到的信息内容组合可以是一样的，也可以是完全不同的。这与传统媒体受众只能被动地阅读或观看毫无差别的内容有很大不同。
- 受众选择性增多：从技术层面上讲，通过新媒体，人人都可以接收信息，人人也都可以充当信息发布者，受众可以一边看节目、一边播放音乐，同时参与节目的投票，还可以对信息进行检索。这就打破了只有媒体机构才能发布信息的局限，充分满足了受众的细分需求。与传统媒体是“主导受众型”不同，新媒体是“受众主导型”，新媒体的受众有更大的选择权，可以自由阅读，可以放大信息。
- 表现形式多样：新媒体的表现形式多样，其可融文字、音频、画面为一体，即时、无限地扩展内容，从而使内容变成“活物”。
- 信息发布实时性增强：与广播、电视相比，新媒体可以不受时间限制，随时发布信息。

4．新媒体与传统媒体在传播上的对比

新媒体和传统媒体在传播上发生了许多变化，但也有一些不变的地方。

（1）变化的部分

新媒体和传统媒体在传播上发生变化的部分为以下几个方面。

- 传播方式：新媒体采用了双向传播方式，所有参与者都可以同时选择成为信息的发布者和接收者；而传统媒体则采用单向传播方式，信息接收者只能被动接收信息。
- 信息的个性化程度：新媒体传播的信息更加个性化，信息发布者可以根据不同视角和见解传递个性化的观点；而传统媒体传播的信息则缺乏个性化。
- 信息传播与接收的移动化程度：新媒体摆脱了空间的束缚，实现了信息的移动化传播和接收；而传统媒体在信息的传播与接收上均体现出较强的限制性。
- 信息传播的实时化程度：新媒体实现了实时传播，使信息的传播与接收之间的时间大大缩短；而传统媒体的信息传播与接收具有较强的滞后性。
- 信息表达形式的丰富程度：新媒体在信息表达形式上的选择更为丰富，文字、图像、声音等多种传播形式的融合成为新媒体传播的一种趋势；而传统媒体在信息的表达形式上通常具有很强的局限性。

（2）不变的部分

新媒体和传统媒体在传播上没有发生变化的部分为以下几个方面。

- 信息都需要发布者：无论是新媒体还是传统媒体，都需要发布者来传递信息。
- 信息都需要经过审核：无论是新媒体还是传统媒体，都需要对信息进行审核，确保信息的真实性和准确性。

- 信息都需要接收者：无论是新媒体还是传统媒体，都需要信息接收者来接收和理解信息。
- 信息都需要一定的载体：无论是新媒体还是传统媒体，信息都需要一定的载体，例如文字、图片、声音等。

1.2 新媒体节目概述

1.2.1 认识新媒体节目

新媒体节目是一种以互联网为基础制作的各类音频、视频、文字、图片等节目，它通过互联网平台进行传播，为观众提供各种形式的娱乐和信息服务。新媒体节目的兴起，一方面得益于互联网技术的不断进步，节目的传播方式和制作方式都得到了极大的改善；另一方面，随着社会经济的发展和人们生活水平的提高，人们对精神文化生活的需求也在不断增加，新媒体节目以其便捷、高效、互动性强的特点，逐渐成为人们获取信息和娱乐的主要方式之一。

新媒体节目为观众带来了前所未有的视听享受，其特征表现为以下几个方面。

- 形式多样：新媒体节目的形式非常多样，包括视频、音频、文字、图片等，不同的形式还可以根据不同的需求和目的进行组合运用。
- 互动性强：新媒体节目具有很强的互动性，观众可以通过评论、点赞、分享等方式参与节目，与节目制作者和其他观众进行交流和互动。
- 个性化推荐：新媒体节目可以通过算法和数据分析，根据观众的兴趣和喜好进行个性化推荐，增强观众黏性并提升满意度。
- 内容丰富：新媒体节目涵盖了各种领域和主题，包括新闻、娱乐、体育、科技、文化等，可以满足不同观众的需求。
- 更新速度快：新媒体节目可以随时随地更新和发布，观众可以及时获取最新的信息和内容。
- 广告植入灵活：新媒体节目在广告植入方面非常灵活，这让节目制作者可以根据节目的特点和观众的喜好进行合理的设计和安排，提高广告效果和观众体验。
- 社交属性强：新媒体节目可以通过社交媒体等渠道进行传播和分享，从而扩大影响力和覆盖面。

总之，新媒体节目是一种具有独特优势和特点的媒体形式，它不仅可以满足观众多样化的需求，还可以通过互动、个性化推荐等方式增强观众黏性。同时，新媒体节目也需要不断创新和改进，以适应市场的变化。

新媒体节目是当代信息科学技术与文化艺术相互结合的产物。它以数字多媒体及互联网技术为支撑，包括新媒体节目广告、网络游戏等，在造型和传播机制层面具有科学模拟、多媒介融合、互动参与和平等共享的特质。

新媒体节目的类型包括网络新闻、网络直播、网络电影、网络剧、网络综艺、网络访谈等。随着技术的不断发展和人们消费习惯的不断变化，新媒体节目的类型也将不断丰富和发展。

1.2.2 新媒体节目的发展

新媒体节目的制作和传播方式随着新媒体技术的进步而不断发展。从最初的文字和图片传播，到现在的视频传播、音频传播、互动直播等多元化的传播方式，新媒体节目的制作和传播已经实现了全方位的数字化和网络化。同时，随着人工智能、大数据等新技术的应用，新媒体节目的制作和传播也更加智能化和精准化。

新媒体节目的发展也面临一些挑战。一方面，新媒体节目的制作和传播需要大量的资金和技术支持，成本较高，一些小型媒体机构和个人难以承担；另一方面，新媒体节目的传播速度极快，风险也较高，一些不良信息的传播可能会对社会造成不良影响。

新媒体节目的发展受到许多因素的影响，包括技术、市场需求、政策法规等，它的发展趋势可以概括为以下几个方面。

- 内容多样化：随着新媒体平台的不断涌现，新媒体节目的内容也呈现多样化的发展趋势。除了传统的新闻、娱乐节目，新媒体节目还可以以短剧、直播带货、赛事解说、互动游戏等形式呈现，能满足不同观众的需求。
- 形式创新化：新媒体节目的形式也在不断创新。例如，虚拟现实技术、增强现实技术等新技术的应用使节目形式更加新颖、生动，同时也提高了观众的参与度和体验感。
- 传播全球化：新媒体节目的传播不再受地域和语言的限制，全球化成为新媒体节目发展的一个重要趋势。各类新媒体平台可以通过互联网将节目传播到全球各地，供不同国家和地区的观众同时观看和交流。
- 观众个性化：随着互联网技术的发展，观众的需求和喜好也变得更加个性化和多样化。新媒体节目需要根据不同的观众群体进行个性化定制，以满足其个性化需求和喜好。
- 运营商业化：新媒体节目的运营也需要考虑商业化的因素。例如，通过广告投放、付费订阅等方式实现赢利，同时与其他媒体进行合作，实现共同发展。

未来，随着技术的不断进步和市场需求的变化，新媒体节目的发展还将面临新的机遇和挑战。

案例分析

《唐宫夜宴》火爆“出圈”现象分析

若问近几年春节期间哪家电视台的春节联欢晚会（以下简称“春晚”）曾给人留下深刻印象，很多年轻人的观点高度一致——2021 年河南春晚。

2021 年河南春晚有多火？自播出后，其迅速引发现象级传播，相关话题连续 6 天在快手、抖音、微博、知乎等平台登上热搜榜。截至 2021 年 2 月 17 日零点，2021 年河南春晚全网累计点击播放量超 27 亿次。河南春晚的《唐宫夜宴》等节目在微博 2021 年春晚最受欢迎的节目评选中获得 116 万名网友投票，稳居全国第一。河南春晚视频仅在微博的观看次数就已超 20.4 亿人次，相关话题阅读量达 25 亿次。其中，舞蹈《唐宫夜宴》（见图 1-1）成功“出圈”，灵动的舞蹈演员如从画中走出，再现了开放的大唐之美，“唐朝小姐姐”的一颦一笑令人难忘。作为该节目的创意来源之一的乐舞俑也吸引无数观众前往河南博物院感受传统文化的魅力，前去观展的观众甚至排出 200 多米的长队。

图 1-1　舞蹈《唐宫夜宴》

这些乐舞俑姿态各异、惟妙惟肖，共同组成一场小型宴乐演出。据了解，1959 年，安阳的张盛墓出土了隋代乐舞俑 13 件，其形制完整，为研究隋唐时期的音乐舞蹈制度提供了珍贵的实物资料。其中，乐俑 8 件，其形象生动，长裙铺地，分别手持琵琶、竖箜篌、排箫、横笛、钹、筚篥等乐器踞坐演奏。同墓葬出土的 5 件舞俑，服饰与乐俑相同，长裙曳地，双袖挥舞，神情恬静，营造出一种幽静平和的氛围。

《唐宫夜宴》等节目之所以受年轻人喜爱，是因为其瞄准了青年群体的需求。在开封的年轻人当中，《唐宫夜宴》掀起了一股传统文化热潮。陈韵洁是河南大学的学生，节日期间，她反复观看《唐宫夜宴》，并将自己的微信头像也换成了做可爱表情的《唐宫夜宴》舞蹈演员的图片。陈韵洁认为，外界对于当下年轻人的认识一直有一个误区，那就是年轻人只喜欢追求时尚，对于传统文化不感兴趣。"这个观点是非常错误的，《唐宫夜宴》在年轻群体中'吸粉'无数就是最好的证明。"陈韵洁告诉记者，《唐宫夜宴》将传统元素与当代视角相结合，运用年轻人喜闻乐见的方式展现文物的"萌"趣及内涵，引发了大众的共鸣。

正如新华微评所言："它们不迎合、不媚俗、不煽情，因东方气韵而打动人心，传颂四海。从文明古国到文化强国，最直观的体现在于文化自信的回归、东方文明的重塑，这是我们源源不断的内生动力。人民是历史的创造者、时代风气的引领者，当亿万人民自觉热爱传统文化并由衷自信之时，这条民族复兴的精神纽带将永恒传续，我们也将手握通往未来的文明密码。"2021 年 2 月 14 日，《人民日报》发文称："从《唐宫夜宴》'出圈'，到'尚书'活起来，通过一个个生动场景，我们抵达历史现场，与古人展开心灵对话。多些走心创新，优秀传统文化将更有魅力。中华文明，弦歌不辍，守住根与本，便能拥有更辽阔的精神家园。"

1.3　新媒体节目主持人概述

新媒体节目主持人是指在互联网等新媒体平台上，以音频、视频等形式担任主持工作，与观众互动的人员。他们在节目中扮演重要的角色，负责组织和管理在线交流，引导嘉宾和观众的讨论方向，同时也要在适当的时候进行自我表达。

新媒体节目主持人需要具备扎实的语言功底、良好的沟通能力和丰富的表演技巧，同时，还需要对新媒体平台的特性和观众需求有一定的了解，能够灵活运用各种新媒体工具，以及具备创新思维和应变能力。

1.3.1 新媒体节目主持人的分类

根据不同的划分标准，新媒体节目主持人可以分为不同的类型。

（1）按主持人的工作职责范围及工作方式划分，新媒体节目主持人可以分为单一型主持人、参与型主持人、主导型主持人和独立型主持人。

- 单一型主持人是指不介入其他制作环节，只处于面对观众进行传播的最后一环，且基本处于单一语境下的单向传播状态的主持人。其在节目里只负责播稿件串联词或背稿件串联词，基本没有太多的发挥空间。
- 参与型主持人则是指参与节目的采、写、编、播等各个环节，与其他编辑、记者共同完成节目制作的主持人。
- 主导型主持人兼任节目制片人或节目监制，掌控节目制作权、栏目财权，有的还有用人权，在栏目组中起组织领导作用。
- 独立型主持人可以独立承担整个节目的采、写、编、播等各个环节的工作，几乎是节目的唯一制作人。

（2）根据节目类型或节目形态划分，新媒体节目主持人还可以分为：新闻评论类节目主持人、综艺娱乐类节目主持人、教育服务类节目主持人、体育竞技类节目主持人、谈话类节目主持人等。

1.3.2 新媒体节目主持人与传统媒体节目主持人的对比

1．新媒体节目主持人与传统媒体节目主持人的相同点

新媒体节目主持人与传统媒体节目主持人在职业素养、语言表达和节目掌控等核心技能上有许多相同点，他们都需要具备扎实的专业知识、良好的沟通技巧及对节目进程的精准把控能力。新媒体节目主持人与传统媒体节目主持人的相同点主要表现在以下几个方面。

（1）对说普通话的要求相同

语言是主持人向观众传递信息、进行交流的工具，所以严密且清晰的逻辑思维能力、精准的语言组织及表达能力是一名优秀的主持人必备的基本素质，更是主持人展现自身主持艺术的直接形式与途径。所以，不论是新媒体节目主持人还是传统媒体节目主持人，都要具备最基本的普通话表达能力，这是强化自身主持艺术，促使自己能够在主持人道路上长远发展的基础。

（2）对思维能力的要求相同

敏捷的思维能力是主持人的主持艺术中的重要内容。主持一档节目，尤其是直播节目或现场活动时，具有太多的不可预测性因素。当遇到突发情况时，主持人要快速反应，及时应对，结合现场情况进行巧妙地化解，避免出现僵局、冷场的情况，尽可能维护好节目或活动现场的良好氛围。在新媒体背景下，为了强化节目与观众间的关系，提升节目的关注度，众多节目及主持人都在强化观众互动环节。

（3）对形象语言艺术的要求相同

在一档节目中，主持人的形象通常是最先映入观众眼帘的，之后是节目形象，媒体形象则是最后被观众感知的。形象语言指的是主持人通过自身的形象将信息传递给观众的一种无声语言，不仅可以增强观众对主持人及节目的认知，还能从侧面宣传该节目。不管是新媒体节目主持人还是传统媒体节目主持人，都要通过自身的服饰、妆容、形体等无声语言和有声语言塑造一个优秀、独特的形象，并将其作为品牌形象的一部分传递给观众。在当前日益激烈的新媒体竞争环境中，新媒体节目主持人只有在具有一定专业素养的同时，彰显独特的形象语言艺术，才能赢得观众的喜爱，否则在信息碎片化、观众选择越来越视觉化的当下，其难以获得长远的发展。

2．新媒体节目主持人与传统媒体节目主持人的不同点

新媒体节目主持人与传统媒体节目主持人在一些方面也展现出鲜明的不同点：新媒体节目主持人借助网络平台的即时性，与观众形成更紧密的互动；而传统媒体节目主持人则通过电视、广播等媒介，传递更为稳定和专业的节目内容。新媒体节目主持人与传统媒体节目主持人的不同点主要表现在以下几个方面。

（1）语言表达艺术水准不同

讲好普通话是对主持人的基本要求，也是新媒体节目主持人和传统媒体节目主持人主持艺术中的共性内容。但是从深层次来讲，新媒体节目主持人与传统媒体节目主持人在语言表达艺术水准上还具有一定的差异性。

首先，在讲普通话方面，传统媒体节目主持人在节目中，尤其是在新闻节目中，发出的每一个声音、说的每一个字都要清晰、明朗，避免因口齿不清或口误让观众产生误会。但是相比之下，新媒体节目主持人在语言表达艺术水准上面临的要求并不高，只要能够讲好普通话，哪怕在节目中适当使用方言，或者吐字、发音并不是十分清晰，也是允许的。例如，部分电子竞技游戏主播不仅发音不准确，其表达的内容有时也难以让观众理解，但这不妨碍其被观众喜欢。此外，在语言表达艺术水准上，新媒体节目主持人更加注重对当前网络热词、当红关键词的使用，追求能够引领并跟随语言发展潮流，而传统媒体节目主持人在这方面则显得比较保守，这在一定程度上削减了其对观众的吸引力。

（2）个性形象魅力不同

不管是新媒体节目还是传统媒体节目，都是面向众多观众的一种艺术表现形式，没有个性的节目很难长久地受到观众的喜爱。而节目的个性一般要依靠主持人来建立并呈现给观众，因此主持人积极打造个性形象魅力是节目成功的必由之路。但是对比新媒体节目主持人及传统媒体节目主持人的主持艺术可以发现，双方在个性形象魅力方面有所不同。相比较来说，新媒体节目主持人的个性形象魅力主要体现在娱乐性方面，主持人要具有犀利的语言表达能力，要更幽默，这样才能吸引观众。而传统媒体节目主持人一般会更加注重提升文化修养、语言表达能力、控场能力等专业素养，致力于打造专业素质过硬、文化内涵深厚的个性形象魅力。例如，任鲁豫、尼格买提、龙洋等，他们的个性形象魅力都离不开其较高的专业素养的支撑。

（3）控场艺术不同

控场艺术，顾名思义就是控制节目现场的艺术，不管是新媒体节目主持人还是传统媒体节目主持人都应该具有一定的控场艺术，这是主持人主持艺术的必备内容。但是新媒体节目主持人和传统媒体节目主持人在控场艺术上也存在一定的差别，这主要表现在时间控制和节奏控制两方面。

在传统媒体节目中，受播出时间的限制，主持人需要具有较强的时间和节奏控制能力，否则会影响节目开展。而相比之下，新媒体节目因其播出时间的可控性和播出平台的宽松性更强，所以主持人在时间及节奏控制上显得比较轻松，这也是部分网络综艺节目在每期节目的播出时间上略有差异的原因。

（4）掌控力不同

主持人从上场的那一刻起，就要发挥好“进度条”的作用。在传统电视节目中，主持人应该是节目进度的引导者、内容的充实者、气氛的烘托者、时间的调控者。主持人在进行主持活动时，要以电视节目的主题为导向一点点推进，不能偏离主题，察觉到不对劲时，一定要将话题引到主题上去，同时节目的每一个环节的节奏、节目嘉宾间的关系、临时突发状况等也要在掌控范围之内。传统媒体节目主持人较为注重对以下 3 个方面的掌控。

第一，要“控”自己的思想。主持人要明确节目开展的意义，在主持过程中要做到自身思想与节目所要传达的思想一致，要主动地向观众输出。

第二，要“控”整个节奏。节目中的嘉宾、观众等其实都背负着自己的“使命”，需要按照预设的节奏行动。但每个人都是独立的个体，会有自己的思想，有时也会因为紧张而忘记流程。这时主持人就要发挥自己的掌控能力，将零散的资源进行整合，适时地打断、引导，从而确保节目的顺利进行。

第三，要“控”观众。在节目中，观众和主持人之间会互相影响，主持人的串词能够影响观众的情绪，观众的一举一动同样会影响主持人的发挥。这就要求主持人的思想不能局限在舞台上，对观众也要有所倾斜，即主持人要一点点引导观众，将节目宗旨一点点传递给观众。

新媒体主持人更加灵活，与观众的互动相对更多。新媒体主持人是直接与嘉宾、观众对接的，且有的节目是现场直播，这也就加大了新媒体节目主持人控场和应对突发事件的难度。因此，这就对主持人在节目立意体现、话题设置与引导、时间与节奏控制方面的要求较高。主持人在节目中的微小举动就有可能被人们捕捉、无限放大，所以主持人要时刻注意自己的举动，不断观察场上的环境、气氛，合理组织语言。但是，不管是传统媒体节目主持人还是新媒体节目主持人，最需要注意的都是在场上的“灵活劲儿”。只要做到不死板，时刻眼观六路、耳听八方、保持警惕，主持人在场上就能越来越游刃有余。

（5）个性发挥空间不同

有个性的人让我们记忆犹新，同样，有个性的主持人能在无形之中慢慢地给节目带来人气，渐渐地将节目的个性展现出来。《爱情保卫战》是一档关注婚姻、爱情生活的电视节目，该节目主持人对问题拿捏得很到位，分析得一针见血，一直以犀利、冷面的形象著称。正是因为有这样一个有个性的“服务员”，该节目一时间引得无数粉丝追捧。

但是，传统媒体节目主持人因受众等多因素限制，其个性的发挥空间是很有限的，而新媒体节目主持人在这方面有较大优势。

- 新媒体节目主持人在对自己人设的打造上更加主动，基本上不受节目发展方向和定位的影响，能够更好地展现自己鲜明的特点。
- 新媒体节目主持人增强了新媒体节目的识别性，节目内容一般会受新媒体节目主持人风格或气质的影响，进而打上其特有的“标记”，让人一提到某某主持人，就会联想到相应的节目。
- 新媒体节目主持人慢慢摸索出自己的主持风格，使得自己的新媒体节目在众多网络视听内容中脱颖而出，进而可以收获很多网络中受自己风格吸引的粉丝，从而占有一席之地，吸纳更多的固定粉丝。

（6）聊天能力不同

聊天是一件很自然的事，是人们将自己内心的想法表达出来的一种方式。散文家朱自清曾经说过：“人生不外言动，除了动就只有言。所谓人情世故，一半儿是在说话里。”这充分说明会聊天的重要性。

传统媒体节目主持人要关注嘉宾的心理状态，要让嘉宾在感到最舒服的时候向自己吐露心扉；然后要学会判断，了解嘉宾为什么想说，为什么不想说，并且在做这些判断时不需要耗费过多的时间。当谈话气氛不对而主持人又察觉不出嘉宾想要改变话题，或者嘉宾看不到主持人有改变话题的能力时，嘉宾就会丧失谈话的兴趣。

相比之下，对于新媒体节目主持人而言，聊天能力虽然与传统媒体节目主持人的聊天能力具有共性，但其独特的内容传播使聊天变得又有所不同。首先，新媒体节目主持人在聊天时不仅要与嘉宾互动，而且还要时刻关注屏幕上的弹幕、留言、数据等，及时回复观众的问题；其次，新媒体节目主持人说话要带人情味，也要结合一些“潮流词汇”；最后，新媒体节目主持人要能快速切换身份，以适应不同的场合、嘉宾，以及观众等。

案例分析

“聊”出来的新媒体节目《圆桌派》

《圆桌派》（见图 1-2）这档节目实实在在地从生活出发，每一次选的话题都是生活中的真实问题。这档节目邀请的嘉宾中没有哪一位是好为人师的，主持人和嘉宾就像三五个好友聚在一起谈天论地。

“聊”一直是这档节目的核心：跟文化人聊天，跟会聊天的人聊天；谈到某一热点话题，以发散思维进行分析；注重信息的多维度，“脑洞”大到无法想象。

图 1-2 《圆桌派》

我们再来看看这档节目的主持人采用的会话模式，它是非常有意思的。主持人其实有双重身份，既是会话者也是主导者。有时整个场上十分安静，主持人就会采用点名的方式让嘉宾接话，很自然地缓解尴尬；在谈话中有时嘉宾的“脑洞”太大，谈话内容有点偏离主题了，出现了嘉宾曲解主持人的提问或答非所问的情况，这时就需要主持人引导嘉宾的思路。主持人及时地对嘉宾进行反馈，通过眼神、表情，以及“嗯”“对”等词语，就能调动嘉宾的情绪，从而起到优化节目效果的作用。节目的结尾通常伴随优美的曲子，但是主持人往往不会打断嘉宾们的谈话，而是选择继续倾听，这可谓是一种相当随性的结束方式了。在这一点上，传统的电视节目是比不了的。

“聊”，一直是主持人坚持的东西。无论是传统媒体节目主持人还是新媒体节目主持人，在聊的时候都一定要聊出深度，不断挖掘问题的本质，不能只是局限在问题的表面。同时，主持人也要有选择地探究问题，对问题要有辨别的能力，知道哪些问题该深挖，对哪些问题的挖掘应适可而止。

1.3.3 新媒体节目主持人应具备的技能与素质

新媒体节目主持人是一个拥有多重身份的复合体：从功能上说，新媒体节目主持人集策划、制片、编辑、编导、记者、品牌推广人员、产品经理等的职能于一身；从定位上说，新媒体节目主持人又是具有鲜明特色标签的专业人士，需要根据节目主题或事件内容准备相应的图文、视频等信息，及时了解并处理稿件中的敏感信息，避免出现不当言论及政治错误。在一些情况下，他们还可能要参与节目的策划、录制和后期制作。新媒体节目主持人需要具备的技能和素质一般如下（更多的内容将在第 2 章着重讲解）。

- 扎实的语言基本功：新媒体节目主持人需要掌握标准的普通话和流利地进行口语

表达的能力。

- 丰富的知识和经验：新媒体节目主持人需要具备广博的知识和经验，以便在节目中与嘉宾和观众进行深入的交流和讨论。
- 优秀的沟通能力和互动能力：新媒体节目主持人需要具备优秀的沟通能力和互动能力，能够与观众进行有效的沟通和互动，调动观众的情绪和参与节目的积极性。
- 敏锐的观察力和应变能力：新媒体节目主持人需要具备敏锐的观察力和应变能力，以便在节目中及时发现并处理各种突发情况。
- 良好的个人形象：新媒体节目主持人需要具备良好的个人形象，以便在节目中给观众留下良好的印象。

时代在变化，新媒体节目主持人要做好自己的本职工作；要对自己有一个清醒的认识，知道自己的不足，对自己进行明确的定位；同时还要有明确的发展方向和路径。通常来说，新媒体节目主持人要朝着专业化的方向发展，系统地学习新闻写作的规范，掌握主持人的基本功，提升自己的新闻素养，提高自己的专业水平。

【课后实训】

1. 通过新媒体节目与传统媒体节目的对比，体会并总结两者在传播方式上的不同。
2. 通过新媒体节目与传统媒体节目的对比，体会并总结两者主持人的不同。
3. 你最喜欢哪档节目？总结你喜欢该节目的原因。
4. 设计一档自己能够打造并持续主持的新媒体节目。

第2章 新媒体节目主持人培养

知识目标

1. 了解新媒体节目主持人的自身素养。
2. 了解新媒体节目主持人的社会意识。
3. 了解新媒体节目主持人的心理素质。
4. 了解新媒体节目主持人的形象塑造。

能力目标

1. 培养新媒体节目主持人应具备的即兴成篇能力。
2. 培养新媒体节目主持人应具备的即兴播讲能力。
3. 培养新媒体节目主持人应具备的即兴主持能力。

素质目标

1. 激发创意灵感，培养独立策划、制作和呈现高质量新媒体节目的能力，以满足观众日益多样化的内容需求。

2. 加强在全球化背景下对不同文化和价值观的理解和尊重，增强跨文化交流能力，打造具有国际视野的新媒体节目。

新媒体节目主持人通常需要具备扎实的播音主持专业知识和技能，能够熟练运用新媒体技术，具备良好的语言表达能力和人际沟通能力。

在新媒体节目中，主持人需要结合新媒体的特点和观众需求，进行有针对性的主持和内容呈现。例如，在直播节目中，主持人需要具备即兴发挥和应对突发情况的能力；在录制节目中，主持人需要具备扎实的脚本写作和节目策划能力；在互动节目中，主持人需要善于与观众互动，调动观众的参与热情。

此外，新媒体节目主持人还要具备创新精神和团队协作能力。他们要不断探索新的主持风格和表现形式，以适应不断变化的市场需求和观众口味。同时，他们要与其他工作人员密切合作，共同完成节目的策划、录制和后期制作工作。

2.1 新媒体节目主持人的语言传播

新媒体节目主持人的语言传播，是指在新媒体平台上，主持人通过口头语言、肢体语言及文字等多种方式，与观众进行信息交流和情感沟通的过程。这一过程融合了传统广播、电视主持的技巧与现代社交媒体、网络直播等新媒体特性，呈现出更为灵活、多元和互动性更强的表达方式。新媒体节目主持人的语言传播在信息时代扮演着越来越重要的角色，它不仅要求主持人具备扎实的语言功底和表达能力，还要求他们具备创新思维、互动意识和跨文化交流的素养，以适应新媒体环境的不断变化和观众需求的日益多样化。

2.1.1 新媒体节目主持人语言传播优点分析

新媒体节目主持人通常能够运用生动、形象、流畅的语言表达思想和情感，吸引观众的注意力，增强节目的可听性和可看性；通常具有较强的口语表达能力，能够熟练运用口语化的语言风格，使观众感到亲切和自然；在语言传播中通常具有较强的互动能力，能够与观众进行有效的沟通和交流，增强观众的参与感和黏性；通常具有个性化特征较强的语言风格，能够吸引观众关注和喜爱，提高节目的竞争力和影响力；通常采用多元化的语言传播方式，包括文字、图片、音频、视频等多种形式，能够满足不同观众的需求和喜好。

1．新媒体节目主持人语言传播亲切化

受诸多因素的影响，广播电视节目主持人具有“小众化”“高素质”的特征。一般而言，市级广播电视节目主持人需通过普通话一级乙等水平测试方能上岗，省级及中央级广播电视节目主持人则需通过普通话一级甲等水平测试方能上岗。而新媒体节目主持人由于受诸多因素的限制较少，呈现出类别丰富多样、数量众多的特点。例如，搜狐网早期的脱口秀节目《大鹏嘚吧嘚》主持人董成鹏（见图 2-1），优酷网脱口秀节目《罗辑思维》主持人罗振宇（见图2-2），腾讯网真人秀节目《毛雪汪》主持人毛不易、李雪琴（见图 2-3）等都不是专业播音员、主持人出身，而是典型的影视演员、传播学者、音乐制作人等，他们的介入极大地丰富了主持人的类别。新媒体的介入打破了原来广播电视节目主持人占较大话语权的局面，使任何人都能运用有声语言并借助新媒体平台传播信息。例如，借助“荔枝 FM”（见图 2-4）、“喜马拉雅 FM”（见图 2-5）等平台，任何人都能录制广播节目。再如，借助优酷网的视频上传功能，任何人都能向大众传播自己主持的节目。总之，新媒体的介入极大地丰富和壮大了主持人群体，新媒体时代就是“人人都是传播者”的时代。

图 2-1 《大鹏嘚吧嘚》

图 2-2 《罗辑思维》

图 2-3 《毛雪汪》

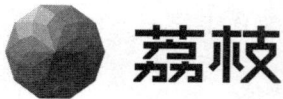

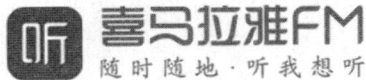

图 2-4 荔枝 FM

图 2-5 喜马拉雅 FM

2．新媒体节目主持人语言传播具有较强的趣味性

语言传播的趣味性即语言传播的内容能够以其独特的价值引起广大观众的浓厚兴趣。

“传播学之父”施拉姆认为，大众传播除了具有监视社会环境、传播新闻信息、提供教育的功能，还具备为人们提供娱乐的功能。人们借助新媒体平台听广播、看视频大多是为了获得娱乐享受，这也从客观上要求新媒体节目主持人的语言传播在保证语言字正腔圆、准确清晰、合乎规范的前提下顺应娱乐化的发展趋势，呈现出趣味性、娱乐性的特点。

新媒体节目主持人的语言传播不仅在内容上围绕娱乐圈、时尚潮流、社会热点、历史上的奇闻逸事等极富趣味性和娱乐性的主题，也在形式上多采用访谈、表演、讲故事、说相声等草根化、平民化的主持方式，从而呈现出形象生动、幽默诙谐的特点，拉近了节目与观众的距离。

2.1.2 新媒体节目主持人语言传播问题分析

部分新媒体节目主持人在语言使用上存在一些问题，如用词不当、语法错误、发音不标准等，这些问题会影响节目的质量和观众的收听体验；在语言表达方式上存在一些问题，如过于夸张、过于平淡、缺乏情感表达等，这些问题会影响节目的吸引力和感染力；在语言互动中存在一些问题，如与观众的互动不够积极、互动方式不够灵活等，这些问题会影响观众的参与感和黏性；在语言文化背景上存在一些问题，如对不同地域、不同文化的观众缺乏认知和理解，使用不适合当地观众的语言表达方式等，这些问题会影响节目的传播效果和文化认同。

1．新媒体节目主持人存在使用“地域口音”的错误倾向

使用“地域口音”是指不同地区的人在发音上存在差异。这种差异主要体现在发音的音调、元音的长短、辅音的清浊等方面。例如，英语中的美式口音和英式口音就是两种不同的“地域口音”。不同的“地域口音”所呈现的特点也各不相同，如前后鼻音（n、ng）不分、轻重音颠倒、主次关系错位、高低长短无度等。现今，在部分新媒体节目中，某些“地域口音”成为主持人模仿的语言传播方式。事实上，早在 2005 年，国家广播电视总局就出台了《中国广播电视播音员主持人自律公约》，其中第十条要求：“除特殊需要外，一律使用普通话，不模仿地域音及其表达方式，不使用对规范语言有损害的口音、语调、粗俗语言、俚语、行话，不在普通话中夹杂不必要的外语，不模仿港台话及其表达方式。”然而，即使是在《中国广播电视播音员主持人自律公约》条文的约束下，新媒体节目主持人使用“地域口音”的现象依然存在。

这一问题主要是由主持人为了追求所谓的“语言创新”而对某些“地域口音”盲目地模仿，进而摒弃了播音语言的特点所造成的。总之，使用“地域口音”的错误倾向是和讲究字正腔圆、准确清晰的普通话相悖的，是对我国语言文字有声传播审美的误解。

2．新媒体节目主持人普遍缺乏话语权

话语权是指“人们为了充分地表达思想、进行言语交际而获得和拥有说话机会的权利”。在大众传播领域，主持人的话语权更多地表现在语言传播的影响力方面。与广播电视节目主持人相比，新媒体节目主持人明显缺乏话语权，其语言传播也明显缺乏影响力。自 1993 年“金话筒奖”诞生以来，新媒体节目主持人能够入围该奖项的少之又少。与广播电视节目主持人相比，新媒体节目主持人除具有数量众多、类别丰富的特点外，其专业水准与综合素质的参差不齐、普遍低下也受到了观众的质疑。当提到电视节目主持人时，人们通常会想到白岩松、董卿、何炅、孟非这些耳熟能详的名字。当提到广播节目主持人时，人们也会想到齐越、夏青这些播音主持界的名家巨匠。这些主持人或以深厚的素养、端庄的气质，或以深邃的见解、幽默的风格在亿万观众的心中留下了不可磨灭的形象。然而，当提到新媒体节目主持人时，这样的人物却凤毛麟角。因此，正是新媒体主持人内在综合素质的不足导致了其话语权的普遍缺失。

针对以上问题，新媒体节目主持人需要提高自身的专业素养、文化素养和表达能力，以更好地适应新媒体时代的需求和观众的需求。同时，媒体机构也要加强对新媒体节目主持人的培训和管理，提高新媒体节目主持人的专业能力和职业素养，以保证新媒体节目的质量和影响力。

2.1.3 新媒体节目主持人语言传播对策分析

新媒体节目主持人需要注重语言传播的规范性、技巧性、互动性、文化性和创新性等，不断提高自身的语言传播能力和专业素养，以更好地适应新媒体时代和观众的需求。同时，媒体机构也要加强对新媒体节目主持人的培训和管理，为新媒体节目主持人提供更多的支持和帮助。

1. 深刻理解播音的语言特点，克服“地域口音”的不规范现象

播音的语言特点可概括为“三性”，即规范性、庄重性、鼓动性。规范性是指语言规范、清晰顺畅，庄重性是指真实可信、落落大方，鼓动性是指鼓舞教育、引发共鸣。在新媒体节目主持人的语言传播中出现的“地域口音”现象是亟待解决的问题。新媒体节目主持人的语言传播固然需要与时俱进，甚至从某种程度上讲，我们反对那些因循守旧、故步自封的语言传播方式。然而，任何语言创新都必须严格遵循语言文字的规范性原则。那些操着一口“地域口音”的新媒体节目主持人自认为能拉近与观众之间的距离，殊不知“地域口音”严重违背了语言传播的规范性、庄重性原则，给观众准确地理解内容制造了障碍。因此，新媒体节目主持人唯有在语言传播的实践过程中深刻理解并感受播音的语言特点才能规避“地域口音”，才能够让观众更加准确、清晰地理解信息，让语言传播沿着科学化的道路健康发展。

2. 提升新媒体节目主持人的综合素质

针对新媒体节目主持人话语权普遍缺失的问题，提升新媒体节目主持人的综合素质是解决之道。这具体体现在提升新媒体节目主持人的内在修养和外在形象两方面。提升内在修养集中表现在全面提升新媒体节目主持人的政治水平、知识储备水平、文化水平、语言表达水平等方面。要提升外在形象，新媒体节目主持人一方面要使自己的服饰、妆容等更加得体，另一方面则要使自己的体态更加端庄、表情更具亲和力、肢体动作更契合情景。总之，新媒体节目主持人唯有全面提升内外的综合素质才能在与广播电视节目主持人的竞争中立于不败之地，才能增强自己的话语权。

为了提高新媒体节目主持人语言传播的效果和质量，可以采取以下对策。

（1）增强语言规范性

新媒体节目主持人需要注重语言的规范性，使用标准、规范的语音、语调、语法和词汇，避免使用不当的语言表达方式，以树立良好的语言形象和节目形象。

（2）注重语言表达技巧

新媒体节目主持人需要注重语言表达技巧，学会运用适当的语调和语气，表达清晰、简洁、准确、生动的语言，以提高节目的吸引力和感染力。

（3）加强语言互动性

新媒体节目主持人需要加强与观众的互动，积极回应观众的反馈，灵活运用各种互动方式，增强观众的参与感和黏性，增强节目的互动效果。

（4）关注语言文化背景

新媒体节目主持人需要关注不同地域、不同文化的观众需求和文化背景，了解当地的语言表达方式和文化习俗，使用适合当地观众的语言表达方式，以增强节目的传播效果和观众的文化认同感。

（5）创新语言风格

新媒体节目主持人可以尝试创新语言风格，结合节目的特点和观众的需求，探索适合自己的个性化语言风格，以提高节目的辨识度和吸引力。

（6）加强培训和管理

媒体机构可以加强对新媒体节目主持人的培训和管理，提升新媒体节目主持人的专业素养和职业素养，为新媒体节目主持人提供更多的学习和交流机会，以促进其语言传播能力的提高。

案例分析

以《人民日报》的官方抖音账号“人民日报”为例

截至2024年7月31日，《人民日报》的官方抖音账号“人民日报”有粉丝1.7亿名，发布各类新闻6000余条，获得130.1亿次点赞，如图2-6所示。

图2-6 《人民日报》官方抖音账号“人民日报”

该账号的语言传播特点主要体现在以下几个方面。

（1）语言规范、严谨、权威

“人民日报”一直以来都注重语言的规范性和严谨性，使用标准、规范的汉语表达方式，遵循语法和词汇的规定，不使用不当的语言表达方式；同时，作为权威的媒体机构，“人民日报”的语言也具有很强的权威性，能够引导社会舆论和影响公众态度。

（2）语言简练、质朴、亲切

“人民日报”在语言表达上注重简练和质朴，使用平实易懂的语言表达方式，不过分追求华丽和修饰，让观众更容易理解和接受；同时，“人民日报”也注重语言的亲切性，使用贴近人民群众的语言表达方式，关注民生和社会热点问题，反映人民群众的呼声和诉求。

（3）语言具有思想性和深度

“人民日报”作为权威的媒体机构，其语言也具有思想性和深度。在语言表达上，“人民日报”注重对问题的深入分析和思考，用精练、概括的语言表达方式进行呈现，引导人民群众对问题进行深入思考和理解。同时，“人民日报”也注重对文化、历史、哲学等领域的探讨和思考，用具有文化内涵和思想深度的语言表达方式进行呈现，以提高人民群众的文化素养和思想水平。

（4）语言传播方式多样、互动性强

“人民日报”作为新媒体时代的代表性媒体机构之一，其语言传播方式多样、互动性强。除了传统的文字报道，“人民日报”还通过图片、音频、视频等多种形式进行语言传播，满足人们的需求和喜好。同时，“人民日报”也注重与观众的互动交流，如通过评论、留言、点赞等多种方式与观众进行互动交流，了解观众的需求和反馈，增强观众的参与感和黏性。

总之，“人民日报”的这些语言传播特点使其能够有效地传递信息，引导社会舆论，反映人民群众的呼声和诉求，同时也能够提高观众的文化素养和思想水平。

2.2 新媒体节目主持人的基本素养

新媒体节目主持人是新媒体内容创作与传播的核心角色，不仅需要具备传统媒体节目主持人的基本能力，还需要适应新媒体环境的特殊性，展现出新的素养。

2.2.1 新媒体节目主持人的自身素养和社会意识

在新媒体背景下，人们不仅可以接收信息，也可以发布信息，成为信息的传播者，但如果这一情况长期存在，节目内容的呈现就会变得重复、杂乱无序。针对这一情况，新媒体节目主持人必须提高自身素养，形成规范意识，自觉约束自身行为，提高自身媒介素养。同时，新媒体节目主持人还要增强自身的社会意识，强化责任意识，保证语言表达真实。

此外，新媒体节目主持人也可以根据自己的优势与特点，找到符合自己的节目风格，突出自己的个性，逐渐熟悉这类节目并有效驾驭。新媒体节目主持人还要不断创新思路（可以从语言、技巧等方面入手），在节目主持过程中灵活应对各种情况。

1．新媒体节目主持人的自身素养

新媒体节目主持人的自身素养主要体现在以下几个方面。

（1）职业素养

新媒体节目主持人应具备高尚的职业素养，遵守职业道德，遵循公正、公平、公开的原则，尊重他人，维护良好的行业形象。

（2）语言表达能力

新媒体节目主持人应具备优秀的语言表达能力，能够清晰、流畅、准确地表达自己的观点和情感，同时要注重语言的生动性和感染力，吸引观众的注意力。

（3）敏锐的观察能力和洞察力

新媒体节目主持人应具备敏锐的观察能力和洞察力，能够敏锐地感知观众的情感和需求，从而更好地与观众互动和沟通。

（4）学识修养

新媒体节目主持人应具备丰富的知识储备和深厚的学识修养，能够在节目中展现自己的文化底蕴和人文素养，提高节目的质量和品位。

（5）应变能力

新媒体节目主持人应具备快速应变的能力，能够灵活应对各种突发情况，保证节目的顺利进行。

（6）良好的心理素质

新媒体节目主持人应具备良好的心理素质，能够应对工作压力和挑战，保持良好的状态。

（7）团队合作精神

新媒体节目主持人应具备团队合作精神，能够与节目制作团队密切配合，共同完成节目的制作和播出。

（8）专业素养

新媒体节目主持人应具备专业素养，包括主持技巧、行业知识等，能够胜任自己的工作，保证节目的质量和效果。

（9）良好的镜头感

新媒体节目主持人应具备良好的镜头感，能够在镜头前准确地把握语言环境，根据节目风格适当地调整表达方式和语言特点，吸引观众的注意力。

（10）互动能力

新媒体节目主持人应具备良好的互动能力，能够与观众进行有效的互动和沟通，提高观众的参与程度和黏性。

（11）创新能力

新媒体节目主持人应具备创新能力，能够根据市场需求和观众反馈不断创新节目内容和形式，提高节目的吸引力和竞争力。

（12）跨文化沟通能力

新媒体节目主持人应具备跨文化沟通能力，能够与不同文化背景的观众进行有效的沟通和交流，扩大节目的影响力和覆盖面。

这些素养是新媒体节目主持人必备的。通过不断学习和实践，新媒体节目主持人可以不断提高自己的专业素养和综合能力。

2．如何提升新媒体节目主持人的自身素养

新媒体节目主持人提升自身素养的常见方式如下。

（1）不断学习新知识，积累更多的知识，包括文学、历史、科学、艺术等领域的知识，从而在主持过程中游刃有余、信手拈来。

（2）不断提升自己的语言表达能力和表达技巧，包括口头语言、肢体语言、面部表情等表达能力。可以通过参加演讲比赛、一对一模拟访谈等方式来实现，从而更好地传递信息和情感，吸引观众的关注。

（3）培养敏锐的观察能力和洞察力，可以通过专注力练习、观看纪录片等方式来实现，进而感知观众的情感和需求，并更好地与观众互动和沟通。

（4）培养良好的心理素质，可以通过心理训练、自我调节等方式来实现。

（5）培养团队合作精神，可以通过参与团队培训、加强团队沟通等方式来实现。

（6）培养专业素养，包括主持技巧、行业知识等，可以通过参加专业培训、自学等方式来实现。

（7）培养良好的互动能力和创新能力，可以通过与观众进行有效的互动和沟通，并及时关注市场变化和观众反馈来实现。

（8）培养良好的镜头感，可以通过多参加节目录制、观察优秀主持人的表现等方式来实现。

（9）培养跨文化沟通能力，可以通过学习外语、了解不同文化背景的知识等方式来实现。

3．新媒体节目主持人的社会意识

新媒体节目主持人的社会意识主要体现在以下几个方面。

（1）具备强烈的国家民族意识

新媒体节目主持人应当具备强烈的国家民族意识，在节目中传递国家民族的精神和文化，引导观众了解和认同自己的国家和民族，增强民族自豪感和凝聚力。

（2）具备高度的政治意识

新媒体节目主持人应当具备高度的政治意识，在节目中传递正确的政治观念和思想，引导观众了解和认同国家政治制度和政策，维护国家安全和社会稳定。

（3）关注社会热点问题

新媒体节目主持人应当关注社会热点问题，在节目中讨论和解读这些问题，引导观众了解和思考社会问题，促进社会进步和发展。

（4）传递正能量

新媒体节目主持人应当具备积极向上的心态和情感，在节目中传递正能量，引导观众积极面对生活和工作中的困难与挑战，促进社会和谐与稳定。

（5）关注文化传承与创新

新媒体节目主持人应当关注文化传承与创新，在节目中介绍和推广中华优秀传统文化，同时也要关注当代文化的创新和发展。

（6）关注公益事业

新媒体节目主持人应当关注公益事业，在节目中宣传和推动公益事业的发展，引导观众关注和参与公益活动，促进社会进步和发展。

4．如何提升新媒体节目主持人的社会意识

新媒体节目主持人要提升社会意识，需要不断学习新知识，关注社会发展和民生问题，积极参与公益事业，了解社会热点问题和国家政策，关注文化传承与创新。具体来讲有如下方式：在节目中独立分析和解读社会问题，引导观众理性思考和判断；主动了解观众的需求和反馈，根据观众的意见和建议调整节目内容和表达方式，更好地传递社会正能量和引导观众；参与社会实践和调研活动，了解社会问题和矛盾，提出建设性意见和建议；与其他媒体人交流合作，共同探讨社会问题和新闻事件，分享经验和观点。

通过提升自己的社会意识，新媒体节目主持人可更好地服务于观众和社会。

2.2.2 新媒体节目主持人的言语交际和情感表达

言语交际和情感表达是主持人与周围人良好沟通的方式，可增强内容的感染力，让节目效果更好。

1．注重语言规范，准确表达

随着新媒体的出现，广播节目也在探索新的表达方式。特别是在播音主持方面，不论是语言发音，还是意思、内容的表达，都需要用量化的标准进行衡量，并进行各方面的考核。对此，主持人必须字正腔圆，使用规范的语言，确保观众能清楚听到自己的表达。而在新媒体的影响下，主持人的语言发音应更加标准，语言内容应符合现代语法。

同时，在不同的语境下，新媒体节目主持人可选择使用相应的技巧、音色，严格按照规范发音，并注重逻辑严密。对此，新媒体节目主持人需用相应方式提升自身的语言素养，增加文化积累，避免在表达中出现发音错误的情况，同时按照我国现有的语言结构造句。另外，在准确表达自己意思的基础上，新媒体节目主持人可适当引用典故，在语言表述中加入多种风格，确保语言生动。但必须明确的是，无论使用哪种语言或风格，新媒体节目主持人都必须在规范的基础上操作，带给观众优质体验，发挥自身积极的导向作用。此外，新媒体节目主持人在表达时必须避免使用可能性词汇，如“假使”，或是使用口语表达，以免观众对信息产生错误理解。

2．准确使用表达技巧，控制节奏

新媒体节目主持人可根据设定的情境使用某一表达技巧，从而引起观众兴趣，促进节目传播。对此，在表达技巧的创新中，新媒体节目主持人需根据新媒体的特征，以及自身与观众互动的方式设置情境，重点创新与观众互动的技巧。表达技巧的使用会受个人能力与个性的影响。在新媒体背景下，保证表达技巧使用准确，并在实践中提高自身的表达能力，能够帮助新媒体节目主持人积累更多经验，把控场上节奏。因此，在选择表达技巧时，新媒体节目主持人需根据时代发展特征及传播媒体的改变做出最佳选择。

3．注重生活细节，增强感染力

为了让节目内容引起观众共鸣，新媒体节目主持人要不断提升表达能力，融入生活元素，强化情感表达。可选择融入的生活元素有社会热点、娱乐新闻等。这些生活元素有不同的观众，他们分布于多个年龄层。在节目内容中融入情感，体现出生活细节，可增强语言的感染力，强化播报效果。节目内容应源于生活、贴近观众。新媒体节目主持人只有真正了解生活，才能在与观众的沟通中引起观众共鸣，使节目内容被观众接受。

4．合理运用副语言

新媒体节目主持人除需要进行规范的语言表达、熟练使用表达技巧，还要锻炼自己的肢体动作、表情等，用这些副语言为节目内容的传递提供辅助。当下，受新媒体影响，观众对节目的欣赏水平逐渐提高，对新媒体节目主持人的评价不再局限于语言和个人风格，而是开始关注新媒体节目主持人的业务能力与副语言水平，因此，对业务能力与副语言的展现成为新媒体节目主持人的主要工作。新媒体节目主持人应根据自身所在的环境做出正确的动作与表情，确保其与个人语速、节目内容呈现节奏一致，从而增强节目效果，拉近节目与观众的距离。

新媒体节目主持人在不同工作场所中有不同的姿态，最常见的姿态是站姿、坐姿与走姿。若新媒体节目主持人的腿型为 X 型或 O 型，必须及时纠正，否则会影响未来工作时的身体姿态。

新媒体节目主持人在镜头前使用正确的表情会直接增强信息传递效果（见图 2-7）。新媒体节目主持人通常无须根据动作变化改变表情，只需自然流露表情。尤其是在某些信息的传递中，如果表情过于夸张，反而会给观众留下较差的印象。新媒体节目主持人要提升理解能力，以便能够自由地转化自己的情感，在节目中恰当地使用表情。另外，新媒体节目主持人在保持微笑的同时，还要保证面部表情放松，用眼睛与观众交流，向观众表示自己的尊重。

新媒体节目主持人的上肢动作（见图 2-8）也是常用的表达方式。很多人上台后身体会变得僵硬，手势不断变化，这在视觉上会给观众留下不好的印象。手势的使用在节目主持中有特定要求，主持人应随着语言的描述，做出幅度大小不一的动作。这些动作通常没有经过前期演练，而是在播报中融入情感后的自然展示，这样可使播报效果更佳。

图 2-7 “月亮姐姐”的表情

图 2-8 “月亮姐姐”的手势

2.2.3 新媒体节目主持人的文化底蕴和心理素质

深厚的文化底蕴和良好的心理素质是新媒体节目主持人基本素养的重要组成部分。

1．新媒体节目主持人的文化底蕴

新媒体节目主持人的文化底蕴通常体现在以下几个方面。

（1）语言文化

新媒体节目主持人需要具备深厚的语言文化功底，包括会说标准的普通话、能进行流畅的语言表达、拥有丰富的词汇量、具备良好的语言组织能力等。通过语言的表达，新媒体节目主持人可以传达节目的主题和情感，展现自身的文化底蕴。

（2）知识储备

新媒体节目主持人需要具备丰富的知识储备，包括历史、文化、艺术、科学等领域的知识。其在节目中可以适时地引用经典名著、名人名言、历史典故等，使节目更具文化内涵和深度。

（3）文化审美

新媒体节目主持人需要具备文化审美能力，能够欣赏和解读不同文化形态的美。其在节目中可以引入优秀的文化作品、艺术形式等，通过自己的解读和评述，引导观众感受和理解文化的魅力。

（4）价值观

新媒体节目主持人需要具备正确的价值观，包括崇尚科学、尊重历史、关注人文等。其在节目中可以传递积极向上的价值观，引导观众思考和认同文化的价值。

（5）文化传承

新媒体节目主持人需要关注文化的传承和发展，在节目中可以介绍和推广中华优秀传统文化，引导观众了解和认同自己对文化的传承。

2．新媒体节目主持人具有深厚文化底蕴的重要性

新媒体节目主持人具有深厚文化底蕴的重要性体现在以下几个方面。

（1）提高节目质量和影响力

具备深厚文化底蕴的新媒体节目主持人可以在节目中更好地解读和评述社会热点问题、文化现象等，引导观众思考和产生认同；同时也可以引入更多的文化元素和知识内容，增加节目的文化内涵和影响力。

（2）提高节目的观赏性和趣味性

具备深厚文化底蕴的新媒体节目主持人通常具有更强的个人魅力和吸引力，容易获得观众的认可和喜爱，在节目中可以更好地与观众互动和沟通，营造轻松愉悦的氛围，提高节目的观赏性和趣味性。

（3）引导观众树立正确的价值观和文化观

具备深厚文化底蕴的新媒体节目主持人可以更好地引导观众树立正确的价值观和文化观，通过自己的解读和评述传递积极向上的价值观和文化观，促进社会的进步和发展。

（4）推动文化传承和创新

具备深厚文化底蕴的新媒体节目主持人会关注传统文化的传承和发展，同时也会关注当代文化的创新和发展，为文化的传承和发展贡献自己的力量。

（5）促进社会的进步和发展

具备深厚文化底蕴的新媒体节目主持人通常具有强烈的社会责任感和文化担当，能够更好地发挥自己的公众人物作用，为社会的进步和发展贡献自己的力量。

总之，新媒体节目主持人应该不断加强学习和积累，提高自己的文化素养，增强自己的文化底蕴，更好地服务于观众和社会。

3．如何增强新媒体节目主持人的文化底蕴

新媒体节目主持人增强文化底蕴的策略包括以下几个方面。

（1）加强学习和积累

新媒体节目主持人应该不断学习各种知识，包括历史、文化、艺术、科学等领域的知识，可以通过阅读经典名著、查阅报纸期刊、整合网上信息来实现。同时也要关注当下社会的热点问题和文化现象，不断增加自己的知识储备。

（2）树立正确的价值观

新媒体节目主持人需要树立正确的价值观，可以通过自我认知与定位、参加社会实践与志愿活动、学习独立思考、保持乐观心态等方式实现。通过自己的解读和评述，传递积极向上的价值观和文化观。

（3）提高语言表达能力

新媒体节目主持人需要具备良好的语言表达和语言组织能力，可以借助口语练习、参加演讲比赛等方式来提高。通过语言表达传达节目的主题和情感，展现自身的文化底蕴。

（4）培养文化审美能力

新媒体节目主持人需要具备文化审美能力，能够欣赏和解读不同文化形态的美，可以通过欣赏文化艺术作品、学习文化艺术知识和历史等方式来培养。

（5）参与文化活动和实践

新媒体节目主持人可以积极参与各种文化活动和实践，如文艺演出、文化交流活动等，通过亲身参与和体验，增强自己的文化素养和底蕴。

（6）与观众互动和沟通

新媒体节目主持人可以通过与观众的互动和沟通了解观众的需求和文化背景，同时也可以通过与观众的交流不断拓宽自己的视野，增强自己的文化底蕴。

4．新媒体节目主持人的心理素质

新媒体节目主持人的心理素质主要体现在以下几个方面。

（1）沉稳镇静

在面对各种突发情况时，新媒体节目主持人需要保持沉稳镇静，迅速做出正确的反应，控制现场局面。

（2）保持高度集中的注意力

新媒体节目主持人需要在整个节目开展过程中保持高度集中的注意力，以便对突发事件、观众反馈等做出及时、准确的反应。

（3）灵活变通

根据节目的实际情况和观众反馈，新媒体节目主持人需要灵活调整自己的主持策略，不断尝试新的方式和方法，使节目达到更好的传播效果。

（4）具备积极乐观的心态

面对工作中的压力和挑战，新媒体节目主持人需要具备积极乐观的心态，保持自信、耐心和韧性，以应对各种困难和挑战。

5．新媒体节目主持人具有良好的心理素质的重要性

新媒体节目主持人具有良好的心理素质的重要性主要体现在以下几个方面。

（1）提高节目质量

新媒体节目主持人的心理素质直接影响整个节目的播出效果。新媒体节目主持人如果没有强大的心理素质，很难在突发情况下迅速对事件做出恰当的处理，甚至导致冷场或者更加严重的后果，从而影响整个节目的质量。

（2）增强自信心

良好的心理素质可以让新媒体节目主持人更加自信地面对镜头和观众，从而更好地展现自己的魅力和才华；较强的自信心也可以让新媒体节目主持人更好地掌控节目进程，应对各种挑战和压力。

（3）提高人际交往能力

良好的心理素质可以让新媒体节目主持人更好地与嘉宾、观众等进行沟通和交流，建立良好的关系，提高人际交往能力，从而更好地实现节目的传播。

（4）管理好自己的情绪

新媒体节目主持人在工作中需要面对各种复杂的情况和挑战，有时也会遇到挫折和困难，良好的心理素质可以帮助新媒体节目主持人管理好自己的情绪，保持积极乐观的心态，从而更好地应对各种挑战和压力。

（5）促进个人成长

良好的心理素质可以让新媒体节目主持人更好地面对工作中的压力和挑战，不断挑战自己，提高自己的能力和素质，从而更好地实现个人成长和发展。

6．如何提升新媒体节目主持人的心理素质

新媒体节目主持人提升心理素质的策略主要包括以下几个方面。

（1）培养自信心

① 充分相信自己的真诚会赢得观众。

② 做好临场前的心理调节：

- 排除杂念，集中精力将情绪稳定下来，消除紧张情绪；
- 抵制外界的不利刺激，如人事纠纷等，使自己获得一个稳定的心境；
- 做一些类似深呼吸的动作，松弛神经，放松肌肉，使情绪镇定。

（2）学会控制情绪

① 控制好现场观众的情绪。

② 控制好自身的情绪。

③ 切忌带不良情绪上场。

④ 对自己的身份有明确的认识。

⑤ 学会倾听。

⑥ 正确对待节目主持中出现的失误。

⑦ 学会展示幽默感。

（3）锻炼意志

① 提高自己的认知能力。

② 提高自己的情商。

2.2.4 新媒体节目主持人的审美修养和形象塑造

优秀的审美修养和恰到好处的形象塑造是新媒体节目主持人基本素养的重要组成部分。

1．新媒体节目主持人审美修养的内涵

在新媒体时代，主持人不仅是信息的传递者，更是文化的引领者，他们的审美修养不仅影响节目的品质，更是在无形中塑造观众的审美观念。新媒体节目主持人的审美修养的内涵具体表现在以下方面。

（1）良好的思想品格修养，包括强烈的责任感及正直、真诚、善良等美好品格。

（2）一定的艺术修养。新媒体节目主持人要不断扩大审美视野，树立正确的审美意识；提高鉴赏能力，提高审美趣味性；增加生活情趣，得到更多的艺术享受。

（3）富有人文关怀的情感。这体现在情感的真实流露上，体现在把节目做得通俗易懂上，也体现在对观众和采访对象的平等相待上。

2．声音符合大众审美要求

声音是新媒体节目主持人最直接的表达工具，其音质、语调和节奏等要素都应当符合大众审美要求，即声音既悦耳动听，又富有感染力，从而引导观众沉浸在节目所营造的氛围中，感受语言的魅力。对新媒体节目主持人的声音的大致要求如下。

（1）声音要悦耳。

（2）声音要富有个性色彩。

（3）声音要符合新媒体传播的要求。

（4）声音要与手势等肢体语言协调。

3．妆造符合大众审美要求

在新媒体时代，主持人的形象也是传达节目理念和气质的重要载体。合适的妆造不仅能凸显新媒体节目主持人的个人魅力，还能与节目内容相得益彰，共同营造符合大众审美的视觉体验。

（1）妆造要体现个性和气质

每个人都有自己独特的个性和气质，合适的妆造可以突出这些特点，让新媒体节目主持人在镜头前更加自信、有魅力。例如，如果新媒体节目主持人比较文静内向，可以尝试使用柔和的色彩和自然的妆造来突出自己的特点；如果新媒体节目主持人比较活泼开朗，可以尝试使用鲜艳的色彩和大胆的妆造来增强自己的表现力。

（2）妆造要服从节目定位

不同的节目类型和风格匹配不同的妆造。例如，新闻节目的主持人需要展现出严肃、端庄的形象，妆造要尽量简洁、大方；娱乐节目的主持人则需要展现出活泼、开朗的形象，妆造可以更加夸张、时尚。总之，新媒体节目主持人的妆造要符合节目定位，以优化节目的整体效果和观众的观看体验。

4．风度符合大众审美要求

主持人的风度包括举止、言谈、神态等方面，是主持人素质和修养的体现。在新媒体时代，观众对于主持人的审美要求越来越高，主持人需要具备良好的风度，展现出专业、自信的形象。比如，新媒体节目主持人要保持正确的坐姿和站姿，保持微笑和亲切的神态，同时要注意语言的规范和清晰，以让观众能够更好地理解和接受信息。

5．服饰符合大众审美要求

新媒体节目主持人的服饰应该符合节目的风格和主题，同时新媒体节目主持人在选择服饰时也要考虑与观众的互动和沟通，确保所选服饰符合自己的形象和气质，并注意场合和氛围，从而通过合适的服饰来展现自己的魅力和个性。

- 适合节目的风格和主题：不同的节目类型和主题匹配不同风格和款式的服饰，如新闻节目匹配端庄、大方的服饰，娱乐节目则匹配轻松、活泼的服饰。
- 考虑与观众的互动和沟通：新媒体节目主持人的服饰应该能够引起观众的共鸣和关注，同时也要注意不要过于夸张或过于随意，以免影响与观众的沟通和互动。
- 符合自己的形象和气质：新媒体节目主持人的服饰应该能够展现自己的魅力和个性，同时也要注意不要过于追求时尚或过于保守，以免影响自己在观众心中的形象和气质。
- 注意场合和氛围：不同的场合和氛围匹配不同款式和颜色的服饰，在正式场合需要穿西装或套装，而在休闲场合则可以穿休闲装或便装。

新媒体节目主持人在选择服饰时需要注意以下几点。

- 款式：服饰款式应该简洁、大方，不要过于花哨或过于暴露；同时，新媒体节目主持人要根据节目的类型和主题选择合适的服饰款式，如主持新闻类节目时可以选择正装或职业装，主持娱乐类节目时可以选择休闲装或时尚装。
- 颜色：服饰颜色应该与节目的背景色和主题色相协调，不要过于刺眼或过于沉闷；同时，新媒体节目主持人要根据自己的肤色和气质选择合适的服饰颜色，如深色皮肤的人可以选择浅色或亮色的服装，浅色皮肤的人可以选择深色或柔和的色彩。
- 搭配：服饰搭配也很重要，要注重整体协调性和细节处理，如在选择西装时，要注意领带、衬衫的颜色和西装的颜色搭配，同时要注意鞋子的颜色和款式。
- 品牌和质地：服饰品牌和质地也是需要注意的方面，选择合适的服饰品牌和质地能够提升节目的品质和新媒体节目主持人的形象，同时也可以展现新媒体节目主持人的专业性和品位。

服饰对新媒体节目主持人的形象塑造十分重要。具体而言，新媒体节目主持人要注意以下几个方面：

- 服饰与新媒体节目主持人年龄密切相关；
- 服饰与节目性质密切相关；
- 服饰与新媒体节目主持人的气质相符。

6．新媒体节目主持人的形象与节目内容和谐一致

新媒体节目主持人的形象应当与节目内容和谐一致，这样不仅能提升节目的整体美感，还能使观众更加沉浸于节目所营造的氛围中，感受到节目所传达的价值观和信息。

（1）新媒体节目主持人形象对节目的影响和注意事项

新媒体节目主持人是节目的代表和代言人，他们的形象和表现直接影响观众对节目的评价和印象。一个优秀的新媒体节目主持人形象不仅能够吸引观众的眼球，还能够提高节目的品牌价值和观众的忠诚度。

新媒体节目主持人的形象不仅在于外表和着装，更在于他们的言谈举止、气质风度、专业素养和人格魅力等方面。

在塑造新媒体节目主持人的形象时，需要注意以下几点。

- 符合节目定位和主题：新媒体节目主持人的形象应该符合节目的定位和主题，能够展现节目的特点和风格，同时也能够吸引观众的注意力和兴趣。
- 保持自然和真实：新媒体节目主持人的形象应该保持自然和真实，不要过于夸张或造作，以免引起观众的反感和不满。
- 不断提升专业素养和技能：新媒体节目主持人应该不断提升自己的专业素养和技能，不断学习和进步，以更好地解读节目内容并服务观众。
- 注意形象维护和形象管理：新媒体节目主持人应该注意自己的形象维护和形象管理，保持整洁、干净、积极向上的形象，以更好地服务观众和塑造品牌形象。

（2）新媒体节目主持人的形象是节目风格的体现

新媒体节目主持人的形象对节目风格的体现通过以下方面来实现。

① 妆发风格：新媒体节目主持人的妆发风格展现出新媒体主持人的专业性和品位，合适的妆发能够提升节目的品质和观众的观赏体验。主持人在选择妆发风格时需要注意以下几点。

- 肤色修饰：新媒体节目主持人的肤色修饰应该与自己本来的肤色和气质相协调，不要过于夸张或过于浓重。
- 面部修饰：新媒体节目主持人的面部修饰应该注重体现立体感和质感，不要过于浓重或过于夸张。主持人在选择化妆品时，要选择适合自己面部肤质的产品，同时也要注意使用方法和使用量。
- 发型：新媒体节目主持人的发型应该整洁、大方，不要过于花哨或过于夸张。主持人在选择发型时，要考虑自己的脸型和气质，同时也要注意发型的保养和护理难度。
- 饰物搭配：新媒体节目主持人的饰物搭配也很重要，要注重整体协调性和细节处理。主持人在选择饰物时，要考虑自己的气质和节目风格，同时也要注意饰物的使用场合和数量。

② 语言风格：新媒体节目主持人的语言风格是体现节目风格的重要方面之一。不同的节目需要不同的语言风格和表达方式，新媒体节目主持人应该选择适合节目类型的语言风格来展现节目的特点和风格。

③ 气质风度：新媒体节目主持人的气质风度是体现节目风格的重要方面之一。一个优秀的新媒体节目主持人应该具备自信、热情、有亲和力等特质，同时也要具备专业素养和技能，能够深入浅出地解读节目内容，引导观众的思维和情感。

④ 互动方式：新媒体节目主持人的互动方式是体现节目风格的重要方面之一。一个优秀的新媒体节目主持人应该能够根据节目的特点和主题，选择合适的互动方式来与观众进行沟通和互动，增强节目的互动性和观赏性。

总之，新媒体节目主持人的形象是节目风格的体现，直接影响节目的质量。因此，新媒体节目主持人应该注重形象塑造和管理，以更好地服务观众和推动节目的发展。

案例分析

以《新京报》官方抖音账号“新京报”为例

截至 2024 年 8 月 2 日，《新京报》官方抖音账号“新京报”有 2553.4 万名粉丝，发布了 3.4 万个作品，获得 5.1 亿次点赞，作品风格多样，形式灵活，如图 2-9 所示。

“新京报”主持人的基本素养表现在以下几个方面。

（1）新闻素养

作为新媒体节目主持人，“新京报”主持人具备较高的新闻素养、一定的新闻敏感度和新闻洞察力，能及时发现和判断新闻的价值和意义，并能从不同的角度和层面解读和分析新闻事件；同时也具备扎实的新闻理论知识，了解新闻报道的原则和方法等方面的知识。

（2）形象意识

“新京报”主持人具备良好的形象意识，注重形象的塑造和管理，通常以简洁、大方、得体的形象出现在镜头前，展现出专业性和高品位。

图 2-9 《新京报》官方抖音账号“新京报”

（3）语言能力

“新京报”主持人具备流利、准确、清晰表达的能力，能熟练运用普通话进行主持；同时也具备良好的互动沟通能力，能与观众进行亲切、热情的互动交流。

（4）创新思维

随着新媒体的发展，“新京报”主持人不断培养自身的创新思维和创新能力，不断探索新的主持方式和风格，以吸引观众的关注和喜爱；同时也具备对新媒体技术的了解和掌握能力，能适应不同平台的需求和特点。

（5）团队合作能力

新媒体节目的制作需要团队合作，主持人需要与编导、摄影师、编辑等人员进行密切合作。“新京报”主持人具备团队合作能力，能与他人协作完成任务。

（6）学习能力

随着社会的发展和变化，新媒体节目主持人的知识和技能也需要不断更新和提高。“新京报”主持人具备较强的学习能力，能不断学习新知识、新技能，不断提高自己的专业素养和业务水平。

总之，新媒体节目主持人需要具备新闻素养、形象意识、语言能力、创新思维、团队合作能力和学习能力等方面的基本素养，这些素养对新媒体节目主持人的职业发展和节目品质的提高都非常重要。

2.3 新媒体节目主持人的能力

新媒体节目主持人需要具备以下基本能力。

（1）互动与沟通能力

新媒体节目往往具有互动性强的特点，主持人需要与观众进行积极的互动，这可以通过提问、征集观点或设立互动环节等方式实现；新媒体节目主持人（本章后续正文简称为主持人）还需要具备良好的沟通能力，能够与嘉宾或观众进行有效的沟通，引导他们表达观点，保持节目流畅和紧凑。

（2）情绪管理与应变能力

主持人在节目中需要保持良好的情绪状态，能够应对各种突发情况，如观众的提问、嘉宾的临时变动等；在遇到突发情况时，主持人需要冷静应对，及时调整情绪，确保节目顺利进行。

（3）创新与学习能力

新媒体节目形式多样，内容不断更新，主持人需要具备创新和学习能力，不断探索新的节目形式和内容，提高自己的竞争力。

（4）团队合作与领导能力

新媒体节目往往需要多个工种的配合，主持人需要与编导、摄影师、后期制作等人员进行紧密合作；主持人作为团队的领导者，需要具备良好的团队合作与领导能力，确保节目顺利进行。

（5）关注热点与舆论把控能力

新媒体节目需要关注社会热点和舆论走向，主持人需要具备敏锐的观察力和判断力，及时关注社会动态，及时把控舆论方向。

除了以上基本能力，主持人还需要具备多方面的能力，提升个人魅力和品牌效应，能够吸引观众的关注和喜爱，以应对不断变化的市场需求和观众口味。

2.3.1 新媒体节目主持人的即兴成篇能力训练

1. 即兴成篇的概念

即兴成篇是指主持人在没有预先准备的情况下，针对某一主题或话题进行现场发挥，通过即兴思考和表达，将内容有机地组织起来，形成一篇完整的文章或做一次完整的演讲。

即兴成篇需要主持人具备敏捷的思维、丰富的知识和优秀的语言表达能力；同时还需要主持人具备灵活的应变能力和良好的心理素质。在即兴发挥时，主持人需要迅速抓住话题的重点，厘清思路，组织语言，使内容具有连贯性和逻辑性。

即兴成篇的好处在于主持人可以即兴发挥，不受预先设定内容的限制，能够更好地展现自己的个性和才华；同时，主持人也能够更好地适应变化多端的现场情况，使主持更加生动、灵活和有趣。

然而，即兴成篇也存在一定的难度和风险。由于没有预先准备，主持人可能会出现表达不准确、思路不连贯或遗漏重点等问题。因此，主持人需要注重平时的知识积累和思维训练，不断提高自己的综合素质和表达能力。

2. 即兴成篇的特点

即兴成篇的特点主要有 3 个。

（1）篇幅短小，语言精练

即兴成篇内容的篇幅往往较为短小，这是因为主持人需要在短时间内表达自己的观点或感受，而不需要进行长篇大论；同时，即兴成篇的语言也较为精练，主持人能够用简短的语言表达出深刻的道理或情感。

（2）时境感强

即兴成篇的场合和情境往往比较特殊，主持人需要根据现场的情况和气氛进行即兴发挥，因此即兴成篇的语言和内容需要符合当时的情境，表现出强烈的时境感。

（3）就事论事，有感而发

即兴成篇需要主持人从眼前的场景、事物、人物中寻找出发点，引出话题，然后表达自己的看法或感受，因此即兴成篇的内容往往是真实流露的思想，能够引起观众的共鸣和关注。

3．即兴成篇能力训练策略

即兴成篇能力训练策略主要包含以下几个方面。

（1）强化思维训练

即兴成篇需要主持人具备灵活的思维和快速反应能力，因此主持人需要强化思维训练。主持人可以通过多种方式进行思维训练，如参加辩论、进行写作练习、模拟新闻发布会等，以提高自身的思维速度和反应能力。

（2）增加知识储备

即兴成篇需要主持人具备丰富的知识储备，包括各个领域的知识，因此主持人需要注重平时的知识积累，多读书、多关注时事、多了解社会热点问题，同时还需要了解新媒体节目的特点和观众需求，以更好地把握新媒体节目的内容和形式。

（3）提高语言表达能力和技巧

即兴成篇需要主持人具备优秀的语言表达能力和语音表现力，因此主持人需要加强语言表达能力和技巧的训练。主持人可以通过朗读、口语练习、演讲等方式进行训练，以提高自身的语言表达能力和技巧。

（4）模拟现场环境

即兴成篇需要主持人具备应对突发情况的能力，因此主持人可以进行模拟现场环境的训练。主持人可以通过模拟现场突发情况、模拟观众提问等方式进行训练，以提高自身的应变能力和应对能力。

（5）加强团队合作

新媒体节目往往需要多个工种的配合，因此主持人可以进行团队合作训练，如模拟节目制作流程、进行角色扮演等，以加强自身与团队成员之间的配合程度。

（6）接受反馈和评估

主持人需要及时接受他人的反馈和评估，进一步了解自己的优点和不足，从而进行调整和改进。

（7）积极实践

实践是提高能力的最好方式，主持人可以参加实际的节目录制和播出，在实践中积累经验，不断提高即兴成篇的能力。

2.3.2　新媒体节目主持人的即兴播讲能力训练

1．即兴播讲的概念

即兴播讲是指在没有预先准备或仅在短时间内准备的情况下，对一个话题或情境进行即兴、即时和流畅的表述。它是一种高难度的口语表达形式，需要主持人具备扎实的语言表达基础、敏锐的思维和丰富的知识储备。

在即兴播讲中，主持人需要在短时间内对给定的主题或情境进行思考和表达，没有时间进行详细的准备或撰写讲稿。因此，主持人需要具备敏捷的思维和快速的组织能力，以便在短时间内构建清晰、有逻辑和有说服力的演讲内容。

即兴播讲需要主持人具备高超的口语表达技巧，包括准确的发音、清晰的语言表达、恰当的语调和节奏等。同时，主持人还需要具备良好的临场发挥能力和心理素质，以应对可能出现的紧张、忘词或其他突发情况。

即兴播讲在现代社会中广泛应用于各种场合，如新闻发布会、辩论赛、演讲比赛、商业推广等。它能够展现主持人的综合素质和能力，同时也符合现代社会快节奏、高效率沟通的特点。

2．即兴播讲的特点

即兴播讲的特点主要表现在以下几个方面。

（1）话题集中，针对性强

即兴播讲的话题往往针对当前或眼前的情境或事件。主持人需要针对这个话题进行深入的剖析和阐述，以准确、生动地表达自己的观点和感受。

（2）相互制约，听说并行

即兴播讲需要主持人与观众之间相互配合和交流。主持人需要听取听众的问题，同时根据观众的反应进行即兴的发挥和表达，以实现有效的交流和沟通。

（3）随兴而发，随机应变

即兴播讲没有固定的演讲稿或拟稿时间。主持人需要随机应变，根据现场情况和观众反应进行即兴发挥，以达到最好的表达效果。

（4）形式自然，灵活多变

即兴播讲的形式自然、灵活。主持人可以根据需要自由地运用语言、肢体动作等多种表达方式，以达到最佳的表达效果；同时，即兴播讲也需要主持人具备较强的语言组织能力和表达能力，以应对可能出现的突发情况。

总之，主持人应通过不断学习和实践，提高自己的即兴播讲能力，进行自信、流畅和有说服力的口语表达。

3．即兴播讲能力训练策略

即兴播讲能力训练策略包括以下几个方面。

（1）增强语言组织和表达能力

即兴播讲需要主持人具备扎实的语言基础、良好的语言表达能力和敏捷的思维，因此主持人要注重培养自己的语言组织和表达能力，包括增强口语表达的准确性和流畅性，学会运用恰当的词汇和语法结构，掌握各种语言表达技巧。这可以通过参加辩论比赛、模拟现场报道、阅读书籍报刊等方式来训练。

（2）培养观察力和敏锐性

即兴播讲需要主持人对当前或眼前的情境或事件进行深入的观察和理解，因此主持人要注重培养观察力和敏锐性，如观察身边的人和事、记录自己的想法和感受等。

（3）培养快速反应能力

即兴播讲需要主持人具备快速反应能力，能够应对各种突发情况，因此主持人要注重培养快速反应能力，如进行场景模拟、角色扮演等。

（4）培养听众意识

即兴播讲需要主持人具备良好的听众意识，能够与听众进行有效的交流和沟通，因此主持人要注重培养听众意识，如在平时多了解听众的需求和兴趣、关注听众的反应等。

（5）掌握即兴播讲的技巧和方法

即兴播讲需要主持人掌握一定的技巧和方法，包括如何开头、如何结尾、如何运用语言和语调等，因此主持人要注重学习即兴播讲的技巧和方法。这可以通过案例分析、经验分享等方式进行实现。

（6）积极实践

即兴播讲需要主持人具备丰富的实践经验，因此主持人要积极实践，如参加演讲比赛、模拟新闻采访等。

2.3.3 新媒体节目主持人的即兴主持能力训练

1．即兴主持的概念

即兴主持是指在节目进行过程中，主持人在没有预先准备的情况下，通过自己的思维和语言能力，及时准确地表达并引导观众的注意力。即兴主持要求主持人具备良好的口才和沟通能力，能够在不同的情境下迅速应对，并对观众有所启发。即兴主持还需要主持人具备灵活的思维和较强的组织能力，能够根据现场情况灵活调整主持内容和方式，以吸引观众的注意力并引导他们参与到节目中来。

2．即兴主持的特点

即兴主持的特点主要表现在以下几个方面。

（1）临场发挥

即兴主持是在没有预先准备的情况下进行的，主持人在现场需要根据实际情况进行临场发挥，这要求主持人思维敏捷、反应迅速。

（2）针对性强

即兴主持针对的是当前的情况，要求主持人具备较强的观察能力和应变能力。

（3）形式自然灵活

即兴主持不拘泥于固定的模式和流程，形式自然灵活，可以根据现场情况随时进行调整和改变。

（4）内容多样

即兴主持的内容多样，可以涉及不同的领域和主题，这要求主持人具备丰富的知识储备和较强的语言表达能力。

（5）感染力强

即兴主持要求主持人用真挚的情感和自然的语言表达感染观众，营造轻松愉悦的氛围，使观众产生共鸣。

基于上述特点，即兴主持能够为节目增添生动性和趣味性，同时也能够展现出主持人的个性和魅力。

3．即兴主持能力训练策略

即兴主持能力训练策略包括以下几个方面。

（1）培养思维能力

即兴主持需要主持人具备敏捷的思维和快速的组织能力，因此主持人要注重培养思维能力，如进行思维训练游戏、阅读思维导图书籍等。

（2）培养口语表达能力

即兴主持需要主持人具备准确的发音、清晰的语言表达、恰当的语调和节奏等，因此主持人要注重培养口语表达能力，如进行朗读练习、口语练习等。

（3）培养心理素质

即兴主持需要主持人具备稳定的心理素质，以应对可能出现的紧张或其他情绪波动，因此主持人要注重培养心理素质，如接受心理辅导、参加放松训练等。

（4）掌握即兴主持的技巧和方法

即兴主持需要主持人掌握一定的技巧和方法，包括如何开场、如何结尾、如何应对突发情况等，因此主持人要注重学习即兴主持的技巧和方法，这可以通过案例分析、经验分享等方式来实现。

（5）积极实践

即兴主持需要主持人具备丰富的实践经验，因此主持人要积极实践，如参加模拟新闻发布会、辩论赛等。

（6）培养观察力和应变能力

即兴主持需要主持人对当前的情境或事件进行深入的观察和理解，并能够灵活应对各种突发情况，因此主持人要注重培养观察力和应变能力，如进行场景模拟、角色扮演等。

（7）提高文化素养

即兴主持需要主持人具备深厚的文化素养，因此主持人要注重提高文化素养，如阅读名著、参加文化活动等。

案例分析

以潮州市新闻传媒中心官方抖音账号“看见·主播说”为例

截至 2024 年 8 月 2 日，潮州市新闻传媒中心官方抖音账号“看见·主播说”有 49.5 万名粉丝，发布 1520 个作品，获得 663.1 万次点赞，如图 2-10 所示。在该账号中，潮州市新闻传媒中心的主播轮番亮相，对新近发生的热点事件进行播报和评述。

图 2-10　潮州市新闻传媒中心官方抖音账号“看见·主播说”

在当今的新媒体时代，新媒体节目主持人需要具备一系列的特殊能力和技巧，以适应快速变化的市场需求和观众期待。以潮州市新闻传媒中心官方抖音账号“看见·主播说”为例，我们来分析一下新媒体节目主持人所需要具备的能力。

（1）语言组织和表达能力

这是新媒体节目主持人应具备的最基本的能力之一。在“看见·主播说”中，主播们需要用简洁、生动、形象的语言来传达信息，因此必须具备良好的语言组织和表达能力，这样才能把复杂的问题简单明了地解释清楚。同时，他们还需要通过语调和语速来表达情感，以吸引观众的注意力。

（2）快速适应和学习能力

新媒体节目主持人需要具备快速适应和学习新事物的能力。由于节目形式和内容经常发生变化，新媒体节目主持人需要迅速理解新的信息，并将其有效地传达给观众。在“看见·主播说”中，主播们需要不断学习和掌握新的知识点，以便能够在节目中进行深入浅出的解读。

（3）人际交往能力

新媒体节目主持人需要善于与人交往，能够与不同背景、不同层次的观众建立良好的关系。在“看见·主播说”中，主播们不仅需要在节目中与嘉宾进行良好的互动，还需要在直播过程中应对观众的提问和反馈，因此需要具备良好的人际交往能力。

（4）创新思维能力

在新媒体时代，主持人需要具备独特的创新思维能力，能够在节目中创造出独特的观点和视角。在“看见·主播说”中，主播们需要独立思考，提出新颖的观点和见解，以吸引观众的关注。

（5）团队协作能力

新媒体节目主持人需要与团队成员紧密合作，共同完成节目的策划、录制和后期制作等工作。在“看见·主播说”中，主播们需要与编导、摄像、后期制作等人员紧密配合，这样才能制作出一期精彩的节目。

（6）自我管理和自我驱动能力

新媒体节目主持人需要具备自我管理和自我驱动能力，以便能够在繁忙的工作中保持冷静和专注，主动寻找和发现新的机会和挑战。在“看见·主播说”中，主播们需要不断进行自我反思和总结，以便不断提高自己的主持水平。

（7）跨平台推广能力

新媒体节目主持人需要具备在不同平台推广节目的能力，了解不同平台的用户需求和特点，以便对节目内容进行有效的传播和推广。在“看见·主播说”中，主播们不仅需要在抖音平台上进行直播，还需要在其他社交媒体平台上进行推广和宣传。

综上所述，新媒体节目主持人需要具备一系列的能力和素质，不断锤炼自己的各项技能，这样才能胜任工作。

【课后实训】

1. 收看你最喜欢的体育赛事，对该体育赛事进行 3 分钟的即兴成篇式总结。
2. 针对本章介绍的各类官方抖音账号发布的新闻进行即兴播讲。
3. 结合你最喜欢的电视剧（电影）即兴主持一场观摩会。
4. 根据本书提供的配套练习题进行即兴成篇和即兴播讲能力训练。①

① 请用书教师登录人邮教育社区（www.ryjiaoyu.com），搜索本书书名或书号下载配套练习题。

第 3 章　短视频节目概述

知识目标

1. 了解短视频的概念、特点和发展。
2. 了解短视频节目的内容属性、分类与制作流程。
3. 了解短视频节目主持人 IP 打造。

能力目标

1. 策划及主持一档短视频节目。
2. 掌握主持短视频节目的技巧。
3. 达到短视频节目主持人的能力要求。

素质目标

1. 提升沟通能力、口语表达能力，与观众建立情感连接。
2. 提升专业素养，掌握短视频节目主持人所需的广泛专业知识。
3. 注重自我管理和个人成长，在职业生涯中持续发展。
4. 践行社会责任，积极传播正能量，促进社会和谐。

随着互联网技术的日趋成熟及智能手机的普及，短视频成为新媒体时代内容传播的重要载体，引发了广泛关注。在 5G 时代背景下，人们的观看渠道和消费习惯正经历一场前所未有的变革——从传统媒体逐步转向新媒体。20 世纪 80 年代，电视和报纸是主流的大众传媒；20 世纪 90 年代，随着互联网传播的兴起，门户网站和电子邮件成为这一时代的标志性代表；进入 21 世纪，社交媒体的崛起进一步加速了传播媒介的演进与变革。从早期的 BBS 和博客，到后来的微博和微信，信息传播和社交模式发生改变。随着智能科技的迅猛发展，抖音、快手等新兴智能传播平台正凭借独树一帜的传播策略和用户互动性，成为新一代大众传媒的典范。20 世纪 80 年代以来的传播方式变迁如表 3-1 所示。由传统媒体到新媒体的转变使直播平台、短视频平台及在线视频平台迅速崛起，它们不仅成为推动线上经济迅猛发展的强大引擎，更在重塑新媒体传播生态方面发挥着举足轻重的作用。

表 3-1　传播方式变迁

时间	类型	传播媒介	通信技术	传播方式
20 世纪 80 年代	大众传播	电视、报纸	1G	内容驱动
20 世纪 90 年代	互联网传播	门户网站、电子邮件	2G	内容驱动
21 世纪 00 年代	社交传播	BBS、博客	3G	内容驱动+用户驱动
21 世纪 10 年代	社交传播	微博、微信	4G	用户驱动
21 世纪 20 年代	智能传播	抖音、快手	5G	数据驱动

另外，在2022年，人工智能的应用进入爆发式增长阶段，这为媒体深度融合发展提供了战略性的新机遇。当新技术遇到新媒体，必将开启数字时代的新篇章。截至 2024 年6月的统计报告显示，我国网民有10.99 亿，其中短视频用户10.26 亿。可见，短视频在赋能新媒体传播、促进社会和个人发展方面具有划时代的意义。传统媒体节目主持人和高校师生也应积极拥抱新媒体时代的变革，在短视频赛道中提升个人的核心竞争力。

3.1 短视频简介

3.1.1 短视频的概念

短视频是互联网内容传播的一种形式，为视频领域注入了新的活力，具有广泛的传播潜力。顾名思义，短视频即时长较短的视频，时长从几秒钟到几分钟不等，一般时长在 5 分钟以内的视频都可以称为短视频。短视频的“短”令观众所见即精华。

从内容来看，短视频因时长所限而内容简短。短视频内容具有典型的片段性特征，可以单独成片，也可以成为系列栏目。短视频的生产流程相对简单、制作门槛低、制作周期短、参与性强，短视频成为移动视频发展的风向标。随着移动互联网的发展和智能手机的普及，越来越多的人开始使用手机观看和制作短视频，并在社交媒体上进行传播。

从传播形态来看，短视频主要在新媒体平台上传播，观看和传播短视频已成为一种非常流行的娱乐方式，用户可以随时随地在移动状态和短时休闲状态下观看短视频。与传统的视频不同，短视频更注重即时性和互动性，强调通过快速传播和分享来引起人们的关注和讨论。受众在观赏短视频的同时也可以自己制作发布短视频，获取相应的经济收益。

由于简洁明了的形式、高频推送的特点，短视频易于被用户接受。短视频想要实现全方位、多层次的大众传播，需要获得传播主体、传播内容、传播渠道、传播受众这 4 个方面的支持。

1．传播主体

在当今时代，个人信息传播的重要性日益凸显，其中短视频的传播主体主要分为个人用户和专业团队两大类。个人用户通常独立创作内容，而专业团队则采用资本引入、团队协作和公司化运营等方式来制作内容。一般而言，一个由 3～5 人组成的专业团队制作一条高质量的短视频需要花费 1～2 周的时间，比个人用户更有效率。此外，越来越多的公众人物进入这一领域，包括有影响力的商人、艺人和知名媒体人等。因此，无论是个人用户还是专业团队，都应充分考虑商业客户的需求，并制定出合适的商业变现策略。

2．传播内容

短视频内容简单明了，具有互动性、对话性、开放性、民主性、实用性、扩散性、用户原创性等特点。在短视频领域，各类传播内容形成了百花齐放、百家争鸣的局面。

3．传播渠道

选择合适的传播渠道是短视频有效传播的保障。由于不同传播渠道拥有相异的属性，因此，创作者对平台机制和规则的掌握程度会在一定程度上影响短视频的传播效力。任何短视频都需要传播渠道做支撑，因此将各传播渠道运用到极致，就能以最小的成本实现曝光量的最大化。

4．传播受众

短视频的传播受众通常指利用短视频平台观看短视频的人群（也称用户）。平台需要根据流量属性和用户属性，向用户推荐不同的短视频内容。创作者也需要根据用户的审美及平台的规则限制量身定制短视频内容，从而更好地服务用户。

3.1.2 短视频的特点

短视频已成为全社会广泛关注的焦点，这与短视频的特点密不可分，这些特点促使用户持续观看短视频，并对制作短视频拥有极大的热情。具体来说，短视频具有以下 6 个特点。

1．短小精悍

短视频这种传播形态顺应了互联网信息碎片化的特点。相较于传统的长视频而言，短视频能够更快地在有效时间内传递给用户更多的信息，避免给用户长篇大论般的冗长感和枯燥无味的体验。同时短视频也能更好地吸引用户的注意力并使其产生共鸣，更容易让用户接受，且记忆深刻。短视频利用精准的产品定位攫取稀缺的用户注意力资源，其所运用的快节奏剪辑、碎片化的悬念设置、风格化表达等手段也更符合年轻人追求新奇个性的心理特点。

2．去中心化

短视频具有去中心化传播的特点，随着节目类型和社会生活的多样化，用户的审美趣味也在逐渐转变，越来越趋向于个性化的表达。短视频平台为了迎合用户的品位与需求，也适时做出转变，给用户提供表现自己的舞台，这让不少用户跃跃欲试，通过“亮剑”找到了自信和自我。抖音的品牌宣言为“记录美好生活”，这说明抖音旨在让每一个用户都看见并连接世界，积极表达、沟通和记录，生动创造，从而丰富精神世界，让现实生活更美好。快手的品牌宣言也具有异曲同工的效果，“拥抱每一种生活”就是在宣扬公平、普惠，力求让每个用户都能彰显自己的价值和意义。

3．即时性

与传统电视节目或电影不同，短视频具有即时性，可以在最短的时间内吸引大量用户。在传媒领域，短视频的即时性对新闻传播大有裨益，例如新闻机构可以利用短视频来报道事件和新闻，更好地传达信息。

4．娱乐性

观看短视频是互联网时代主流的娱乐方式，用户可以通过观看短视频来放松身心并获得快乐。在数字化媒介中，2023 年我国每天人均接触手机的时长为 106.52 分钟，而使用手机的标准时长是 100 分钟，但大部分人已经严重超标。在当前短视频内容层出不穷的背景下，应当警惕短视频娱乐性的潜在风险。创作者应当关注短视频节目所面临的价值挑战，寓教于乐地提升内容质量，促进用户全面成长与发展。

5．互动性

与传统媒体不同，短视频更注重社交化的传播方式及与用户的双向互动。通过评论、点赞和分享等方式，用户可直接参与短视频的传播，拓宽自己的社交视野。在短视频评论区聊天、发送后台私信等互动行为不仅拉近了创作者与用户之间的距离，而且在两者之间建立起一个沟通的桥梁，这也顺应了互联网时代人们的社交需求。

6．创新性

创意是优秀短视频作品的必备元素。目前市面上的短视频形式多样，但同质化作品也屡见不鲜，很多创作者更是成为“搬运工”，其作品缺乏原创性。短视频需要从单纯的娱乐转向寓教于乐，从而实现创新性表达，例如在教学过程中可以使用短视频来演示某些知识点或实验操作等。短视频的创新性主要包含 3 个方面：一是内容创新，二是技术创新，三是商业模式创新。持续进行创新和优化才能促进短视频行业积极发展。

未来，随着技术的进步和用户需求的变化，短视频还将继续发展壮大，成为新媒体时代内容传播的重要组成部分。

3.1.3 短视频的发展

短视频的发展起源于对互联网信息进行多样化表达的需求。最初，互联网信息主要通过文字形式传递，随后扩展到图像、视频等形式。短视频集成了多种媒体的表达形式，每种表达形式都使信息被更加全面和生动地传达，以适应用户在信息获取和表达方面的多样化和个性化需求。

早在 2005 年，短视频就已经在美国兴起，YouTube 是世界上第一个在线视频分享平台。随后，Viddy、Instagram 也逐渐被用户熟知。2013 年，Twitter（2023 年 7 月已正式更名为 X）正式推出了视频分享应用Vine。用户可以使用 Vine 拍摄 6 秒以内的短视频，并且可以将文字信息一同实时分享在 Twitter 上，也可以把几条连续拍摄的视频片段编辑在一起，因此 Vine 受到了网友的追捧。大约半年后，Instagram 也推出了视频分享功能，允许用户拍摄 15 秒以内的视频并进行分享。为了对视频进行编辑，Instagram 还特地推出了视频编辑应用 Hyperlapse。

但是在那时，由于网络传输速率和带宽的限制，短视频并不像现在这么流行。其实，短视频并非产生于单一事件或国家，而是随着互联网和信息技术的不断发展而逐步演化而来的，短视频的兴起与发展以移动网络为基础。2022 年 12 月，我国千兆光网已经具备覆盖超过 5 亿户家庭的能力，5G 基站数量达 231 万个，已实现城市家庭千兆光网全覆盖，全国行政村也已历史性地实现“村村通宽带”，这意味着在中国城乡的很多地区，人们都能通过手机用上 5G 网络。这也是短视频在 2022 年呈现井喷式发展的重要原因之一。

在我国，自从 2007 年具有全屏触控交互功能的智能手机问世以后，手机的知识化、智能化、视觉化、互动化和生活化功能逐渐达到前所未有的高度，手机甚至成为个人学习、社交和工作时不可或缺的“第六感官”。随着信息技术的不断发展，我国在 2014 年正式进入 4G 时代。伴随移动流量成本的大幅降低，人们对于视频内容的消费已经从 PC 互联网领域向无线领域转变。国内互联网企业纷纷开始关注短视频，并结合国外短视频发展经验和成功模式，不断推出适合国内市场的新应用。

从 2004 年到 2011 年这长达 7 年的时间里，乐视、土豆网（2014 年 1 月更名为“土豆”）、优酷、爱奇艺等视频网站相继成立，中国开始进入视频时代。随后，平台化发展趋势明显，各大平台竞争激烈。较早出现的秒拍、小咖秀及美拍等短视频 App 作为第一代应用，为短视频的井喷式发展奠定了用户基础。紧接着，快手、抖音等短视频 App 迅速崛起，成为短视频领域家喻户晓的产品。各大互联网企业也围绕短视频领域展开争夺，梨视频、我们视频、七环视频纷纷出现。2017 年更是被称为短视频爆发元年。各广播电视台纷纷入局，打造了如小央视频、芒果短视频、风芒 App 等产品。短视频以其简短、精练、有趣的传播形态逐步受到人们的喜爱，在从 2012 年到 2024 年这短短 10 余年间，已实现新闻、娱乐、社交、购物、教育、文旅、医疗、商业等全场景覆盖。

短视频在不断发展中解决了人们需要“被看见”的问题，具有积极的社会意义与文化价值。短视频已成为人们日常生活中不可缺少的一部分，反映了人们对生活的微观记录，展现了社会的样貌、时代的情绪。

3.2 短视频节目简介

3.2.1 短视频节目的内容属性

短视频节目的内容制作模式主要分为 3 种，即用户生成内容模式、专业生成内容模式、专业用户生成内容模式。

用户生成内容（User Generated Content，UGC）在短视频平台上已经成为一种趋势和现象。UGC 生产者为非专业的普通用户，这类内容生产成本低、制作简单，具有强社交属性。UGC 通常以个人化、真实性为特点，多表达个人情感和观点，能与受众产生共鸣。具有代表性的UGC平台有抖音、快手等，这些平台上形成了丰富多样的 UGC 生态，这对于改善平台的内容生态和用户体验具有重要意义。UGC 平台可以通过设置用户奖励机制、提供优质的创作工具等方式，促进用户积极参与创作。

专业生成内容（Professional Generated Content，PGC）指的是由专业制作团队或机构制作和发布的视频内容，包括影视剧、综艺节目等。这类内容通常以高质量、高制作水准和专业性为特点，更多追求故事性和娱乐性，具有强媒体属性。具有代表性的 PGC 平台有西瓜视频、梨视频、好看视频等。

专业用户生成内容（Professional User Generated Content，PUGC）是 PGC 和 UGC 的结合。PUGC 生产者指的是拥有粉丝基础或拥有某一领域专业知识的关键意见领袖（Key Opinion Leader，KOL），这类内容生产成本较低，主要依赖流量盈利，兼具社交属性和媒体属性。快手、抖音、抖音火山版等多为 PUGC 生产者首选的短视频制作平台。

3.2.2 短视频节目的分类

短视频节目类型多种多样，分类维度也各不相同，但总体上可从以下 3 个维度进行划分。

1．节目类型

根据节目类型划分，短视频节目可以分为一级赛道与二级赛道。各大平台进入短视频领域后，进一步推动了内容的垂直细分。以抖音为例，短视频节目在一级赛道下垂直细分出二级赛道。短视频内容创作者逐渐细化、明晰自身定位，向某一专业垂直领域过渡，成功打造个人 IP，变现能力也随之增强。

一级赛道可分为生活、娱乐、运动、音乐、美食、时尚等。生活类节目包括旅游、摄影、家居、宠物等主题，注重生活情趣和细节的表达。娱乐类节目包括综艺热门花絮、电影剧情解析等主题，注重娱乐性和热点事件的传播。运动类节目包括篮球、足球、健身、跑步、滑板等主题，注重运动技巧、健康生活和运动品位的展示。音乐类节目包括唱歌、MV 等主题，注重音乐性和艺术性的表现。美食类节目包括美食制作、菜肴分享、美食鉴赏等主题，注重美食的视觉感受和味觉感受的传达。时尚类节目包括潮流穿搭、美妆造型、时尚资讯等主题，注重时尚风格和品牌文化的传播。二级赛道是在一级赛道的基础上发展而来的，深耕垂直领域，内容生态愈加繁荣。

2．节目样态

根据节目样态划分，短视频节目分为动画类、纪录片类、短剧类、综艺类、新闻类等。动画类包括二次元动画、卡通动画等，注重手绘艺术、创意和幽默感的展示。纪录片类包括人文历史、科学探索、自然地理等主题，注重真实性和深度剖析。短剧类包括微电影、情景剧、悬疑剧等，注重情感表达和故事性。综艺类包括脱口秀、真人秀、选秀节目等，注重娱乐性、互动性和明星效应。新闻类多以真实生活为创作素材，以真人真事为表现对象，在此基础上进行一定的艺术加工与展现，内容新颖、制作精良。

3．用户群

根据用户群划分，短视频节目分为女性向、男性向、青少年向、老年人向等。各大平台的目标用户群体往往各不相同。以抖音为例，截至 2023 年，根据抖音官方公布的数据，用户年龄分布较为广泛，主要集中在 18～35 岁区间。其中，18～24 岁用户占比最高，为 35%，25～30 岁用户占比为 27%，31～35 岁占比约 16%，这从一定程度上反映出抖音作为短视频平台在年轻人中的受欢迎程度。同时，抖音也在不断扩大对其他年龄段用户的覆盖面，让更多用户能够享受其提供的内容和服务。

不同用户的兴趣往往也各不相同。例如，抖音的短视频节目涵盖了从美食、旅游、音乐、时尚到健身、母婴、萌宠等各个领域，满足了不同用户的兴趣需求。其中，用户最喜欢音乐和舞蹈领域的节目，此外，美食、时尚、旅游、萌宠等领域的节目也备受用户喜爱。

短视频节目的变化日新月异，技术变革成为推动短视频节目发展的核心动力。新一代网络通信技术凭借自身的优势，不仅能够将互联网推到一个更高的发展水平，还能够为虚拟现实技术、人工智能技术、物联网技术等的相互融合提供支持，有助于打造形态多元化、内容新颖的短视频节目。

3.2.3 短视频节目的制作流程

短视频节目的制作流程（见图 3-1）是一个强调协同而复杂的过程，涉及短视频平台、内容生产者和内容消费者三方的紧密互动。在这个流程中，短视频平台、内容生产者和内容消费者三者相互依存：短视频平台连接内容生产者和内容消费者；内容生产者通过短视频平台发布和推广作品，吸引内容消费者观看和互动；内容消费者的反馈和行为数据为内容生产者提供创作灵感和方向，同时也为短视频平台优化推荐算法提供依据。这种协同关系促进了短视频产业的繁荣发展，实现了短视频平台、内容生产者和内容消费者间的共赢。

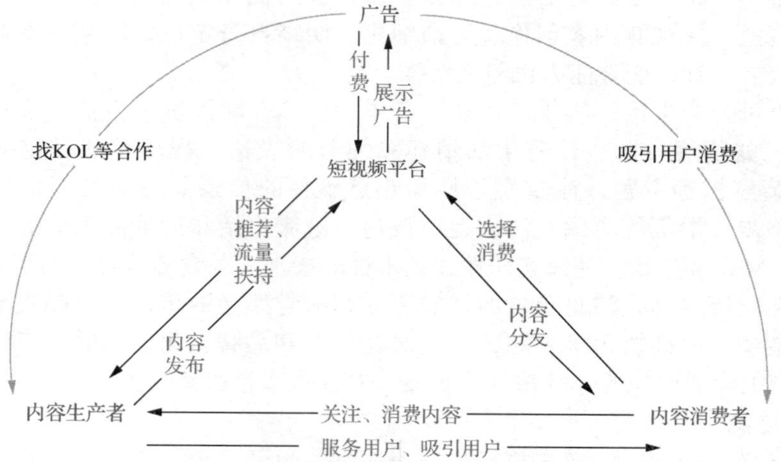

图 3-1　短视频节目的制作流程

短视频节目的制作流程包括前期策划、中期拍摄、后期制作、宣传推广 4 个环节。每个环节都需要精心策划和执行。如今，短视频节目种类繁多，模式多样化，只有制作精良的短视频节目才能在竞争激烈的短视频市场中脱颖而出。

1．前期策划

短视频节目的前期策划对于整个制作流程而言至关重要，它不仅决定了短视频节目的风格和目标受众，还是短视频节目创新的核心环节。在前期策划环节，创作者重点应关注内容的创新性、独特性和吸引力。为此，需考虑当前热门话题、流行趋势及受众的兴趣，以制定与节目定位相符的内容创作方案。此外，还需考虑内容的多样性和丰富性，以满足不同受众的需求。

创作者首先需要确定清晰的选题方向。定位清晰、主题明确是短视频创作中最核心、最重要的要求。主题是短视频节目的灵魂，需要根据目标受众的需求定向设计。创作者需转换视角，站在受众的立场构思剧情。文案要有代入感，深入挖掘受众需求。同时，创作者在创作伊始还要考虑传播渠道和宣传方式。确定主题后，创作者应根据时长、风格等要求，设计详细的内容创作方案。

不同类型短视频节目的策划重点也有所不同。

以新闻为例，短视频新闻不同于传统新闻。传统新闻在传播速度和传播效果等方面都有局限，但短视频新闻具有即时性和可感性，不仅受众更广，还能让受众直面新闻现场，强化感性认识。另外，短视频新闻中可设计主话题和副话题。主话题的选择不仅要考虑新闻事件的表面，还要深入挖掘其背后的产生原因、影响和意义。同时，创作者也要关注主话题的广度，确保主话题能够涵盖多个领域，满足不同受众的需求。副话题主要是围绕热点展开、由主话题衍生而来的周边新闻。副话题可作为短视频新闻重要的补充部分，只要对其进行妥善的加工处理，就可以更加完整地反映热点事件的全貌，并使短视频新闻产生较大的影响力。

再以电影解说类短视频为例，创作者需重视短视频节目的原创性和创新性。目前，电影解说类短视频同质化问题凸显，部分创作者只做简单的搬运和讲解，对素材进行二次加工，这不仅会产生侵权问题，而且很容易使作品显得千篇一律，令受众产生审美疲劳。因此，电影解说类短视频创作者需要创新，打造鲜明的账号风格。这就需要对选题精雕细琢。节目只有垂直度高，才会获得更多的流量扶持。另外，随着各行各业创作者纷纷入场，中、长视频占比提升。今后，短视频节目创作者需深耕内容，拓宽用户视野，满足多元化需求。

创作者需根据节目内容撰写分镜头脚本。分镜头脚本包含场景、画面内容、台词、解说词、拍摄手法、镜头时长、服装、道具、音乐音响等要素。制作团队需将分镜头脚本内容熟记于心，并在中期拍摄环节按照分镜头脚本执行，以防出现漏拍等问题。分镜头脚本有助于缩短拍摄周期，提高工作效率和工作质量。

2．中期拍摄

短视频节目的拍摄手法要有特点，既不囿于传统经验，又要富于创意，形成独树一帜的风格。只有这样才能吸引更多关注，增强受众黏性，从而提升短视频节目的影响力。

在中期拍摄环节，必须关注拍摄手法、光线、角度和构图等关键细节，以确保短视频的质量和观感。

首先，应避免拍摄手法的单一性，多样化的景别设计对于增强故事情节的叙述力、人物情感的表达及人物关系的刻画至关重要。此外，创新的拍摄手法，如多视角展示会使画面更具表现力。这种拍摄手法通过同步使用多个摄像头将不同视觉效果的镜头组合在一起，营造出一种独特的视觉效果。

其次，在光线的选择上，要合理运用顺光、逆光、侧逆光、散射光等光线，突出表现物体与人物。如果拍摄现场的环境光线不足，就需要利用补光灯来补光，以保证短视频画面的质量。

最后，摄影构图需讲究造型艺术，好的摄影构图不仅能协调画面布局，更能巧妙突出画面重点，增强画面的表现力。

3．后期制作

后期制作环节主要包含视频剪辑、音频制作、视频发布等。制作团队需对拍摄好的素材进行粗剪和精剪，添加音乐、特效和字幕等元素，以增强短视频节目的表现力。后期制作环节还需要专业的剪辑软件和技术的支持，以确保短视频节目的质量和效果。

（1）视频剪辑

视频剪辑是指对原始素材进行剪辑，优化短视频节目结构，并用节奏调动观众情绪。常用的视频剪辑软件如剪映、Adobe Premiere Pro、Final Cut Pro、Adobe After Effects 等。

（2）音频制作

短视频节目多采用“口述+字幕”的表现方式。口述内容主要包含台词和解说词，配音可通过人声实录或 AI 配音等方式实现。AI 配音具有降本增效的优势，操作便捷。用户选择想要的风格，再输入文案，即可一键生成配音作品。在制作配音作品的过程中，可以使用 AudFree Auditior、剪映等软件对声音进行调整，在合适的位置也可以加入音效和背景音乐。

（3）视频发布

创作者在发布短视频节目时需巧妙运用标题、话题、封面图等提高短视频节目的曝光率。另外，平台对于内容的审核越来越严格，创作者在发布短视频前须谨慎检查，避免违规。目前，短视频节目存在内容低俗、虚假内容泛滥、内容抄袭等问题。为此，我国加大了对短视频行业的监管力度，政府部门发布了一系列政策法规，以推动短视频行业健康、有序发展。

4．宣传推广

在短视频节目制作完成后，创作者须选择合适的平台和渠道发布，并制订推广计划，吸引用户关注和分享。各大平台的推荐算法有所差异，目标用户的行为习惯和偏好也不同，这将直接影响短视频节目的传播效果。

各大平台的补贴激励政策也不同。创作者在投放短视频节目前，须熟知各平台的补贴激励政策，并积极寻求商业合作，拓宽曝光渠道。在短视频节目发布后，创作者须及时回复用户留言以进行互动，并记录用户反馈数据，从而更好地提升制作效率和节目质量。另外，账号须持续更新，以吸引用户的注意力。目前，各行各业都瞄准了拥有巨大流量的短视频平台。在专业制作团队的加持下，品牌方自播涨粉效率高，强调粉丝沉淀。与个人创作者相比，专业制作团队更善于整合营销推广，建设自营账号矩阵。

创作者可以通过社交媒体推广、搜索引擎优化等吸引用户观看自己的短视频节目，提高用户活跃度，并通过广告、付费会员、虚拟礼物等多种方式实现盈利。

3.3 短视频节目主持人 IP 打造

3.3.1 短视频节目主持人的网红效应

依托短视频平台的快速发展，短视频节目这种得天独厚的传播媒介为主持人的网红效应的形成提供了优质土壤。短视频节目主持人凭借独特的魅力，逐渐成为一种新型网红。不少传统媒体节目主持人也纷纷转型，入局短视频节目。短视频节目主持人通常个性鲜明、幽默风趣，具有一定的专业素养，能够吸引大量观众的喜爱和关注。简言之，短视频节目主持人的网红效应是指主持人通过短视频平台获得大量粉丝。

网红主持人已经形成了独特的个人品牌和形象，具有给品牌方推广产品的能力。品牌方重视网红主持人的影响力和粉丝基础，常通过网红主持人的影响力和号召力，达到增加品牌曝光、促进产品销售等目的。

其实，网红 IP 由来已久，是指在互联网中有一定知名度的形象、人物或内容，其具有持续更新及输出精华的能力。网红IP 可分为 4 种，分别是网红人物、网红产品、网红概念和网红作品。以网红人物为例，他们在网络上有较高的知名度，他们的作品贴近生活，且趣味性强。网红IP 背后庞大的粉丝基数和稳固的用户黏性中潜藏着巨大的商业价值。

网红效应的“幕后推手”是 MCN 机构。MCN 是个舶来品，其英文全称是 Multi-Channel Network，译为“多频道网络”。MCN 机构是创作者的公司型管家，也称网红经纪人、网红中介机构。MCN 机构源于国外成熟的网红经济运作，本质上是一个多频道网络的产品形态。在资本的有力支持下，创作者能保障内容的持续输出，从而实现商业价值的稳定变现。

我国 MCN 机构已进入快速发展期，表现出较强的行业发展特性，拥有内容制作能力、红人孵化能力、流量获取和变现能力。MCN 机构能为短视频节目主持人量身定制节目，将其个人 IP 网红化，并对其账号进行系统化运营。对短视频节目主持人而言，MCN 机构在内容制作、流量曝光上的支撑很关键。早在 2020 年，全国就已经有至少 20 家广播电视机构向 MCN 机构转化。MCN 机构正激发主持人拥抱短视频节目的新热潮。

3.3.2 短视频节目主持人的人设

从传统电视节目时代到短视频时代，许多方面都发生了变化。以前是电视台提供什么，观众就看什么，但短视频时代以内容为王，由数据、流量决定呈现的内容。在这个泛娱乐化的时代，传统的主持风格很难吸引观众。短视频节目对于主持人来说，既是挑战，也是机会。相对于传统媒体节目主持人，短视频节目主持人的人设转变主要体现在以下 3 个方面。

1. 制作方式

传统电视节目的制作是多人协调参与的系统工程，一支制作队伍往往搭配一名主持人。但短视频节目的制作方式简单，主持人只需一部手机就可以独立完成整个节目的生产和投放，故短视频节目主持人的身份发生变化，从单一型主持人向集“编、导、演”于一体的复合型主持人转变。在短视频时代，观众的审美发生了转变，不再被主持人的名气吸引，转而关注其主持内容及主持风格。由于短视频节目时长有限，因此主持人就要以较短的时间、言简意赅的文案和独特的风格吸引观众的注意力。

2. 主持风格

传统电视节目对出镜人员的语音面貌有较高要求，但在短视频时代，人人都可以是主持人，这就降低了主持人的入行门槛，个性化的主持风格也深受观众喜爱。与此同时，传统电视台也在积极探索新时代下短视频节目主持人的表达方式。以央视频为例，其短视频节目主持人的整体风格正逐渐下沉，朝着幽默化、娱乐化、个性化方向发展。例如，央视频为朱广权打造的人设是“段子手”“口播押韵奇才”，他常能引经据典，出口成章。朱广权用幽默风趣的语言向观众传递新闻信息，不时还穿插几句当下流行的网络用语，引发大众的共鸣。

3．角色功能

在传统电视节目中，主持人扮演核心角色，并处于主导地位，需要串联起节目内容，把控节目流程和进度，让节目朝着既定方向发展，这就要求主持人具备掌控全局、随机应变的能力。随着时代的发展，层出不穷的综艺节目为寻求创新与突破，弱化了主持人的功能，且为了避免破坏节目的整体性，让主持人成为节目嘉宾中的一员，或者让节目嘉宾担当主持人。近几年，我们也看到很多跨界主持人出现，他们利用幽默诙谐的语言来调节节目的气氛，介绍与节目相关的背景知识，广受好评。

传统电视节目主持人在短视频领域需要积极转变，寻求新的主持风格，从而抓住观众的眼球。如何找到独树一帜的个人风格，在时代浪潮中具有不可替代性，是每一名主持人都值得思考的问题。主持人只有不断地求新求变，与时俱进，才能持续生存和发展下去，并进一步做到专业化、差异化。短视频节目也需要能生产优质内容的优秀主持人。

3.3.3 短视频节目主持人的形象设计

随着短视频平台的快速发展，主持人的形象设计显得尤为重要。这里的形象设计不仅仅指妆容和穿着，还包含语言风格、互动能力及个性特点等要素。首先，主持人的形象定位需与短视频节目的风格契合。不同的短视频节目定位要求主持人展现出不同的形象特点。例如，轻松幽默的短视频节目需要主持人以亲切、自然的形象出现，而专业严肃的短视频节目则要求主持人展现出专业和权威的形象。准确定位有助于增强短视频节目的整体质感，提升观众的观看体验。其次，妆容和穿着也是短视频节目主持人形象设计中不可忽视的一部分。主持人的发型、服装等都应该与短视频节目的风格和定位相符，同时也要考虑到目标观众的喜好和审美。此外，语言风格也是短视频节目主持人形象设计中至关重要的内容。主持人的语速、语调、用词等都应该与短视频节目的氛围和定位相匹配。同时，主持人还需具备良好的互动能力，能够与观众进行及时、有效的沟通，增强观众的参与感。最后，个性特点也是短视频节目主持人形象设计的重要方面。主持人只有具备自己的风格和特色，才能使自己主持的短视频节目在众多短视频节目中脱颖而出。

案例分析

以广电系主持人短视频账号运营为例

电视已经从传统媒体向新媒体迭代，这使广电系主持人产生寻求转型的强烈需求。广电系主持人覆盖范围广，既包括央视主持人，也包含地方主持新秀①。在短视频的强烈冲击下，广电系主持人纷纷入驻抖音、快手，寻找新机遇，实现大屏和小屏的融合发展。他们通过将自身在传统媒体的优势与互联网的调性进行调和更好地融入短视频生态圈。同时，短视频平台为了更好地吸引观众并提升平台形象，也需要专业、独特，以传递深度见解、剖析时事背景为己任的主持人来引领短视频节目。短视频平台已经形成了

① 本案例中的广电系主持人皆是在官方电视台任职过的专业主持人，因部分因素影响和时间限制，案例中的部分主持人可能已退出电视台。此处案例仅用于课堂教学。

独特的主持人生态，主持人的形象设计转变主要包含如下 5 个方面。

1. 转变语态

《主播说联播》（见图 3-2）便是一个较好的案例：平时端庄严肃的新闻联播主持人突然用播音腔说上了网络流行用语，例如“老铁们”“我要我觉得”“硬核”“自带滤镜”等，并深受观众欢迎。康辉、朱广权、李梓萌等知名主持人积极转变语态，对内容进行创新性的表达，让电视节目在短视频平台重新焕发了生机与活力。在这些短视频节目中，主持人不仅具有端庄、大方的姿态，还善于利用肢体语言来增强表达效果。在主持过程中，主持人保持良好的情绪，避免过于激动或过于冷淡，对塑造短视频节目的良好形象至关重要。

2. 类型多元

短视频平台的广电系主持人类型多元，既有央视主持人分享日常生活，也有地方主持人介绍本地服务，更有垂类主持人输出专业化内容。李思思在抖音上经常分享工作和生活，其职场形象和生活形象的反差引起了大量观众的兴趣。这种台前幕后工作的揭秘，充分满足了观众的好奇心，不仅展现出主持人的真性情，还能够间接助力节目宣传。

图 3-2 《主播说联播》

3. 玩法多样

依托短视频这种富有生命力的传播形式，不少主持人已经形成自己独具特色的风格。在快手的主持人盛典活动中，上榜主持人大多来自地方广电系统，他们发挥自身在传统媒体积累的影响力，重新与大众建立连接，并获得大众认可。这个活动不仅让更多优秀的主持人被快手用户看见，也折射出快手平台的多元化主持人生态。这些主持人既能发挥以前积累的优势，也能进行直播互动，实现了广播、电视、直播等多种媒介形态的交融。

4. 多品类发展

广电系主持人在拥抱转型时，既保留了在传统媒体中的敏锐性与专业性，又拓宽了自我发展的边界。例如，湖南卫视主持人张丹丹的抖音账号“张丹丹的育儿经”主要分享母婴育儿类的短视频，采用问答的形式向粉丝分享“孩子睡不好”“孩子爱发脾气摔东西”等问题的解决方式。广电系主持人在民生服务、情感、文化、泛知识等细分垂类领域往往有较好的发展，成功走上了商业化运作道路，其带货能力不可小觑。以张丹丹在抖音卖绘本为例，仅仅 48 小时成交金额就高达 55 万元。此外，相对于达人和网红，广电系主持人在推广本地旅游、特色产品、传统文化方面也具有独特的优势。

5. 专业素养提升

广电系主持人加入短视频平台有着天然的优势，因为他们多是科班出身，在台词功力、镜头表现等方面都比素人用户更为专业。作为广电系主持人，他们大多有一定的粉丝，这是他们的短视频账号进行前期积累所需的重要储备力量。除此之外，广电系主持人的专业素养主要体现在以下几方面。首先，广电系主持人通过外观形象吸引观众。广电系主持人多穿深色系的西装，搭配简约而有质感的配饰，如领带、手表等，体现出成熟、稳重的气质。广电系主持人整洁、干练的发型容易给观众留下专业、可靠的印象。其次，广电系主持人沉稳、有力的语调令人信服，语言的逻辑性和条理性更能彰显其专业素养。再次，广电系主持人具备较高的采访素质和较强的人际交往能力，能够与不同背景的嘉宾建立良好的联系并进行流畅的交流。最后，广电系主持人的个人魅力是吸引观众的重要因素，优秀的主持人需要具备敏锐的洞察力、思考力和判断力，能够在节目中提出独到的见解。

总体来说，为确保广电系主持人具备较高的专业素养，应不定期对广电系主持人进行多次系统的培训和指导。培训内容包括主持技巧、语言表达技巧、沟通技巧等。通过培训和指导，广电系主持人可以更好地适应短视频节目的需求，提升自身的专业水平。在主持过程中，广电系主持人应不断反思自己的表现，并及时调整和完善自己的形象。同时，节目组应定期收集观众的反馈意见，针对广电系主持人的表现提出建设性的建议和改进意见。通过持续改进和反馈，广电系主持人可以不断提升自己的专业素养。

【课后实训】

1. 对短视频节目不同赛道的特点与生产模式进行分析总结。
2. 以短视频节目主持人的网红效应为话题进行即兴播讲。
3. 策划并主持一档短视频节目。

第 4 章　短视频节目的主持策略与技巧

知识目标

1. 了解电商类短视频节目的概念、主持策略和主持技巧。
2. 了解平台类短视频节目的发展脉络、虚拟主持人的应用和人机协同主持技巧。
3. 了解电影解说类短视频节目的概念、主持策略和主持技巧。

能力目标

1. 策划及主持一档电商类短视频节目。
2. 掌握平台类短视频节目主持的特点。
3. 达到电影解说类短视频节目主持人的能力要求。

素质目标

1. 锻炼心理素质和临场应变能力。
2. 通过不断学习和实践，提升主持技巧和专业素养。
3. 勇于创新，尝试新的主持策略和技巧，以适应不断变化的观众需求和市场趋势。

在学习了第 3 章短视频节目概述后，本章将围绕 3 个较为热门的短视频节目类型（电商类短视频节目、平台类短视频节目和电影解说类短视频节目）进行内容讲解。

4.1　电商类短视频节目

随着电商的蓬勃发展，传统电商已不再适合当前市场。短视频可以精确定位品牌和产品，将其形象化并高效传播。因此，在电商市场的激烈竞争中，越来越多的品牌开始使用短视频来引领营销，这样“电商 + 短视频”的营销模式就诞生了。

4.1.1　电商类短视频节目简介

电商类短视频节目（以下简称电商类短视频）通过将短视频与电商相结合，利用短视频的流量，实现电商的用户转化。电商类短视频具有短、平、快的特征，极具视觉冲击力。与传统意义上的网购有很大的不同，它具有极强的趣味性和新鲜感，能让用户在购物时获得更好的购物体验。

短视频和电商有两种结合模式，分别是“短视频 + 电商”模式和“电商 + 短视频”模式，这两种模式虽然看起来相似，但实际上却有一些区别。

- “短视频 + 电商”是指电商通过短视频的方式来变现，最典型的代表就是抖音和快手。这种模式的特点是先制作用户喜欢的优质内容，再利用内容促进电商变现。短视频作为为电商导流的手段，要考虑产品的曝光度、吸睛度和视频转化率，这些指标跟短视频的内容与所销售产品的关联度息息相关。
- “电商 + 短视频”是指利用短视频向用户更直观地展示产品，其通过详细的语言讲解及真人试用给用户直观的视觉感受，让用户所见即所得，大大缩短了用户与产品间的距离。用户可通过多方对比增加对产品的了解，从而找到符合自己需求的产品，实现高效网购。

无论以短视频为主还是为辅，从用户的角度来看，只有高质量的短视频和高质量的产品才能获得用户的青睐。在短视频时代，用户购买产品是因为他们信任并喜欢这个短视频账号。总而言之，电商类短视频是以“人”为中心的。

电商类短视频具有较强的传播性，能在用户原有的社交关系上搭建新的社交关系，这是基于短视频平台的强社交属性而产生的。平台会根据用户关注的人与关注用户的人之间的关系，为用户筛选出“可能认识的人”和“好友购买过的产品”，从而进一步延长用户的社交链。当用户看到优质内容和产品时，往往会进行转发、分享、评论等操作，这就帮助电商类短视频进行了二次传播，使其被更多用户看到。海量的用户资源为电商类短视频的传播奠定了坚实的用户基础。

电商类短视频是流量与用户增长最快的节目类型之一，制作并发布电商类短视频则是实现产品销售的有效方式之一，电商通过分享短视频的用户红利得到了长足发展。短视频和电商的结合已经成为大趋势，并为传统电商市场注入了新的活力。

4.1.2 电商类短视频节目主持策略

电商类短视频主要以小屏传播为主，用户的观看场景与心态也随之发生转变。传统电视台主持人进入电商类短视频领域后，需重塑身份，努力探索，积极尝试，实现从大屏主持向小屏主持的转型。传统电视台主持人应与时俱进，勇敢地进入电商类短视频领域，利用自身优势，打造相对垂直的内容。

在当前以内容为核心的媒体环境中，高质量的内容往往能够吸引用户的注意力。然而，电商类短视频节目主持人（4.1 节中简称主持人）的形象、主持技巧等因素也对用户的观看体验产生重要的影响。它们与内容质量协同作用，共同塑造了用户对电商类短视频的整体评价。在内容表达上，主持人需把握短视频内容精度、信度、效度，凸显主题，确保播报内容的完整度。此外，主持人还要考虑用户的情感倾向，发布的短视频要与用户的兴趣相符。

主持人需注意语言样态。语言样态是指主持人在特定语境下所表现出的形式和风格，它可以是口头语言，也可以是书面语言、体态语言等多种形式。在不同的场合下，语言样态可以灵活多变，以适应不同的交流要求。拥有优秀语言样态的主持人能做到表达严谨流畅、口齿清晰。只有这样，主持人才能够向用户准确传递信息。此外，主持人对于副语言的运用也有助于增强电商类短视频的表现力。

智媒时代下，电商类短视频呈井喷式发展状态，行业竞争激烈。主持人需找到独树一帜的主持风格，提升自身的不可替代性，这可以从两个方面着手：一是场景化叙事，二是人格化传播。

根据平台的传播特性，进行场景化叙事的电商类短视频更易于被用户接受。主持人不再进行客观叙事，而是作为产品的体验者，基于场景进行沉浸式叙事，这能强化用户的临场感、代入感，而主持人强调亲身感受则能直击用户内心。场景化叙事强调情感化、生活化和社交化。

主持人是媒体在传播过程中的形象大使，也是媒体的“人格化”代表。主持人自身的人格魅力尤为重要，是电商类短视频的核心内容，将赋予电商类短视频以文化品位和思想情感，从而增强电商类短视频的传播效果。

4.1.3 电商类短视频节目主持技巧

近年来，电商类短视频在各大社交平台上广泛传播，已成为品牌宣传和产品推广的重要形式。电商行业日新月异，短视频平台也在不断发展，主持人需保持敏锐的洞察力和持续学习的态度，关注行业动态和新技术应用。

主持人在主持电商类短视频时，需要具备良好的基本功、丰富的知识储备和专业的表达能力。

首先，内容呈现是主持人的主要任务，包括产品介绍、优惠政策介绍等。主持人还需要具备专业知识，如熟悉电商平台规则、产品知识和营销技巧。在前期准备阶段，明确产品卖点至关重要。主持人应深入了解产品的特性、市场需求及目标用户的喜好，确保所传达的内容能够精准地触达潜在用户。由于短视频时长有限，主持人需要避免进行冗长和复杂的叙述，应该直接切入主题，用简洁有力的语言进行表述。

其次，在语言表达上，主持人需要掌握生动形象、亲切自然的语言表达技巧。抑扬顿挫、富有感染力的语音语调能够吸引用户的注意力。生动的比喻和形象的描述能将产品的优势转化为用户易于想象的画面，有助于激发用户的购买欲望。主持人还应保持亲切自然的主持风格，用轻松幽默的语言营造愉快的购物氛围，与用户建立良好的互动关系。

最后，主持人的肢体语言和面部表情也尤为重要。肢体语言可用于强调产品的特点，增强用户的视觉体验。面部表情则有助于拉近自己与用户的心理距离，提升自己的亲和力。互动与引导也是不可或缺的环节。主持人可以通过提问、抽奖等方式与用户互动，提高用户的参与度。此外，主持人还可以利用短视频平台的互动功能，如点赞、评论等，与用户进行互动，这不仅能提高用户的参与度，还能提高短视频的曝光率。主持人可以打造出更具吸引力和影响力的电商类短视频，为品牌推广和销售增长贡献力量。

案例分析

抖音、淘宝、拼多多的导购短视频对比

主持人应运用自身情感和语言表达技巧，在电商类短视频中发挥个人专业优势，在此基础上对产品进行宣传，提升短视频的有效观看率，实现短视频的商业转化，从而达到引导用户购买产品的目的。电商类短视频商业转化逻辑如图 4-1 所示。目前，电商类短视频平台以抖音、淘宝、拼多多为主，三者占据了较大的市场份额。抖音、淘宝、拼多多三大平台各有特色，其不同之处主要体现在内容侧重点、目标用户和市场定位、主播（可理解为本节中的主持人）风格等方面。

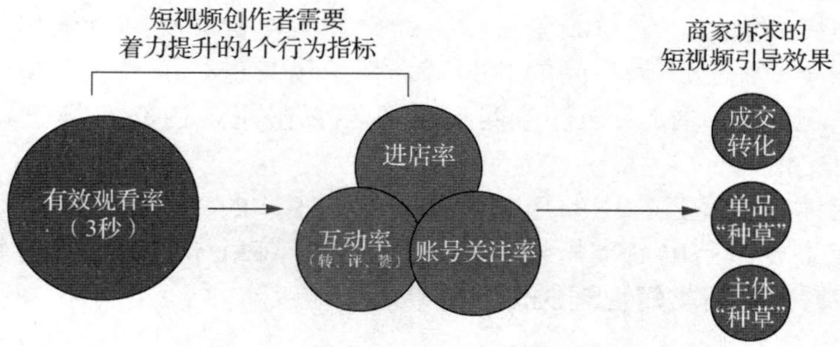

图 4-1　电商类短视频商业转化逻辑

1．内容侧重点不同

抖音的内容侧重点是社交和娱乐，产品则作为补充。抖音已经反复论证“名人效应+内容生产力”是一个有效的引流方式，而流量是实现电商类短视频商业变现的前提。例如，“抖音×交个朋友、抖音×刘畊宏、抖音×东方甄选”等“1+1>2”的合作模式已实现巨大的商业价值。

淘宝的生态与抖音不同，用户行为极大地决定了商业变现的转化率。但是如今，淘宝逐渐向内容化转型。淘宝会为用户搭配引流款、福利款、利润款等不同类型的产品，其主播会根据营销策略设计电商类短视频的具体内容。

从拼多多的商业模式来看，拼多多具有显而易见的价格优势。拼多多的产品售价普遍较低，其用户更倾向于直接下单，而不愿将时间花费在观看短视频上。于是，拼多多用游戏玩法为电商类短视频导流，以“微信秒到账”的现金奖励吸引用户“上滑看短视频”。拼多多通过“强势流量倾斜+现金补贴+内容种草”的形式，获得较多的用户注意力。

2．目标用户和市场定位不同

抖音是年轻化、娱乐化的内容平台，因此，抖音用户对新鲜事物充满好奇，喜欢追求潮流和个性化的内容，对娱乐、时尚、生活方式等领域的内容较为感兴趣，喜欢通过点赞、评论和分享来参与互动。

淘宝是综合性的电商平台，因此，淘宝用户以购物为导向。淘宝用户通常对产品的价格、质量和购物体验有较高的要求，喜欢寻找优惠和参与促销活动。

拼多多是社交电商平台，通过团购模式和社交分享机制，为用户提供既实惠又有趣的购物体验。拼多多用户以价格敏感型消费者为主，他们寻求性价比较高的产品，对农产品、日用品等产品有较高的消费需求。拼多多用户倾向于通过社交网络分享购物信息，参与拼团以获得更低的价格。

总的来说，这3个平台各有其独特的目标用户和市场定位。抖音侧重于内容的娱乐性和社交性，而淘宝和拼多多则更专注于提供良好的购物体验。了解这些平台的目标用户特点和市场定位，对于电商类短视频主持策略的制定至关重要。

3．主播风格不同

抖音用户相对年轻，因此，抖音主播的风格也倾向于年轻化，他们追求潮流和时尚，关注与年轻人相关的热点话题。抖音主播注重内容的创意和原创性，多采用创新的内容表现形式和拍摄技巧，以期自己制作的内容在众多内容中脱颖而出。

淘宝以电商为核心，淘宝主播通常具有专业的销售技巧，更侧重于产品介绍和促销。淘宝主播注重互动性，以刺激用户的购买行为，提高用户的参与度和购买意愿。

在众多大型平台中，拼多多是唯一一个还没有涌现备受瞩目的主播的平台。拼多多也曾尝试过孵化头部主播，却未取得理想的效果。拼多多主播尚未形成鲜明的风格，这在一定程度上也反映了该平台所面临的困境。

对于主播来说，虽然不同平台的规则、投流技巧不同，但在主持技巧上却有相似之处。主播若想提高电商类短视频的有效转化率，需要提升个人基本功，这主要包含表现力、亲和力、互动力等。

- 表现力。这是主播基本素质的体现。主播应自信流畅地表达，适当使用肢体语言作为辅助。
- 亲和力。主播的语速、语调须适宜，主播应在把控节奏的基础上娓娓道来，通过语言表达技巧和用户建立关系，从而更好地介绍产品卖点，提升产品的销售价值。
- 互动力。主播须注重运用语言表达技巧，与用户互动，进而促成交易。例如，主播可以通过互动让用户点关注、加粉丝团、评论等，从而提升粉丝转化率、停留时长等数据指标。

4.2 平台类短视频节目

随着移动端屏幕大小的变化，人们获取视听资源的途径不再只是电视等传统媒介，而是可以通过手机、平板电脑等设备观看视频。各短视频平台借此得到了飞速发展。短视频平台具有强大的算法和数据支持，能够根据用户的兴趣、浏览记录和社交关系精准推送内容，从而实现用户增长并获得商业合作机会。

短视频平台是一种提供短视频制作、发布、共享及观看等服务的网络平台，能满足用户娱乐、学习、社交的需求，同时也能帮助创作者提升个人影响力和商业价值。短视频平台也成为当今社交媒体的重要组成部分。

4.2.1 平台类短视频节目简介

平台类短视频节目（以下简称平台类短视频），即具有各平台自身特色的短视频节目的统称，其以短小、有趣、易传播的特点增强了用户黏性，让用户可以自由交流、互动。

平台类短视频对其主持人（即平台类短视频节目主持人，本节简称主持人）的能力提出了新要求，主持人只有在新场景中尽快适应平台特点，做好充足的准备，才能让平台类短视频更受欢迎。

首先，这部分主持人从台本的串联者转为品牌的“代言人”。该类主持人需要具备内容采集、编写、制作和播报的能力，成为全流程人才。主持人要以节目策划者的身份挖掘内容，熟悉内容的来龙去脉，再以感同身受的方式让用户身临其境。主持人可通过营造独特的场景唤醒用户，独特的场景包括需求场景、消费场景与使用场景等。主持人还要清晰地界定时间、地点，这有助于推广关联平台。

其次，内容是平台类短视频成功的基石。主持人需要紧跟时事热点，具有敏锐的直觉和敢为人先的魄力。主持人需坚持内容的独特性与原创性，因为只有内容足够有新意，平台类短视频才能持续传播。

最后，在平台类短视频构建的新场景中，主持人不是一个人面对镜头，而是和用户处于同一个交流场。主持人不再是单向的信息传递者，而是与用户双向交互的沟通者。

因此，具备较强的话题构建和推进能力显得尤为重要。主持人需要通过对主持技巧的运用激发用户的交流欲望。话题建构和推进能力不仅来自知识积累，还来源于实践过程中对用户需求的把握，以及对平台类短视频的定位和节目流程的了解。

4.2.2 平台类短视频虚拟主持人的应用

随着人工智能（Artificial Intelligence，AI）的高速发展，5G 技术与 AI 技术的深度融合，平台类短视频的传播生态受到新一轮冲击，构建出了新场景和新语态，也让主持人面临全新的挑战。

AI 是一个涵盖计算机科学、数学、心理学、哲学等多门学科，旨在创造能够模拟或超越 AI 的机器或系统。近年来，虚拟主持人受到了广泛的关注，提高了主持人行业的专业化和多元化水平。在不远的未来，会有更多来自各行各业的虚拟形象出现在大众面前，而不仅仅是虚拟主持人。

AI 在播音主持行业的应用范围不断拓展，使得播音主持行业的发展呈现智能化、可视化、互动性等特征。播音主持的智能化体现为 AI 能够进一步提升相关实践活动的数据收集、整理与分析效率，可以辅助真人主持人更好地完成播音主持工作，并提高知识运用效率。随着 5G 时代的到来，虚拟主持人进一步满足了用户的可视化要求，并与用户构成新的互动交流方式，让播音主持变得可视化。虚拟主持人还拥有唱歌、诗词朗诵、答题等其他的互动性技能，可以构建轻松、愉快的互动交流场景。

智能化时代对主持人来讲既是机遇，也是挑战。传统播音主持人只有重视 AI 发展潮流，明确自身优势和不足，利用 AI 寻找新的发展路径，提高自身适应能力，才能不被行业淘汰。

中央广播电视总台制定了“5G+4K+AI”的战略，在其带领下，AI 被如火如荼地运用到了传媒领域的方方面面。虚拟主持人在平台类短视频的应用更是呈现出爆发式增长的态势。

平台类短视频按主播（即本节中的主持人）出镜的形式分为两种类型：其一是真人主播短视频，其二是以虚拟主持人为代表的短视频。前者以中央广播电视总台新闻新媒体中心短视频栏目《主播说联播》为代表，后者以《杭州新闻联播》栏目为代表。从节目定位、形态与功能的角度看，这两种类型间存在竞争关系。通过对比分析，在听觉元素的设计上，两者分别采用“配音+同期声”或“文稿播报”的形式；在视觉元素的设计上，两者分别以新闻现场或演播室为主要内容。新华社的 AI 主播自问世以来，便在国内外引起了广泛关注与讨论，是 AI 技术在新闻生产领域中的重要应用。

虚拟主持人是指利用AI 技术和仿真技术创建的虚拟人物，它拥有人类外貌、语音和认知能力，能够与人类进行交流和互动。虚拟主持人不仅有近乎真人的外观，如自然的面部表情、语音语调、肢体语言等，还拥有强大的语言交互能力、智能对话系统，能理解人类情绪和话语并给予反馈。随着技术的发展，AI 创建的虚拟主持人从原来冷冰冰、较为僵硬的语言风格及只能做简单的肢体动作，发展到现在已经能做出复杂的面部表情及肢体动作，如点赞、比心、挥手、抬手、摊手等，如图 4-2 所示。

此外，AI 还能根据需求打造不同性格的虚拟主持人，这些虚拟主持人既像真人主持人一样优雅大方，又有象征着新兴科技力量的活泼灵动感。新颖有趣的主持方式和灵活敏捷的交互能力大大提升了虚拟主持人在主持时的趣味性与创新感。随着 AI 技术的快速进步，虚拟主持人未来将在更多领域发挥重要作用。

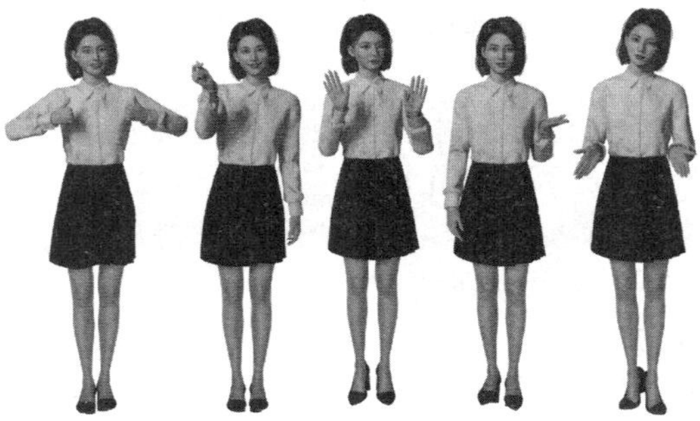

图 4-2　虚拟主持人的表情和动作

虚拟主持人综合性较强。虚拟主持人拥有多种方言对话能力、翻译能力和外语交流能力，还能够实时切换性格与语言风格。虚拟主持人将信息的“采”“编”“播”高效融合，实现一体化，并直接面向用户，给用户提供更直观、更专业、更全面的信息。

虚拟主持人具备强大的信息汇聚能力。以东方卫视《看东方》栏目的虚拟主持人“小冰”为例，它既可以快速整合各类天气预测信息，还可以对天气状况进行实时点评，并能进行高质量的播报。

虚拟主持人的信息传输效率更高。在时间上，虚拟主持人可以 24 小时全天候在线直播，对时效性强的热点新闻事件进行分钟级响应。在空间上，虚拟主持人有较强的场景适应性。此外，虚拟主持人还能实现自动输出，即根据输入的文字脚本自动生成一条由其出镜口播的视频新闻。

我国虚拟主持人（也可称为数字主持人）市场的商业模式尚未完全成熟，但各行各业正在对新技术、新业态进行积极探索与尝试，如数字航天员“小净”、国风虚拟偶像“天好”，还有数字主持人“岱青”和“海蓝”等，越来越多的数字主持人在公众视野中崭露头角。

图 4-3　数字主持人“岱青”和“海蓝”

其中，“岱青”和“海蓝”这两个数字主持人的推出（见图 4-3），标志着山东广播电视台在数字主持人、元宇宙领域的创新探索又迈出了重要的一步。这一举措不仅提升了新闻报道的吸引力，还为用户带来了全新的视听体验。

图 4-4　数字主持人“青小霞”

百家号推出的数字主持人不仅可精确模仿真人主播的腔调，还具备多国语言口播、情绪识别等人格化功能。百家号利用百度的技术优势，还为《中国青年报》和中国青年网官方短视频品牌“青蜂侠”打造了数字主持人“青小霞”，如图4-4 所示。“青小霞”正是《中国青年报》这样的传统媒体依托平台类短视频以加速度在新赛道跑出的新成果。

“青小霞”能高度复刻真人主播的声音及表情动作，实现高质多量的内容生产和播报，降低媒体运作和内容生产的成本，为内容传播形式注入科技创新力。不仅如此，《中国青年报》还建立了线上 AI 小店，实现无人智能售卖和商品讲解。为解决线上 AI 小店的运营痛点，《中国青年报》还提供智能直播、智能客服和智能文案等服务。《中国青年报》借助平台类短视频实现华丽转身，为传统媒体在智能化时代的成功转型注入了强心剂。

在平台类短视频中，不仅传统媒体在应用虚拟主持人，视频号、小红书、抖音、快手、哔哩哔哩等新媒体平台也在积极应用虚拟主持人。以2024年的AI春晚为例，其并未采用真人主持，而是让虚拟主持人主持。这种全新的主持形式对于虚拟主持人的发展及真人与虚拟主持人的协同发展具有积极的意义。

据不完全统计，AI春晚被200多个自媒体传播，吸引10多万人同时在线观看，并在《人民日报》客户端、哔哩哔哩重播的过程中，又吸引超过20万人观看。首届AI春晚成了一个标志性的事件，让用户看到了春晚的另一种“打开”方式。借助AI技术的新质生产力，首届AI春晚给用户呈现了不一样的年味。

整场春晚节目内容丰富，有歌曲、舞蹈、相声等。其中，令人印象最深刻的便是已故艺术家马三立、侯宝林、马季带来的相声表演。现实中，要让马三立、侯宝林、马季3位已故艺术家在一起说相声是不可能的，但通过数字人技术便可实现。

整场春晚节目意蕴深厚，职场“魔改”喜剧引人深思，虚拟演员化身职场打工人对职场的吐槽让人忍俊不禁、感同身受。此外，数字母亲节目探讨了生命与死亡的话题。在朱睿的母亲被确诊癌症后，朱睿一直为母亲拍摄影像资料。在节目的最后，朱睿的母亲便以数字人的形式出现在观众面前。这档节目让用户为之动容，纷纷点赞、留言。

4.2.3 平台类短视频人机协同主持技巧

近年来，人机协同主持逐渐成为一种新的趋势。人机协同主持是指由真人主持人和虚拟主持人共同完成主持工作，两者在主持过程中相互配合、相互补充。真人主持人主要负责情感表达、现场互动、话题引导等工作，而虚拟主持人则可以承担信息检索、数据分析、实时翻译等任务。人机协同主持可以实现人机之间的优势互补，提升主持效果，为用户带来全新的视听体验。

在科学技术高速发展的时代，真人主持人需与时俱进，在播音主持领域与专业技术团队合作，研究虚拟主持人在平台类短视频中的新应用，如虚拟形象、语音合成等。真人主持人应不断学习和适应新技术，参与虚拟主持人的训练过程，提供反馈信息，帮助虚拟主持人更好地理解人类的情感和沟通方式。

在人机协同主持过程中，需保持真人主持人和虚拟主持人整体风格的统一，避免出现风格冲突或割裂的情况。真人主持人需要在实践中不断探索和总结经验，不断完善人机协同主持的技巧和策略。此外，在使用虚拟主持人进行协同主持时，真人主持人应确保内容的准确性和伦理性，避免误导用户。

人机协同主持结合了人类的创造力和虚拟主持人的技术能力，为用户提供了更加丰富的观看体验。随着技术的不断进步，这种模式将在未来发挥更大的作用。

案例分析

虚拟现实“破圈”联动，人机协同主持

在智媒时代，主持人要敢于创新、勇于接受，不断提高自身素养。主持人要主动寻求更好的人机协同主持方式，实现人智共存、共生、共发展。

在人机协同主持中，“人”是指真人主持人，“机”则是指虚拟主持人，同时也涵盖了对大数据、云计算、AI等先进技术的应用。人机协同主持模式已经被广泛应用。真人主持人应发挥“人”的特性，增强自身的不可替代性，而且还要顺应时代的发展，与虚拟主持人合作，取长补短，共同发展。

虚拟已逐渐融入现实，人机协同主持具有“破圈”联动的效果。虚拟主持人与真人主持人同台主持，呈现了数字时代虚拟现实技术的创新应用成果。其实，人机协同主持的形式由来已久，早在2017年湖南卫视的《我是未来》节目中，张绍刚就和虚拟主持人搭档。节目现场，虚拟主持人“索菲亚”与张绍刚展开表情秀比拼，其反应快速、表情到位，仿佛专业演员一般。

2018年，中国教育电视台推出高考特别节目《加油吧考生》，由虚拟主持人“小安”和真人主持人一起为广大考生答疑解惑。虚拟主持人不仅增加了节目的看点，也能与考生精彩互动，并借助智能引擎进行信息整理，给考生提供精准的分析结果。2019年浙江卫视打造的综艺节目《智造将来》由虚拟主持人“蒋莱莱”和真人主持人蒋昌建搭档，联袂主持，如图4-5所示。“蒋莱莱”吐字清晰、诙谐幽默，和蒋昌建搭配默契，俨然一名训练有素的专业主持人。

图4-5 《智造将来》中的虚拟主持人“蒋莱莱”和真人主持人蒋昌建

2019年，在央视的《经典咏流传》节目中，虚拟主持人“赛小撒”精彩亮相，如图4-6所示。“赛小撒”在交流、背诵诗词等方面表现出色，张口就能吟诵《长恨歌》，不仅展现出丰富的语言和神态，还能和真人主持人实时互动。随着虚拟制作技术的革新，虚拟主持人的制作技术有了相当大的提升。例如，“赛小撒”的外形就是通过对撒贝宁的外形进行三维扫描得到的；再通过传感器及运动跟踪设备，撒贝宁的脸部表情、手势等都在虚拟主持人身上一一呈现。

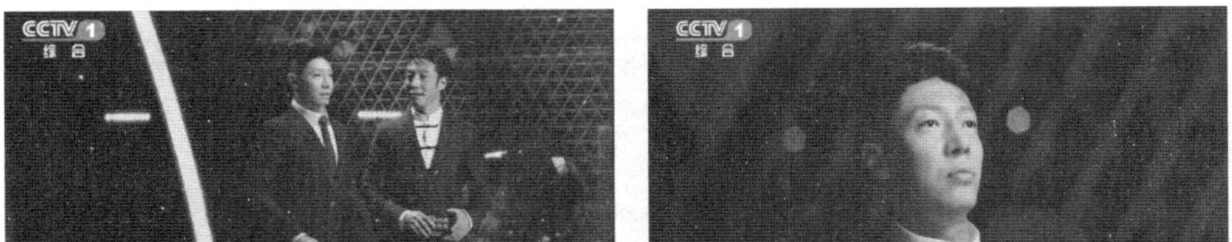

图4-6 《经典咏流传》中的真人主持人撒贝宁与虚拟主持人“赛小撒”

2019年，央视网络春晚中，虚拟主持人“小小撒”跟撒贝宁同台主持，连撒贝宁都感慨简直就像照镜子一样，如图4-7所示。随着越来越多的数据支持，“小小撒”掌握了更多技能，甚至了解撒贝宁的喜好、说话方式等。有了撒贝宁的声音模型，任何输入的文字都可以用撒贝宁的声音读或唱出来，还可以用中文、日文、英文、韩文4种语言进行呈现。随着技术的不断进步，其他主持人如朱迅、高博、龙洋的“孪生”虚拟主持人“朱小迅”“高小博”“龙小洋”也都纷纷亮相，带给用户新奇的观看体验。

图 4-7　央视网络春晚中的真人主持人撒贝宁与虚拟主持人“小小撒”

虚拟主持人不仅在传统媒体上出现，在平台类短视频中也被广泛应用，具有丰富的应用场景。2021 年，北京广播电视台发布了中国首个广播级智能交互虚拟主持人“时间小妮”，如图 4-8 所示。第二届中国广电媒体融合发展大会省级广电创新运营峰会现场，两名“一模一样”的主持人同框出现并进行交互，让现场的人们难辨真假。

图 4-8　北京广播电视台主持人徐春妮与虚拟主持人“时间小妮”

北京广播电视台还对主持人徐春妮的形象进行数字化开发，打造了北京时间 App，进一步盘活北京广播电视台内的资源，为自有主持人打造品牌，开发独有 IP。在这一过程中，虚拟主持人不仅成为品牌代言人，也让北京时间 App 的 IP 价值得到沉淀。

除此之外，在 2023 中国国际大数据产业博览会（简称数博会）开幕式中，虚拟主持人“数数”与康辉同台主持，两者配合默契。以下为主持稿件部分内容节选。

数数：“大家好，我叫数数，很高兴和大家见面！也很荣幸能和康辉老师共同主持。”

康辉：“欢迎数数！数博会得到了国内外各界的广泛关注和大力支持。可以说，每一年参与数博会已经成为国内外大数据领域的一个不变约定。数数，是这样吧？”

数数：“是的，数数现在内心也很激动，真实感受到了这场国际盛会所带来的热烈氛围。这让我们在座的每一个人都心潮澎湃、欢欣鼓舞。”

虚拟主持人“数数”面部表情丰富多样，神态自然，情绪饱满，热情洋溢，让现场观众感受到了它的人格魅力。“数数”还有海量知识储备、机智应变能力及良好的语言素养，同时兼备中英文互译、手语翻译能力。可以说，“数数”已达到优秀主持人的水平。在主持竞猜嘉宾环节，康辉仅提示“超算”和“图灵奖”两个关键词，“数数”便能快速猜到嘉宾的名字是杰克·唐加拉，并对嘉宾展开详细介绍。可见，“数数”还具备开放性交流问答能力。

在人机协同主持发展的潮流下，真人主持人可从如下 3 个方面提升主持技巧与个人素养。

1．深入思考，导向引领

技术进步推动着时代的发展，但真人主持人依旧有虚拟主持人所不可替代的优势，即人文性、个性、艺术性等。真人主持人可以在节目中充分展示自己的观察力、思维能力和独特的视角。

一方面，真人主持人可以通过深入挖掘新闻事件背后的信息给用户带来不一样的启发和思考。真人主持人有思想、有情感、有判断力，是具有一定价值观的社会个体，这是虚拟主持人无法代替的。真人主持人还具有艺术性审美，能够进一步与用户形成基于艺术情感的共鸣。真正的艺术性审美体验是一种对生命的感悟，需要真人主持人结合现实体验进行引导。

另一方面，在当今社会，大量的流量信息、不良信息日趋泛滥，虚假新闻等乱象层出不穷。真人主持人需要传递正确的价值导向，引导用户进行正确的判断。真人主持人也要充分发挥自身的主观能动性，做海量信息的把关人，弥补 AI 技术的不足。

2. 人文关怀，以情动人

虚拟主持人本质上是智能化机器，无法真正具备人类的喜、怒、哀、乐。人的情感需要通过丰富的语言感受体现出来。在 AI 时代，真人主持人不能仅仅停留在“见字出声”的层次，而要深入理解稿件内容所蕴含的情绪、内涵及实用价值，提高自身文化修养，做到言之有物、言之有情，进一步增强自己的核心竞争力。

与虚拟主持人相比，真人主持人更能为用户带来温暖，更好地给予用户人文关怀。真人主持人要进一步转变程式化的主持风格，利用自身丰富的经验，完成对广大用户的情感构建；深入基层人民的生活，充分感受人民群众的实际需求。尤其是在面对青少年、老年人、残疾人等需要特殊关怀的群体时，真人主持人更要注重以情化人。

在《开学第一课》节目中，董卿采访著名翻译家许渊冲老先生时，由于许老先生腿脚不便，所以采访期间他一直坐在台上。董卿则数次蹲下身与许老先生交流，并附耳提问、专注倾听。这充分体现出董卿对大师和用户的尊重。这些细节所体现出来的人文关怀恰恰是许多真人主持人需要做到的，也很容易打动用户。这个节目片段也因此在短视频平台获得了广泛的二次传播。可见，真人主持人只有不断提升人文素养，为节目赋予灵魂和温度，才能引发用户共情，留住用户的心。

3. 妙语连珠，个性表达

真人主持人的即兴表达能力、随机应变能力、现场互动能力是虚拟主持人当前的短板。例如，在《开讲啦》节目中，张信哲被台下观众问是否害怕“过气”，站在一旁的撒贝宁说了这样一席话：“就像你现在非要让乔丹回到赛场上，去跟现在的 20 多岁的小伙子竞争 NBA 的总冠军，不现实，但是这不影响乔丹仍然是篮球界最具影响力的运动员之一。”撒贝宁的这番话不仅有效地化解了场面的尴尬，更让现场变得温暖。因此，真人主持人需提升即兴表达能力、现场互动能力等。

真人主持人可凭借个性化的表达形成独特的风格与魅力。例如，端庄大方的董卿、幽默风趣的撒贝宁、“段子手”朱广权等，都因自身具有鲜明的风格而为用户所喜爱。在生活中，有很多用户因为被某位主持人的风格和魅力吸引而喜欢观看他主持的节目。现实中，被虚拟主持人取代的现象往往出现在一些中规中矩的节目中，如新闻播报、天气预报等，而个性鲜明的真人主持人往往是无法取代的。

例如，主持人撒贝宁在《今日说法》节目中给人以严肃、专业、可信之感；在综艺节目《大侦探》中，他凭借微表情与恰当的肢体动作等副语言塑造了“搞笑段子手”的形象；在《开讲啦》《典籍里的中国》等文化类节目中，他呈现出稳重、大气、亲切的形象。由此可见，真人主持人需充分发挥人的主体性优势，适应不同风格的节目，展现自身不同的人格魅力，这样才能不被虚拟主持人所取代。

4.3 电影解说类短视频节目

电影解说由来已久，自电影诞生之初便已出现，解说者的核心职能是为观众提供对电影画面和剧情的解释。这种游离于电影之外的“外来的声音”，可营造出一种“说书者”与“看客”之间的互动氛围。

在传统媒体时代，中央电视台科教频道推出的《第10 放映室》就是电影解说类节目的典型代表。该节目结合国内权威电影研究专家的讲解和评说，提出新锐的学术观点，以专业的视角来解读和评析电影。2013 年《第 10 放映室》停播，此后，影视评论便更多出现在互联网平台。

4.3.1 电影解说类短视频节目简介

在互联网高速发展的今天，电影解说类短视频节目（以下简称电影解说类短视频）往往符合观众的审美。与《第 10 放映室》的严肃风格不同，这类短视频采用调侃和戏谑的方式，引发观众的情感共鸣。这类短视频用通俗易懂的方式对电影的宏大叙事进行讲解，将其简单化、符号化，为观众带来了全新的视听体验，搭建了电影与观众之间的桥梁，重塑了电影与观众之间的关系。

随着媒介技术的进步和移动终端的普及，电影解说类短视频开始流行。在快节奏的生活中，部分观众往往没有时间完整地观看一部电影，因此，电影解说类短视频应运而生，满足了观众在短时间内想要了解电影全貌的需求，为他们带来心理上的愉悦和满足。

电影解说类短视频颠覆了原本的电影叙事，是二次加工创作的作品。在这种短视频中，镜头画面扮演的是辅助角色，原本的电影叙事不再占主导地位。电影解说类短视频的本质是将电影画面拆解，将其文字化，然后根据解说文案匹配电影画面，实现解说文案的影像化。

1．电影解说类短视频的类型

随着电影解说类短视频的快速发展，电影解说类短视频呈现出类型多样化的特点。电影解说类短视频可以根据时长、内容、形式风格和观众定位的不同，进行多种类型的划分。

首先，时长是不可忽视的划分标准。短视频型的时长通常为几分钟到十几分钟，其内容精练，适合快节奏生活下的观众快速浏览；而长视频型的时长则可能超过半小时，其内容详尽，适合对电影有深度理解需求的观众慢慢品味。

其次，从内容来看，大体可分为 3 类。第一类常进行梗概性或评论性的表达，是对电影叙事结构的重新梳理，旨在短时间内尽可能完整地呈现故事梗概；第二类注重展现电影解说类短视频创作者（4.3 节统称为主持人）的个人理解和看法，深度剖析电影内容；第三类的专业性较强，注重对电影的表达技巧和导演的创作手法进行不同角度的解读。从目前市场的反应来看，观众对电影解说类短视频的主要需求是了解故事梗概，对观点分享或知识获取的需求较少。因此，主持人也倾向于制作以故事梗概呈现为主的电影解说类短视频。

再次，形式风格也是划分电影解说类短视频类型的重要标准。有的解说方式幽默风趣，给人轻松愉悦之感，适合大众观看；有的则采用严肃专业的态度对电影进行深度剖析，能满足专业影迷的需求；还有的注重引发情感共鸣，通过情感化的解说方式吸引观众。

最后，观众定位也是划分电影解说类短视频类型的关键因素。有的面向广大电影爱好者，内容通俗易懂，适合各年龄层次的观众；有的则针对电影有深入了解和研究的观众，内容更加专业、深入。

2．电影解说类短视频的特征

电影解说类短视频主要有内容精练、情节起伏突然，以及二次创作等特征。

（1）内容精练

电影解说类短视频将电影的叙事时间和空间压缩，因此必须在有限的时间内加大信息量，这样才能让观众有持续看下去的欲望。电影解说类短视频需要对电影原本的故事结构重新铺排，可将100多分钟的电影浓缩至3～5分钟，并以别出心裁的逻辑对电影画面进行混剪，再配以解说词与背景音乐，帮助观众迅速把握故事梗概。

（2）情节起伏突然

电影解说类短视频会尽量减少剧情铺垫，让情节起伏突然。此外，电影解说类短视频还会刻意表现冲突，并大量采用反转、悬疑等手法吸引观众的注意力。

（3）二次创作

电影解说类短视频通常是竖屏呈现的，这使镜头往往只能聚焦于单个人物，因此在进行二次创作时，多采用中近景和特写镜头，以突显人物特质和人物关系，因为一旦出现多人或者过多环境，就会大大增加观众进行肉眼辨识的负担。另外，在镜头调度上，其多采用跟镜头和甩镜头来引导观众视线，增强画面的运动感。画面快速切换有助于维持观众情绪，提升电影解说类短视频的完播率。

3．电影解说类短视频的传播

短视频平台具有强烈的社交属性，这促使电影的传播不再只是由电影发行单位向观众进行的一次性传播，还包括电影发行单位向主持人、主持人向用户、用户向其他用户进行的多级传播。

电影解说类短视频多为主观叙述，带有强烈的个人意志，是独立于电影和观众的第三方叙述者。电影解说类短视频应调动观众思考的积极性，彰显自身的社会价值和人文使命。随着电影解说类短视频的蓬勃发展，很多主持人精准找到了黏性强的粉丝。电影解说类短视频成为主持人树立自身形象、涨粉增流的工具，很多粉丝对主持人的关注甚至已经远远超过对电影本身的关注。

4.3.2 电影解说类短视频节目主持策略

电影解说类短视频主持策略具体包括以下 6 个方面。

1．解说词设计

电影解说类短视频的解说词不同于传统电影的解说词，后者指的是在电影放映过程中，配合画面播出的具有说明性的语言。其能够配合电影画面，以简洁易懂的语言将观众带入电影情节中，使其迅速了解剧情梗概。

解说词要言简意赅。当面对结构复杂、难以解释清楚的剧情和意蕴丰厚的镜头时，可化繁为简，以“镜头一转”这种语言诠释情节的过渡。

在解说词的声音设计上，大多采用解说声替换电影原声，或者让解说声与电影原声交替出现。解说词注重设计感，常用形式有悬念式开场白、设问式衔接话语、误导性或铺垫式描述、反转式揭秘话语和评论式结束语等，如“氛围诡异、剧情复杂，被评为电影史上最佳悬疑影片之一”“这个故事告诉我们一个道理”等。

例如关于《阿甘正传》的解说词是下面这样的。

这部电影叫《阿甘正传》，《阿甘正传》有多精彩，我就说一句，世界影史排名前列，大家公认好看。如果你的人生曾经有过不顺，我建议你看看这部电影，它逆袭、治愈，又很有意思。闲话不多说，故事是这样的。阿甘小时候家里很穷，住的合租公寓，隔壁叔叔经常过来逗他，两人一个弹琴，一个跳舞，他扭得还挺有意思，叔叔让他再来一遍……

这段解说词生动形象，采用口语化的表达，让观众迅速代入。

2．解说视角

电影解说类短视频多采用影片之外的视角，通过环环相扣、层层递进的揭秘式话语来解说主要剧情。这种影片之外的视角并非旁观者视角，而是一种可以任意改变视点的参与者视角，可以扩展观众的视野。但是，这种视角的运用会大幅减弱电影原本的悬疑感，这让观众只能被解说者不断引导，不断在电影画面中跳进跳出，与电影之间存在一定的距离感。

主持人在主持电影解说类短视频时需注意旁白和角色对白的区分。由于旁白是以旁观者的视角进行讲述的，因此主持人在诠释旁白时要找到给别人讲故事的感觉；在旁白的声音设计上，可以体现其外放感。

有时，主持人还需要诠释角色对白。主持人可通过两个要素进行角色定位，即身份和性格。老人一般在家里的地位是比较高的，可以为其设定威严的声音。小孩子因年龄比较小，故气息要相对较短。每个角色的性格都是不同的，因此诠释角色对白非常考验主持人的声音塑造力。不管给什么性格的角色配音，都需要把每一个角色分析透彻，尽可能深入体会不同角色的情绪、心态，然后再进行演播。

3．解说风格

主持人在主持电影解说类短视频时需多用口语化的表达，切忌用过于书面化的表达，更像是在表演脱口秀。很多电影解说类短视频会采用方言，如东北话、闽南话等，具有鲜明的地域特色，虽然乍一听会有违和的感觉，但却使这类短视频极具辨识度，更容易被观众记住。有些观众甚至表示，观看电影解说类短视频就是为了听听这种独具风格的声音。可见，这些别具一格的解说风格给观众留下了极其深刻的印象。

电影解说类短视频的解说风格主要有3 种，分别是偏正式的解说风格、幽默的解说风格及恐怖的解说风格。

（1）偏正式的解说风格

一些纪录片、历史与传记电影或社会现实类电影适合采用偏正式的解说风格（通常指以严谨、客观、专业的语言呈现内容，注重逻辑性和信息传达的准确性），不宜采用幽默诙谐甚至夸张的解说风格，否则会显得不严肃。偏正式的解说风格会给观众带来中规中矩的感受，在这一背景下，主持人可以在解说词上精心雕琢，为偏正式的解说风格找到亮点，从而提升电影解说类短视频的完播率。

（2）幽默的解说风格

这种解说风格最易被观众所接受，这类短视频获得的点赞量和评论量往往也最多。主持人会采用口语化的表达方式，甚至是具有地方特色的方言。主持人擅长玩“梗”，并进行喜剧化的表演，语调起伏明显，更有甚者会表现得“一惊一乍”。总之，幽默的解说风格会达到让观众放松娱乐的效果。

（3）恐怖的解说风格

悬疑、恐怖、刑侦等类型的电影适合采用恐怖的解说风格。根据电影解说类短视频评论高频词统计云图（见图 4-9），恐怖的解说风格最为观众所关注。在营造这类风格

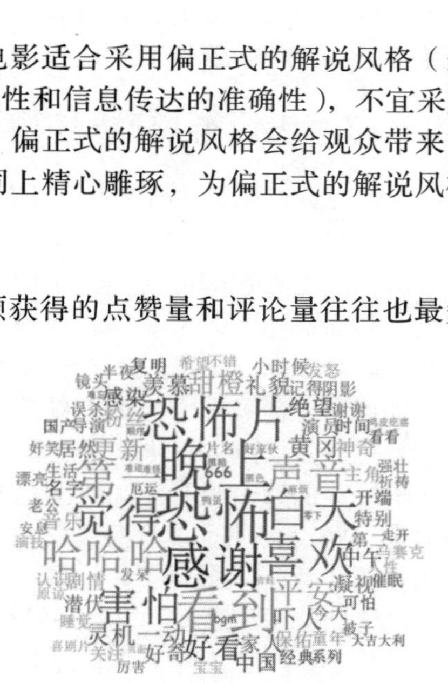

图 4-9　电影解说类短视频评论高频词统计云图

时，主持人不需要大力渲染恐怖氛围，而且应避免语调起伏过大，否则整个解说就会变得主观。主持人只需要客观地讲述故事，注意留白，让观众沉浸其中，自发感受，这样往往能达到“此时无声胜有声”的效果。

4．解说节奏

节奏分为快节奏和慢节奏两种，不同的节奏会给听众带来不同的感受。节奏在生活中无处不在，是看不见、摸不着的，只能亲身感受。

快节奏体现为语速要快一些，解说时的声音也会大一些，慢节奏的解说适合用来表现庄重、肃穆的气氛，以及悲痛、忧伤的情感。节奏就好像在游乐园坐的过山车一样，高低落差越大就会越刺激，乘客的尖叫声就会越大，但也不能一直这么刺激。因此，解说时节奏要有高低起伏、快慢变化才能更好地吸引观众。例如，平时看影视剧时，剧情越平淡，观众越提不起往下看的兴趣。但如果中间有悬念，观众的胃口就会被吊住，他们就会很想知道后续剧情。因此，主持人需注意掌控好节奏，在解说纯叙事的地方时要慢，而在解说令人紧张的剧情时，突然加快节奏就会让解说内容变得更加传神。

其实，节奏理解起来并不难，最难的是掌控节奏。节奏呈现高低、快慢、强弱的变化。在处理节奏时，不能一成不变，需注意松紧有度，高低、快慢、强弱等变化往往是通过对比凸显出来的。节奏的类型主要有凝重型、低沉型、舒缓型、平缓型、轻快型、紧张型、惊诧型，再辅以不同的语速就会形成不同的语势，如表4-1所示。电影解说类短视频的节奏不宜过于平淡，要有节奏变化，因此解说者熟练掌握解说词很重要。变化丰富的节奏是电影解说类短视频的核心要素，不仅有助于吸引观众的注意力，更有助于形成良好的传播效果。

表4-1　节奏、语速和语势的关系

节奏类型	语速	语势
凝重型	偏慢	沉缓，多抑少扬
低沉型	偏慢	给人深沉、凝重的感觉
舒缓型	较缓	较平稳，亲和力强
平缓型	较缓	较平稳、冷静
轻快型	较快	跳跃，多扬少抑
紧张型	较快	多扬少抑
惊诧型	较快	急切

5．解说语气

语气是体现主持人的立场、态度、个性、情感等起伏变化的语音形式，可以通过不同的声音和气息表达不同语义和感情色彩。解说语气的运用要点可以总结为12个字，分别是：音随气转，气随情动，因情用气。解说语气需根据感情色彩来选择，具体如表4-2所示。

表4-2　解说语气的选择

感情色彩	解说语气
爱的感情	气徐声柔
悲的感情	气弱声慢
冷的感情	气少声淡
憎的感情	气足声刚
惧的感情	气颤声紧
怒的感情	气粗声重

续表

感情色彩	解说语气
喜的感情	气满声高
急的感情	气短声促
疑的感情	气提声高

6．情景再现

主持人在解说之前，首先需要进行解说词分析，在脑海中构建情景，再用声音将其呈现出来，从而让观众的脑海中也能产生相应的情景。主持人在解说时需要调动自身的真实情绪，将其饱满地表现出来，而且要做到真听、真看、真感受。总而言之，情景再现是指主持人要用声音把画面呈现出来，具体思路如下。

（1）对于描述时间、空间和物体的词需要着重分析，利用导演思维将文字转换成画面，然后再进行解说词的配音设计。

（2）描述空间的方位词可通过改变声音的方向感来呈现，距离词则一般通过声音的远近感来呈现。

4.3.3　电影解说类短视频节目主持技巧

随着短视频的兴起，看电影解说类短视频逐渐成为一种新的观影方式。电影解说类短视频需要在有限的时间内精准地向观众介绍一部完整的电影，主要是对电影剧情进行介绍。部分短视频会对导演意图进行讲解，并在此基础上给出个性化的解读，从而引发观众的思考，与观众建立情感连接。因此，电影解说类短视频主持技巧至关重要。电影解说类短视频主持技巧涉及多个方面，包括扎实的电影知识，情感表达与氛围营造，准确、生动、有趣的语言表达，与观众的互动，等等。

首先，主持人应当具备扎实的电影知识，能够对电影的各个方面进行深入的分析，如导演手法、摄影技术、音乐效果等。主持人应不断学习和提升自己的专业素养，适应不断变化的市场需求。

其次，主持人要注重情感表达与氛围营造。主持人在介绍电影时，应通过声音、语调、表情等方式，将电影中的情感元素传递给观众，营造出与电影相契合的氛围。例如，解说悬疑片时可以采用神秘紧张的语气，解说喜剧片时则可以进行轻松幽默的调侃。

再次，准确的语言表达能够确保观众正确理解电影内容；生动的语言表达则能让观众置身于电影之中，感受电影的魅力；有趣的语言表达则能吸引观众的注意力，增加观看的趣味性。

最后，主持人还应引导观众参与互动，如通过提问或发起讨论的方式激发观众在评论区的参与热情，增强短视频的社交传播力。

案例分析

以抖音账号“毒舌电影”为例

“毒舌电影”是从微信公众号时代就开始运作的影视类账号，顺利完成了在短视频时代的转型，其发展经历对于主持人来说非常具有借鉴意义。2014 年，“毒舌电影”就已在微信公众号中积累了 50 万名粉丝，其每篇文章几乎都能达到 10 万次的阅读量。2019 年，“毒舌电影”正式入驻抖音，截至 2024 年 10 月，拥有超过 5900 万名粉丝，是影视类头部账号。从图文账号转型为短视频账号，主持人不仅需要进行内容形式的更迭，更需要具有将私域流量转变为算法流量的思维。“毒舌电影”具有品牌意识，背靠有一定流量基础的微信公众号 IP 矩阵，减少了在短视频这条全新赛道上重新打造 IP 和人设的步骤，最大限度地发挥了已有 IP 的价值。

“毒舌”就是“毒舌电影”塑造出来的人设，这意味着该账号的解说风格直接、犀利，主持人坚决抵制“烂片”，会用一些尖锐的语言来评价或吐槽电影。下面将从账号设计、选片策略、解说词创作、互动反馈 4 个维度分析电影解说类短视频的打造。

1. 账号设计

抖音账号的主页风格尤为重要，决定了观众对账号的第一印象。“毒舌电影”的账号主页风格统一且明确，给人以专业感与冲击感。观众对短视频内容一目了然，能快速选取自己想要观看的作品。

“毒舌电影”通常会用 3～6 个短视频解说一部电影，在短视频封面设计上会采用拼接的方式，使不同的短视频封面组成一个完整的画面，就像是一幅长款电影海报，这让分散的画面变成一个整体，给用户带来十分强烈的视觉冲击，如图 4-10 所示。

图 4-10 “毒舌电影”的账号主页

这种设计方式还能快速吸引观众的注意力，可谓一举多得。首先，矩阵式联动的布局方式有助于形成“捆绑”流量。只要其中一条短视频爆火，那么一定会带动另外几条短视频的传播。其次，视频内容更加直观，同系列的短视频通常居于同一行，广受观众好评。最后，在不同的短视频封面上还会注明电影名称，使排版布局更加清晰，更方便观众做出选择。

不过，“毒舌电影”并非一开始就采用这样的短视频封面设计样式，其早期的短视频封面设计如图 4-11 所示。首先，并未标注电影名称，而是呈现一句比较吸引人且能概括电影剧情的话，或者有关这部电影所取得的成就的描述。其次，用上、中、下的方式标注观影顺序，但封面显得杂乱，并不统一，效果较差。最后，没有采用拼接式设计，视觉冲击力不强。

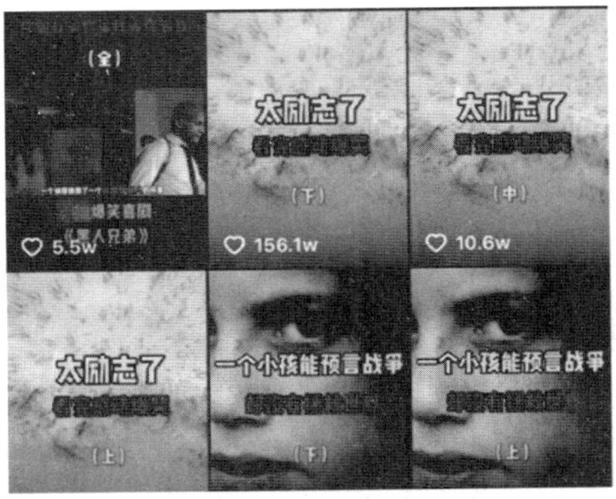

图 4-11 早期的短视频封面设计

2. 选片策略

“毒舌电影”在选片时以高评分、大制作、反转密集为主要依据。解说高评分且反转密集的电影能有效获取观众的持续注意力。相反，解说剧情平淡的电影较难获得观众点赞。评分较高的电影本身就自带流量，很多观众会冲着电影的高评分而去看这部电影，但如果没时间，看相应的电影解说类短视频就是他们的常见选择，所以这类电影解说类短视频非常容易获得用户青睐。大制作的电影画面能够给观众带来强烈的视觉冲击感。主持人在筛选视频素材时，可轻松获取这些高质量画面。

此外，“毒舌电影”还会根据不同节日调整选片策略，制作更符合节日氛围的作品。例如，在父亲节前后发布解说《当幸福来敲门》等讲父爱的电影的作品，在春节期间发布解说在春节档上映的电影的作品，等等。"毒舌电影"也善于结合时下的社会热点，持续输出能引起观众强烈共鸣的内容。

3. 解说词创作

电影解说类短视频的创作难点之一是解说词的创作。"毒舌电影"的解说词彰显了主持人非常深厚的文字功底。

快节奏时代很难吸引观众的注意力，因此需要把握好短视频的前 3 秒，这是提高完播率和点赞量的关键。以解说《月球》为例，这是一部小众冷门电影，如果平铺直叙地解说剧情，不会出彩，观众很难坚持看完短视频。采用强调演员、奖项的方法也稍显中规中矩。于是，"毒舌电影"另辟蹊径，换位思考，在开头向观众提出了一个问题："如果你在月球待上 1080 天会发疯吗？"这个问题引起了观众的好奇，很好地抓住了观众的注意力。

电影解说类短视频的中间段落也不可忽视，这是短视频能否完播的关键。因此，解说词创作时需注意设置悬念和反转。反转密集才能扣人心弦，吸引观众在看完后点赞和收藏。在解说过程中，主持人要有意识地控制转折点，及时引入新悬念，层层深入、抽丝剥茧般地展开剧情。但切忌呈现线索过多、解说内容重复，这是很多电影解说类短视频中比较容易出现的问题。

解说词创作虽然较难，但也有规律可循，一般可遵从"凤头""猪肚""豹尾"的创作手法。"凤头"是说开头要像凤凰的头那样秀气、漂亮；"猪肚"是说中间段落要像沉甸甸的猪肚一样，充实、丰满、有分量；"豹尾"是说结尾要像豹子尾巴那样有力。"毒舌电影"的结尾往往会直接告诉观众电影的主旨和内涵。越是优秀的电影，主旨越具有多样性，主持人若能提炼出独特的主题，加入自身的思考，则能起到升华主题的作用。

4. 互动反馈

电影解说类短视频账号不能只依靠解说内容来吸引观众，还应关注观众的需求。"毒舌电影"除了重视作品质量，还会在评论区和观众互动，从中了解观众的需求，或者解答观众对于作品内容的疑惑。这种做法能够有效增强观众黏性，在互动反馈中也能获得作品创作的新灵感，并达到提高作品质量的目的。

【课后实训】

1. 制作平台类短视频节目，并与虚拟主持人协同主持。
2. 以个人为单位，制作一条电影解说类短视频节目。独立完成选题策划、解说词创作、配音、剪辑、运营等全流程工作。

第 5 章　直播节目概述

知识目标

1. 了解直播的发展历程。
2. 了解直播平台的概况。

能力目标

1. 熟悉直播前的准备工作。
2. 能够达到直播节目主持人的专业要求。
3. 能够成功完成直播节目的主持。

素质目标

1. 树立成为一名合格的新媒体节目主持人的理想信念。
2. 培养创新思维，敢于实践，不断提升个人创造力。
3. 培养以学铸魂、文质兼美的价值观。

新媒体时代下的直播基于实时传输视频和音频信号的技术，通过互联网将现场的影像和声音直接传输到观众的终端设备上，让观众能够实时观看并参与互动。在直播中，直播节目主持人可以与观众进行实时交流，回答观众的问题，甚至进行实时的游戏互动。

拿起手机看直播、追直播已经成为很多人接收信息的习惯，甚至是生活的习惯。随着直播技术的普及和发展，“万物皆可播”的时代已经来临，几乎任何事物都可以成为直播的内容，从日常生活、才艺表演到新闻报道、教育课程、电商销售等，不经意间，直播已经渗透各个领域。

5.1　直播的发展历程

随着社会节奏的加快，人们对于娱乐、信息的需求越来越高。直播作为一种新型媒介，内容和形式非常多样，满足了人们对实时互动和信息传播的需求。

传统的视频内容往往是提前录制好的，而直播的时效性恰好打破了社交在时间和场合上的限制，在节约社交成本的同时，让观众和直播节目主持人进行实时交流和互动。

虽然直播因其便利性和互动性而迅速发展，但不同类型直播的质量仍然有高低之分。因此，直播节目主持人应该积极发挥直播的优势，推动其健康、有序地发展。

5.1.1 直播的出现

直播具有强烈的现场感，能够吸引观众的眼球，并且可以达到让人印象深刻、记忆持久的传播效果。直播的形式多样，包括现场直播、演播室访谈式直播、文字图片直播、视音频直播和由电视（第三方）提供信源的直播等。随着社会的发展，直播已经成为降低成本、加快信息传播的重要方式之一。

1．直播出现的时代背景

直播是在互联网技术发展的背景下出现的，是互联网时代的产物。随着互联网技术的发展，人们能够通过互联网实时传输声音和画面，这为直播提供了技术基础。在我国，随着经济的快速发展、通信技术的不断进步和移动端设备的大范围普及，直播有了广泛的市场基础。同时，网红经济的兴起也为直播行业的发展提供了重要的推动力。直播平台的兴起使观众可以在一个平台上实现了解新闻、学习知识、观看娱乐性节目、购物等多种目的，这极大地便利了观众的生活。

（1）直播出现的社会背景

直播出现的社会背景主要包括社交方式的变革、消费模式的转变、信息传播方式的变革和娱乐方式的多样化。这些因素共同推动了直播行业的快速发展，为人们的生活带来了更多的便利和乐趣。

- 社交方式的变革：随着互联网的普及，人们的社交方式发生了巨大的变化。传统的社交方式受到时间和空间的限制，而直播的出现为人们提供了一种实时的、互动性强的新型社交方式，满足了人们对即时交流和互动的需求。
- 消费模式的转变：随着经济的发展和人们生活水平的提高，人们的消费观念和消费模式也在发生变化。直播带货等新型消费模式逐渐成为人们购物的新选择，这种模式具有互动性强、信息量大、实时性强等特点，满足了人们对于购物的新需求。
- 信息传播方式的变革：传统的信息传播方式受到时间和空间的限制，而直播的出现打破了这些限制，使信息传播更加快速、广泛。
- 娱乐方式的多样化：随着生活水平的提高，人们对于娱乐方式的需求也越来越多样化。直播的出现为人们提供了一种新的娱乐方式，游戏直播、音乐直播，以及生活直播等，能够满足人们不同的娱乐需求。

（2）直播出现的技术背景

直播出现的技术背景主要包括互联网技术的发展、云计算的普及和移动设备的普及。这些技术的发展为直播提供了基础的技术支撑和市场条件，推动了直播行业的快速发展。

- 互联网技术的发展为直播提供了基础的技术支撑：网络技术的发展打破了时间和空间的界限，使信息传播更加快速和广泛；同时，音视频技术的发展使信息传播的载体从原来的图文逐渐转向视频，人们更倾向于通过视频来获取信息。
- 云计算的普及为直播提供了计算和存储的支持：云计算使得计算和存储资源可以根据需求动态地分配，这对于直播平台来说非常重要，因为直播涉及大量的实时音视频数据的处理，如果没有足够的计算和存储资源，很难保证直播的质量和稳定性。
- 移动设备的普及为直播提供了更广泛的用户基础：移动设备的普及使人们可以随时随地接入互联网观看直播；同时，移动设备的摄像头和话筒等硬件设备的质量也得到了极大的提升，为用户提供了更好的直播体验。

2．直播出现的意义

直播在当今社会生活中扮演着重要的角色，其作为一种新兴的传播方式，已经深入人们生活的方方面面，为社会的发展带来了新的机遇和挑战。

（1）直播的出现对社会生活的意义

直播的出现对社会生活的意义在于提供更为便捷的信息传播方式、增强观众的互动性和参与感、丰富的娱乐形式、促进社交网络的发展以及推动经济的发展等方面。

- 提供更为便捷的信息传播方式：直播通过互联网技术实时传输音频和视频，打破了传统媒体的信息发布限制，使信息的传播更为迅速和广泛，这有助于提高信息的流动性和透明度，为观众获取信息提供了更为便捷的途径。
- 增强观众的互动性和参与感：直播平台具有实时互动的功能，观众可以通过发送弹幕、评论等方式与直播节目主持人进行交流，这增强了观众的参与感和互动性，提升了观众的观看体验，也为直播节目主持人和观众之间的交流提供了便利。
- 丰富的娱乐形式：直播平台的出现为人们提供了丰富的娱乐形式，包括游戏直播、音乐直播、生活直播等。这些直播内容满足了人们对于个性化、多样化娱乐的需求，为人们提供了更多的娱乐选择。
- 促进社交网络的发展：直播平台上的互动和参与使得人们可以建立更加紧密的联系；基于共同的兴趣和爱好，人们可以在直播平台上结交志同道合的朋友，形成更加紧密的社交网络。
- 推动经济的发展：直播的兴起也带动了相关产业的发展，如电商、广告等；直播带货等新型消费模式为电商行业带来了新的增长点，也为广告行业提供了更为广阔的营销渠道；同时，直播也为许多个人和小微企业提供了创业机会，推动了经济的发展。

（2）直播的出现对媒体传播的意义

直播的出现对媒体传播的意义在于拓展媒体传播渠道、增强媒体与观众的互动性、促进媒体内容创新、提升媒体的品牌影响力和丰富媒体的盈利模式等方面。这不仅有助于提升媒体的传播效果和市场竞争力，也使得媒体在数字化时代保持与时俱进的发展态势。

- 拓展媒体传播的渠道：直播技术打破了传统媒体的信息发布限制，使信息能够实时传输，从而为媒体传播提供了新的渠道。这种渠道不仅覆盖了更广泛的观众，而且增强了信息的即时性和现场感，提高了媒体传播的效率和效果。
- 增强媒体与观众的互动：直播平台具有实时互动的功能，使得媒体与观众之间的沟通更加便捷，增强了观众的参与感和体验感，也有助于媒体更好地了解观众需求和反馈，优化传播内容和方式。
- 促进媒体内容创新：直播的兴起为媒体内容创新提供了更多可能性。媒体可以通过直播形式展示新闻事件的实时进展、采访报道等，这丰富了内容表达方式。同时，直播也为媒体提供了与观众直接互动的机会，促进了内容创作和改进。
- 提升媒体的品牌影响力：直播中的观众互动和参与使媒体能够更好地与观众建立联系，提升自己的品牌影响力和知名度。通过直播活动和互动环节的设计，媒体可以吸引更多观众的关注和参与，提高自己在市场中的份额和竞争力。
- 丰富媒体的盈利模式：直播的兴起为媒体带来了新的盈利模式。媒体可以通过直播广告、直播带货等方式实现商业化运营，拓展收入来源。同时，直播也为媒体提供了更多的品牌推广机会，提高了媒体的商业价值。

3．直播出现的弊端

直播平台不仅是一个观看内容的平台，也是一个社交平台。观众可以通过直播间的互动功能与其他观众或直播节目主持人进行交流，建立社交关系。直播可以实时传递新闻消息、社会事件等，为观众提供第一手的信息资料。同时，直播也使公众人物能够与粉丝进行互动，提高自己与粉丝之间的亲密度。另外，直播可以记录和展现各种文化活动、民俗风情等，为观众留下宝贵的影像资料。

直播已经成为电商、技能教育、医疗等领域的重要商业应用。例如，电商直播可以让观众更加直观地了解商品，促进销售；技能教育直播可以为观众提供远程技能培训服务；医疗直播可以为观众提供远程诊疗服务。直播的出现确实为现代社会带来了许多便利和价值，但同时也存在以下几个弊端。

- 虚假宣传：一些直播节目主持人为了吸引观众，可能会夸大其词或者使用虚假宣传手段，导致观众的权益受到侵害。这种行为不仅影响了直播行业的公信力，也对社会造成了负面影响。
- 涉黄内容：一些直播平台存在涉黄内容，这些内容可能对观众造成心理和社交伤害，也可能违反法律法规，为整个行业带来法律风险。
- 沉迷问题：直播具有较强的互动性和参与感，但也容易使观众沉迷其中，花费大量时间和金钱。这不仅可能影响个人的工作和生活，也可能导致一些家庭矛盾和社会问题的出现。
- 侵犯隐私：一些直播节目主持人在直播过程中可能不经意地泄露他人的隐私信息，或者故意偷拍、偷录他人的隐私，导致他人隐私权受到侵害。这种行为不仅违反了法律法规，也违背了社会道德和公序良俗。
- 监管困难：直播内容多样且复杂，给监管工作带来了很大的挑战。监管部门需要投入大量的人力、物力和财力对直播内容进行审查和监管，以确保其符合法律法规和社会道德。

5.1.2 直播行业的发展

直播的起源可以追溯到2005 年，当时 9158 视频网站推出了秀场直播模式，成为秀场直播的鼻祖。随后，六间房、YY 等平台也纷纷开展了直播业务。这一时期的直播主要以 PC 端为媒介，内容以秀场直播为主。

随着网络游戏市场的快速发展，2012 年出现了以游戏为内容的直播平台——YY 直播（虎牙直播的前身），这标志着游戏直播时代的开启。2014 年，斗鱼直播上线，进一步推动了游戏直播垂直领域的发展。到了2015年，随着 4G 技术的普及，移动互联网实现了爆发式发展，网络直播也完成了从 PC 端向移动端的转移。这一时期的直播内容开始向泛娱乐方向转变，同时用户数量也迅速增长。

2016 年被誉为移动直播元年。2016—2017 年可以视作移动直播的初创期，以娱乐直播为代表的各大直播平台如陌陌、花椒、映客等逐渐崭露头角。2016 年，电商开始进入直播购物的时代，蘑菇街和淘宝等平台纷纷推出直播功能，探索新的卖货模式。这一时期，直播的内容创作和运营机制尚不完善，平台数量较少，用户规模有限，但已经出现了一些头部直播节目主持人。

2018—2019 年，移动直播的发展进入成长期，随着移动互联网的普及和 4G 网络的发展，直播的数字基础设施得到了完善，直播行业实现了高速发展。各类直播平台如雨后春笋般涌现，内容涵盖泛娱乐、电商等多个领域，用户规模呈现爆发式增长，市场规模不断扩大，各大电商直播平台百花齐放，商品交易总额（Gross Merchandise Volume，GMV）飙升。

2020 年至今，移动直播的发展进入成熟期。随着 5G 技术的推广和普及，直播行业逐渐走向成熟，平台运营模式更加多元化，内容品质不断提升。同时，行业监管力度加大，规范化发展成为主流。

1．直播行业的发展现状

直播行业目前处于高速发展的阶段，市场规模不断扩大，用户数量持续增长。随着移动互联网的普及和 4G、5G 网络的广泛应用，直播已经成为人们满足娱乐、社交、学习等多种需求的重要方式之一。

目前，直播行业涵盖多个领域，如游戏直播、秀场直播、电商直播等。其中，游戏直播和秀场直播是较为成熟的领域，而电商直播则是新兴领域中发展较为迅速的。在直播行业中，头部平台（包括淘宝直播、快手、抖音等）已经形成了较为稳定的竞争格局。

直播行业头部平台拥有庞大的用户规模和市场份额，同时也在内容品质、商业模式等方面不断创新，不断提升用户体验和平台运营效率。然而，直播行业也面临着一些挑战和问题。例如，随着用户需求的升级和监管力度的加大，内容品质的保障和提高成为直播行业发展的重要课题；同时，商业模式和盈利能力的探索也需要平台不断创新和完善。

2．直播行业的发展趋势与前景

未来，直播行业还有很大的发展空间和潜力，研判直播行业的发展趋势与前景，对于促进直播行业健康发展至关重要。直播行业的发展趋势与前景体现在以下几个方面。

（1）技术进步

随着 5G、AI 等技术的快速发展，直播的画质、流畅度、互动性等都将得到显著提升。例如，5G 的高速度、低时延和大连接数特性为直播提供了更好的网络环境，AI 技术则用于更新推荐算法，提升用户体验。

（2）内容创新

随着用户需求的多样化，直播内容也在不断创新，推动内容向精品化、专业化的方向发展。例如，“直播+短视频”“直播+综艺”“直播+电商”等内容形式逐渐兴起，为用户提供了更多的内容选择。

（3）商业模式探索

除了传统的广告、打赏、付费会员模式，直播平台将探索如电商直播、付费视频等新的商业模式，这将有助于提高平台的盈利能力。

（4）行业规范化

随着监管力度的加大，直播行业将更加规范化。直播平台需要遵守相关法律法规，保障内容的合法性和健康性，以提升直播行业的整体形象。

（5）社交属性加强

直播具有社交属性，未来直播平台将更加注重用户互动和社交功能的开发，使这一属性得到进一步加强。用户之间的互动、分享、讨论等行为将更加活跃，形成良好的社区氛围。

直播行业的发展前景是广阔的，但直播行业在技术成本、内容监管、商业模式创新等方面也面临着一些挑战。例如，随着用户需求的多样化，如何提供更优质的内容和体验成为直播行业发展的重要课题。同时，监管力度的加大也要求直播行业在内容安全、隐私保护等方面做得更好。因此，直播行业的健康发展需要各方的共同努力。

综合来看，直播行业的发展趋势是多元的，发展前景是积极的，但直播行业也需要不断应对和解决各种挑战。随着技术的进步和应用场景的拓展，直播行业将会为观众带来更多新的惊喜和体验。

5.2 直播平台简介

直播平台是一种基于互联网技术的实时音视频传输平台，主要用于在线直播、互动交流、社交娱乐等场景。直播平台通常具有实时音视频传输、互动聊天、弹幕评论、礼物打赏等功能，可吸引用户和主播（也称直播节目主持人，为方便理解，5.2 节和 5.3 节统称为主播）参与其中。

5.2.1 直播平台的概况

1．直播平台的概念

直播平台是随着互联网技术的发展而兴起的一种新型社交媒体，其概念可以从以下几个方面进行界定。

（1）实时音视频传输

直播平台的核心功能是实时音视频传输，其通过互联网技术将主播的音视频流传输到用户的终端设备上，实现实时观看和互动。

（2）在线直播

直播平台的主要应用场景是在线直播，主播通过直播平台将现场的内容实时分享给用户，用户可以通过终端设备观看并参与互动。

（3）互动交流

直播平台提供了多种互动方式，如弹幕评论、礼物打赏、私信聊天等，用户可以通过这些方式与主播和其他用户进行交流和互动。

（4）社交娱乐

直播平台不仅是一个观看直播的场所，更是一个社交娱乐平台。用户可以通过关注自己喜欢的主播、加入兴趣社群、参与活动等方式，与其他用户进行交流和分享。

2．直播平台的现状

我国网络直播用户规模庞大，且随着互联网技术的不断发展和直播平台的不断创新，网络直播生态备受关注，用户规模持续增长。同时，不同直播平台也各自拥有一定数量的忠实用户。艾媒咨询（iiMedia Research）发布的数据显示，在 2022 年中国直播用户常使用的直播平台中，69.1%的用户常使用抖音直播，60.7%的用户常使用淘宝直播，58.6%的用户常使用腾讯体育，56.5%的用户常使用虎牙直播，48.8%的用户常使用斗鱼直播。总的来说，中国直播平台的现状体现在以下几个方面。

（1）用户规模

随着移动互联网的发展，直播平台的用户规模逐年增长。根据《中国网络视听发展研究报告（2025）》的数据，截至 2024 年 12 月，我国网络直播用户规模为 8.33 亿人，同比增长 1737 万，占网民总数的 75.2%。

（2）商业模式

直播平台的商业模式主要包括广告模式、打赏模式和付费会员模式。广告主可以在直播平台上投放广告，获得曝光；用户可以给自己喜爱的主播打赏，以增加亲密度；付费会员则可以享受更多的特权服务，如无广告、高清画质等。

（3）竞争格局

目前，中国直播行业的竞争格局比较激烈。除了老牌的直播平台，新兴的直播平台不断涌现。为了在竞争中胜出，各大直播平台都在不断探索新的商业模式和追求功能创新。

（4）发展机遇与挑战

未来，随着 VR/AR 技术的普及和 AI 技术的发展，直播行业将迎来更多的发展机遇。例如，VR/AR 技术将为用户带来更沉浸式的直播体验，AI 技术则将使直播更加智能化和个性化。同时，直播行业也将面临更多的监管挑战，平台方需要加强自律和合规经营。

3．直播平台的分类

直播平台可以分为以下几类。

（1）综合类直播平台

综合类直播平台包括抖音、快手直播、斗鱼直播（见图 5-1）、虎牙直播（见图 5-2）等，这些平台涵盖了游戏直播、秀场直播等多个领域。

（2）秀场类直播平台

秀场类直播平台以 YY 直播（见图 5-3）为代表，主要提供音乐、舞蹈等内容。

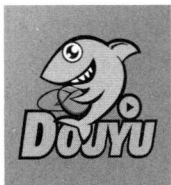

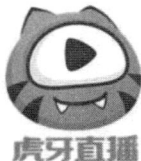

图 5-1　斗鱼直播　　图 5-2　虎牙直播　　图 5-3　YY 直播

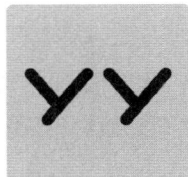

（3）商务类直播平台

商务类直播平台以淘宝直播为代表，主要业务为电商销售，直播内容以商品展示、试穿等为主。

（4）教育类直播平台

教育类直播平台以腾讯课堂（见图 5-4）、CCtalk（见图 5-5）为代表，主要业务为在线教育，可为用户提供各类课程学习服务。

（5）社交类直播平台

社交类直播平台以陌陌、映客（见图 5-6）为代表，主要提供社交服务，用户可以实时互动交友。

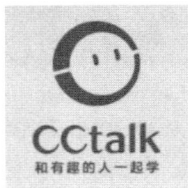

图 5-4　腾讯课堂　　图 5-5　CCtalk　　图 5-6　映客

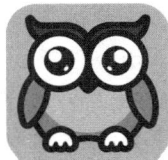

4．直播平台的特点

直播平台呈现出诸多特点，具体如下。

- 直播平台数量众多，涵盖各种类型和领域。
- 直播平台的用户规模庞大且年轻化，消费能力强。
- 直播平台的商业模式不断创新，除了传统的广告收入和礼物打赏，直播平台还可以通过与电商合作、品牌推广等多种方式实现盈利。

- 直播平台的技术发展迅速，高清显示、实时互动、虚拟现实等技术不断提升用户体验。
- 直播平台的内容创新是吸引用户的关键，各直播平台都在探索新的内容形式以满足用户多样化的需求。
- 直播平台的社交属性不断增强，人们通过直播与主播和其他用户互动交流，形成基于共同兴趣的社群。
- 直播平台的监管力度加大，政府对直播行业的约束和审核力度不断加大，以确保直播平台健康发展。
- 直播平台的竞争激烈，各直播平台都在努力提升自身的竞争力，提供更好的服务和体验，以吸引用户。

5.2.2 知名直播平台简介

1. 虎牙直播

虎牙直播成立于 2014 年，是国内大型的游戏直播平台，也是我国首家全网启用 HTML5 直播技术的平台。其主要以游戏直播为核心内容，支持 3800 多款游戏的直播，致力于为用户提供高清、流畅的直播服务。自上市以来，虎牙直播取得了巨大的成就，受到很多用户的追捧，是游戏直播十大品牌之一。

案例分析

虎牙直播

虎牙直播是中国领先的游戏直播平台之一，覆盖了超过 3000 款游戏，并已逐步涵盖娱乐、综艺、教育、户外、体育等多元化弹幕式互动直播内容。这表明直播平台的内容正在不断丰富和多元化，不仅仅局限于某一领域或某一种直播形式，而是逐步扩展到更广泛的领域，可满足用户多样化的需求。

虎牙直播积极布局和参与各种公益活动，用“直播+”拓展直播业态，包括“直播+政务”“直播+红色旅游”“直播+校园”“直播+公益”“直播+非遗”“直播+农业”等多种网络直播模式，创造绿色健康的新生态，帮助更多人创造更大价值。这些创新模式不仅丰富了直播平台的内容和形式，也为政府、企业等社会各界提供了新的宣传和服务渠道。这同时也表明直播平台正在探索与更多行业的融合，发挥其社交和传播优势，为社会公益事业和其他行业的发展提供支持和服务。

从数据上看，虎牙直播的用户规模庞大，活跃度高。这表明直播平台在用户吸引和留存方面具有较大的优势和发展潜力。同时，随着 5G 等新技术的推广和应用，直播平台的画质、音质和互动体验进一步提升，更多的用户和主播被吸引到直播生态中来。

以虎牙直播为例，可以看出直播行业的发展趋势和特点包括内容多元化、跨界融合、公益参与和创新发展等。

2. 哔哩哔哩

哔哩哔哩成立于 2009 年，是中国年轻世代高度聚集的现代化文化社区和视频平台，为用户提供了游戏、直播、漫画等诸多内容。哔哩哔哩的直播覆盖面广，是当下最受欢迎的直播平台之一。

案例分析

哔哩哔哩

哔哩哔哩（bilibili，简称B站，见图5-7）是一个以ACG，即Animation（动画）、Comics（漫画）与Games（游戏）为主的视频分享网站，随着时间的推移，其内容逐渐扩展到了更多领域，包括直播。B站的直播业务发展迅速，成为其最重要的业务之一。

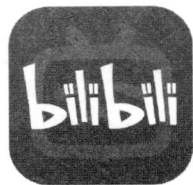

图5-7 哔哩哔哩

B站直播业务的快速发展得益于整个直播行业的兴起。随着互联网技术的不断进步和普及，直播已经成为人们娱乐、社交、学习等的重要方式。特别是在移动互联网的推动下，直播平台的数量和用户规模不断增长，为B站直播业务的发展提供了广阔的市场空间。

B站直播业务的发展也得益于其自身的优势和特点。作为一家以ACG为主的视频分享网站，B站的用户群体相对比较年轻、活跃、有创意，这为B站直播业务的发展提供了良好的用户基础。同时，B站的直播内容也相对比较丰富多样，涵盖游戏、娱乐、教育等多个领域，满足了不同用户的需求。

B站直播业务的发展也得益于其优秀的运营和管理。B站直播团队通过精细的运营策略、优质的服务和持续的创新，不断提升用户体验和黏性，同时也通过与各种机构、达人、明星等的合作，不断拓展直播内容的外延和深度。

随着移动互联网的进一步发展和用户需求的不断升级，B站直播业务仍有很大的发展空间和潜力。

3．CC直播

CC直播是网易旗下的一款以游戏和娱乐为主的直播平台，包含多种受欢迎的网易系列游戏。其注册用户超过2.8亿人，签约主播有20多万个。在2020年，CC直播荣获年度人气游戏直播品牌称号。

案例分析

CC直播

CC直播（见图5-8）的发展大致可以分为两个阶段。在2016—2019年期间，CC直播主要服务于网易的自研游戏，为用户提供游戏直播内容。这个阶段，CC直播主要关注的是游戏直播的画质、音质以及互动体验，力求为用户提供高质量的游戏直播内容。同时，CC直播也注重与网易系列游戏的深度合作，通过各种活动和赛事为用户提供更多的福利和更好的参与感。

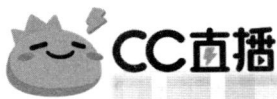

图5-8 CC直播

随着直播行业的竞争加剧和多元化发展，CC直播也意识到仅靠游戏直播难以维持平台的长期发展。因此，从2019年开始，CC直播开始进行多元化战略布局，推出了虚拟主播、语音、陪玩、云游戏等功能和服务。这些新功能和服务的推出不仅丰富了 CC 直播的内容生态，也满足了用户更多的需求。

同时，CC 直播也注重与外部资源的合作，通过与其他平台、机构、达人的合作，引入更多的优质内容和主播资源，进一步提升了平台的吸引力和竞争力。

总的来说，CC 直播的发展历程在一定程度上反映了直播行业的发展趋势和变化。从最初专注于游戏直播，到后来进行多元化战略布局，再到与外部资源合作，CC 直播始终紧跟行业潮流，不断创新和升级，为用户提供更加丰富和优质的内容和服务。

5.3 直播节目的准备

在开始直播节目（以下简称直播）前，要做好准备工作。直播前的准备工作非常重要，它可以帮助主播更好地准备和组织自己的直播，优化直播的质量和效果。充分的准备工作可以帮助主播在直播中更加自信、流畅地表达自己，并与观众建立良好的联系。通过明确目标、准备内容、熟悉平台、测试设备、制订计划和借鉴经验等步骤，主播可以提升自己的直播效果，并吸引更多的观众。

5.3.1 直播前的准备工作

做好充分的准备工作对于成功地开展直播是非常有必要的，具体内容如下。

选择一个合适的直播平台，如抖音、快手、B 站等，了解该平台的直播规则和要求，以便更好地适应平台。

确定要直播的内容，例如游戏、唱歌、舞蹈、聊天等。

确保有足够的资源和内容来吸引观众并维持观众的兴趣。

准备高质量的设备来保证视频和音频的质量。通常需要一个高分辨率的摄像头、一个音质良好的话筒、一个照明充足的房间，以及一个稳定的网络环境。

如果还有些信心不足的话，可以观察和学习其他成功主播的直播技巧和策略，同时，制订一个详细的直播计划，包括直播的时间表、主题和内容等，这将帮助主播更好地开展直播，并确保有足够的内容来维持直播的吸引力。在直播中，主播的形象和风格将决定观众对主播的印象，因此主播要确保以最好的状态出现在镜头前，并选择合适的服装和妆容。

建立与直播相关的社交媒体账户，如微博、微信、QQ 等，通过这些账户宣传每一次的直播，吸引更多的观众。在直播中，与观众互动是非常重要的。回复他们的评论、感谢他们的礼物和关注，并尽可能地与他们建立联系，将帮助主播建立忠实的粉丝群体。

1. 直播前的心理准备工作

做直播并不像人们想象的那么困难，当然也并不容易。每个人的经历都是不同的，所以最重要的是找到适合自己的方法并保持积极的心态和表现来应对心理压力和挑战。在开始直播之前，主播需要做好一些心理准备。

（1）保持自信

主播需要保持自信，具备一定的自我表达能力，因为主播要面对镜头，向观众展示自己。

（2）接受批评

在直播中，主播可能会收到来自观众的批评，主播应接受并适应这些批评，不要把它们当作是对自己的攻击。记住，每个观众都有自己的观点和喜好，主播应尝试从批评中学习和成长。

（3）保持积极的心态

在直播中，主播可能会遇到不友善或挑剔的观众。因此，主播要保持积极的心态，不要让这些负面评论影响自己的情绪和表现；要用乐观的态度面对挫折，并将注意力集中在积极的事情上。

（4）学会应对孤独

直播可能需要主播长时间独处，尤其是在没有观众的时候。主播要学会应对孤独并找到自己的兴趣爱好，以保持积极的心态和创造力。

（5）保持耐心和毅力

直播是一项需要长期投入和努力的事业。主播不应期望立即获得成功或关注，而应该保持耐心和毅力，持续努力并不断提升自己。

（6）保持真实和诚实

在直播中，保持真实和诚实非常重要。主播不要试图伪装自己或欺骗观众，应展示自己真实的个性和风格，与观众建立真诚的联系，并让他们感受到自己的真实情感。

2．直播前的事务性准备工作

在开始直播之前，主播需要熟悉直播平台的功能和操作，了解直播平台的限制和要求，掌握相应的工具和技术，学习如何设置和管理直播环境，这些都有助于优化直播的质量和效果。事先熟悉直播平台还可以帮助主播更好地与观众互动并管理直播中出现的突发情况。直播需要稳定的网络和高质量的设备来保证视频和音频的传输质量。在直播之前进行设备和网络的测试非常重要，这可以确保一切正常运行，并避免在直播中出现技术故障或网络中断。测试设备和网络还可以帮助主播找到最佳的拍摄角度、调整灯光和音效等，以呈现最佳的形象和声音效果。另外，观看其他成功的主播的直播并学习他们的技巧和策略可以帮助主播发现新的想法和方法，提升自己的直播质量。通过研究其他主播的互动方式、语言表达和内容组织等，主播可以获得灵感，并将其应用到自己的直播中。

在直播之前，确定目标和主题是至关重要的，这有助于主播在直播中保持专注和连贯，并向观众传达清晰的信息。明确的目标和主题还可以帮助主播在直播中更好地吸引并留住观众。准备充足的内容是确保直播流畅和有趣的关键。通过对主题进行深入研究和思考，主播可以在直播的过程中提供有价值的信息、分享独特的观点和经验，并与观众进行有意义的互动。准备充足的内容还可以帮助主播避免在直播中出现冷场。另外，制订详细的计划和时间表可以帮助主播更好地组织和管理自己的直播，包括确定直播的时长、安排主题和内容、设置互动环节等。有计划地进行直播可以确保内容丰富、节奏紧凑，并保持观众的兴趣和参与度。

3．做好直播前的准备工作的必要性

如果没有提前准备，直播过程中可能会出现冷场的尴尬情况，主播可以通过做好直播前的准备工作，提前设计互动环节，避免这种情况发生。对于一些涉及敏感话题的直播，提前准备可以确保直播内容符合相关法规和平台规定，避免直播间被封禁或主播受到处罚。充分的准备可以让主播对直播内容有更深入的了解，从而增强自己在直播中的信心，让自己更自如地应对各种情况。同时，建议主播在直播前进行彩排或试播，这样可以帮助主播发现一些潜在的问题，及时调整和改进，确保正式直播时一切顺利。

如果做好充分的准备工作，主播便可以更好地梳理自己的思路和直播内容，确保直播时表达清晰、流畅，从而更高效地利用直播时间，提高直播的产出率。充分的准备可以让主播在直播中展现出最佳的状态，从而提升个人形象。持续的高质量直播可以帮助主播树立良好的个人形象，吸引更多的观众。

有准备的直播内容更能吸引观众的兴趣，引发观众的共鸣，让观众感受到主播的专业性，进而对主播产生信任感，更愿意长期关注主播。同时，充分准备可以减少直播中出现的技术问题，如音频或视频卡顿等，这样可以大大优化直播的质量和效果，增强观众的体验感，从而提升主播的影响力和受关注度。因此，对于想要在直播领域有所作为的主播来说，做好充分的准备工作是必不可少的。

5.3.2 直播间的设计和布置

对于想要顺利直播的主播来说，精心设计和布置直播间是必不可少的准备工作之一。

1．直播间的设计和布置的作用

直播间的设计和布置的作用体现在以下几个方面。

（1）提升观众体验

一个专业、美观、有吸引力的直播间可以吸引观众的注意力，并增加他们对直播的兴趣和参与度。而一个杂乱、无序、不专业的直播间则容易使观众感到不适，降低他们的观看体验和忠诚度。

（2）塑造专业形象

直播间的设计和布置对塑造主播的专业形象至关重要。一个专业、整洁、有品位的直播间可以让观众对主播产生更好的印象，提高观众的信任度和好感度。

（3）增强互动氛围

直播间的设计和布置还可以影响互动氛围。例如，设置互动区域、准备互动道具等可以增强互动氛围，激发观众的参与热情，提高互动的频率和效果。

（4）突出展示内容

直播间的设计和布置需要与展示内容相协调，并使展示内容更加的突出和明显。例如，使用适当的背景、灯光和道具可以使展示主体更加醒目、吸引眼球。

（5）强调品牌调性

如果直播与品牌有关联，那么直播间的设计和布置应该强调品牌调性，突出品牌形象，强化品牌价值，提升品牌影响力。

（6）提高效率与效果

合理的直播间设计和布置可以使直播过程更加高效、顺畅。例如，合理的空间布局可以减弱主播和观众的距离感，提高互动效率；适当的照明和音效可以增强展示效果和观看体验。

（7）传递品质与格调

直播间的设计和布置可以传递品质与格调，让观众感受到主播的专业素养和对直播的重视程度。

2．直播间所需的硬件设备

为确保顺利开播，对直播间进行设计和布置时，需要添加并放置一些必备的硬件设备。

- 摄像头：选择一个高清、稳定的摄像头非常重要。罗技的摄像头在市场上比较受欢迎，性价比较高。如果预算允许，可以选择配置更好的摄像头。
- 话筒：话筒是直播中不可或缺的设备，它可以帮助你传达清晰的声音。我们有电容话筒和动圈话筒两种选择。一般来说，室内直播使用电容话筒，室外直播使用动圈话筒。
- 声卡：声卡是用来处理和优化声音的设备，可以帮助消除噪声，提高声音质量。
- 计算机：计算机是直播的常用设备，一般来说，CPU 应在 i5 级别以上，内存容量应在 8GB 以上。如果可能，最好使用配置独立显卡的计算机。
- 手机：手机也是直播的常用设备，尤其是对于移动直播来说。主播需要确保手机有足够的内存容量，并且电池续航能力强。
- 补光灯：补光灯可以帮助主播为脸部或场景补充光线，使画面更加清晰、自然。
- 手机支架和桌面支架：这是用来固定其他设备的，可以增强直播画面的稳定性。
- 背景布：一块合适的背景布可以使直播看起来更加专业。
- 防喷罩：防喷罩可以防止在直播中产生杂音或喷麦现象。
- 耳机：主播可用耳机来监听自己的声音，确保直播时声音大小适中。
- 路由器和网线：用来确保网络连接稳定、速度快。

当然，具体需要哪些设备还要根据直播类型和需求来决定。在购买设备时，要确保它们的质量和兼容性，这样才能保证直播的效果和稳定性。

3．直播间的定位

直播间的定位是非常多样化的，不同的主播可以根据自己的特点和喜好选择适合自己的定位。同时，根据不同的目标观众群体，主播可以灵活调整直播间的定位，以吸引更多的观众。直播间的定位可以从不同的角度进行。

（1）按内容定位

- 才艺直播：主播通过展示自己的才艺，如唱歌、跳舞、演奏乐器等来吸引观众。
- 知识分享直播：主播以专业人士或某个领域的专家身份出现，通过分享知识和经验来吸引观众。
- 影视直播：选择一部影视剧观看并进行直播。
- 游戏直播：选择一款游戏操作并进行直播。
- 美食直播：直播制作美食或试吃美食。
- 娱乐直播：进行表演、聊天等活动，吸引观众参与互动。
- 电商推广直播：通过介绍和演示产品来吸引观众，同时进行产品推广和销售。

（2）按风格定位

- 搞笑风格直播：以幽默、诙谐的方式进行直播，内容轻松有趣。
- 文艺风格直播：以文艺、清新、浪漫的方式进行直播，内容富有情感和诗意。
- 科技风格直播：以科技、未来为主题进行直播，内容涉及人工智能、虚拟现实等领域。
- 时尚风格直播：以时尚、潮流为主题进行直播，内容涉及流行文化、时尚趋势等。

（3）按互动方式定位

- 问答互动直播：主播提出问题，观众回答；或观众提出问题，主播回答。
- 投票互动直播：主播发起投票，观众参与投票。
- 礼物互动直播：观众给主播送礼物，主播感谢观众。

- 游戏互动直播：主播与观众一起玩游戏。
- 任务互动直播：主播布置任务给观众，观众完成任务后提交给主播展示和评价。

4．直播间的设计原则

不同风格的直播间的设计原则需要根据具体情况进行综合考虑，考虑因素有目标观众、内容类型、品牌调性和互动方式等。在直播间的设计过程中，主播需要注意整体布局、色调和元素的选择、细节处理以及测试和调整等方面的工作。

直播间的设计原则主要有以下几个。

- 不同的观众群体有不同的喜好和需求，因此直播间的设计应该根据目标观众的特点进行。例如，如果目标观众是年轻人，那么直播间的设计应该时尚、潮流、有活力；如果目标观众是科技爱好者，那么直播间的设计应该科技感十足。
- 不同的内容类型需要不同的直播间设计。例如，才艺直播需要一个简洁、明亮、有舞台感的直播间，美食直播需要一个温馨、舒适、有厨房感的直播间，游戏直播需要一个专业、科技感强的直播间。
- 如果直播间与品牌形象关联，那么直播间的设计应该符合品牌调性。例如，奢侈品品牌的直播间应该高端、大气、有格调，亲子用品品牌的直播间应该温馨、可爱、有亲和力。
- 直播间的设计应该考虑到与观众的互动。例如，如果主播经常与观众进行互动，那么直播间应该设置一个与观众的互动区域，以便主播做肢体动作；如果需要展示产品，那么直播间应该有一个合适的展示区域。

5．布置直播间的步骤

布置直播间需要考虑多方面的因素，包括场地、布局、照明、背景、道具、测试与调整以及氛围营造等。主播需要根据自己的实际情况和目标观众的需求进行综合考虑，逐步完善和调整，以达到最佳的直播效果。

第一步，需要明确直播间的功能和主题，确定直播类型，如才艺直播、知识分享直播、美食直播等。针对不同的功能和主题，需要采取不同的布置风格和元素。

第二步，选择合适的场地。直播间可以选择在家里、办公室或其他合适的场地进行布置。需要注意的是，场地要保持整洁、明亮，有足够的空间供主播和观众互动。

第三步，根据直播的主题和功能，合理规划直播间的布局。例如，才艺直播需要有一个舞台感强的区域，美食直播需要有一个舒适的用餐环境。同时，要从观众的视角考虑，确保他们可以清晰地看到主播和展示内容。

第四步，布置照明与灯光。良好的照明是直播间布置的关键要素之一。选择合适的灯光可以使主播和展示内容更加突出、清晰，同时也可以营造出良好的氛围。需要注意的是，避免让过强的光线直射主播或观众的眼睛而造成不适。

第五步，选择与主题相符的背景和装饰，使直播间更加美观、有趣。例如，可以使用墙贴、海报、装饰画等元素来丰富直播间的视觉效果。同时，注意保持背景整洁、清晰。

第六步，根据直播的主题和功能准备必要的道具。例如，才艺直播需要乐器、话筒等道具，美食直播需要餐具等道具。道具的品质和外观也要考虑，以确保展示效果良好。

第七步，在正式开播之前进行一次全面的测试。检查照明、音效、画面质量等方面是否满足要求，并根据测试结果进行必要的调整和完善。

第八步，除了硬件设施，直播间的氛围也很重要。可以通过播放背景音乐、调整环境灯光等方式来营造舒适、愉悦的氛围，让观众更容易沉浸在直播中。

记住，不断尝试和改进是关键，不要怕失败，只有通过实践才能逐渐布置出适合自己的直播间。

5.3.3 直播节目的运营

直播节目运营是确保直播节目（以下简称直播）顺利进行并取得良好效果的关键因素之一，对于提高观众参与度、增强观众黏性、提高品牌知名度、提升销售转化率及建立信任和口碑等具有重要意义。

1．直播运营的重要性

直播运营的重要性体现在以下几个方面。

（1）提高观众参与度

良好的直播运营可以吸引更多的观众进入直播间，并提高他们的参与度。这可以通过互动游戏和抽奖等形式实现。

（2）增强观众黏性

直播运营能提供有价值的内容和互动体验，可以增强观众的黏性，使他们更愿意持续关注并参与直播活动。

（3）提高品牌知名度

直播运营可以增加品牌曝光度，提高品牌知名度和影响力。这可以通过合作推广、广告宣传和社交媒体营销等方式实现。

（4）提升销售转化率

直播运营可以帮助推广产品和服务，提升销售转化率。这可以通过展示产品特点、提供优惠活动和促销折扣等方式实现。

（5）建立信任和口碑

直播运营带来的高品质的内容和良好的互动体验可以使观众建立对直播间的信任和口碑，从而吸引更多的新观众。

2．直播运营的基本工作内容

通过制订详细的运营计划、确定主题和内容、建立互动机制、合作推广、数据分析与优化、持续创新以及维护良好形象等方式，主播可以有效地进行直播运营，取得更好的直播效果。

（1）制订详细的运营计划

在开始直播前，制订详细的运营计划，内容应涉及目标观众、直播内容、互动形式、推广策略等方面。

（2）确定主题和内容

根据目标观众和品牌定位，确定直播的主题和内容，确保内容有价值、有趣、有吸引力。

（3）建立互动机制

设置互动环节，如问答、投票、抽奖等，激发观众的参与热情，增强互动效果。

（4）合作推广

与其他主播、关键意见领袖或行业内有影响力的人合作，进行联合推广，扩大直播的覆盖面和影响力。

（5）数据分析与优化

对直播数据进行分析，了解观众的观看习惯、喜好和需求，根据分析结果对直播进行优化和改进。

（6）持续创新

不断尝试新的内容形式、互动方式和推广策略，保持直播的新鲜感和吸引力。

（7）维护良好形象

保持直播间整洁、专业和高品位的形象，树立良好的品牌形象和口碑。

3．直播的运营策略

直播具体的运营策略需要根据实际情况进行调整和优化，以取得更好的效果。总的来说，直播的运营策略主要包括以下几个。

（1）定位策略

首先需要明确直播间的定位，包括目标观众、主题和内容等，以吸引和留住目标观众。

（2）内容创作策略

制定内容创作策略，包括主题选择、内容策划、制作流程等，确保直播内容的质量和吸引力。

（3）团队协同策略

组建一个高效、协同的团队，明确团队成员的职责和工作流程，确保直播活动顺利进行。

（4）风险管理策略

识别和评估潜在的风险和问题，制定应对措施和预案，确保直播活动稳定和安全地进行。

（5）创新发展策略

不断尝试新的内容形式、互动方式和推广策略，保持直播的新鲜感和吸引力，增强观众的黏性和参与感。

4．直播的选品策略

直播的选品策略是确保直播销售成功的重要因素之一。直播的选品策略旨在为观众带来优质、独特且物超所值的商品选择。总的来说，直播的选品策略主要包括以下几个。

（1）确定目标观众

主播需要明确直播的目标观众，根据观众的年龄、性别、职业、地域等特点，选择符合观众需求的商品。

（2）选择适合直播销售的商品

不是所有商品都适合直播销售，需要选择适合直播销售的商品，如具有独特性、品质优良、价格实惠的商品，这样能够吸引观众的注意力并激发他们的购买欲望。

（3）分析市场和竞争对手

主播需要了解市场和竞争对手的情况，包括商品价格、品质、销售情况等，以便选择具有竞争力的商品并制定合适的价格策略。

（4）注重商品的品质和品牌

品质和品牌是影响观众购买决策的重要因素之一，主播需要选择品质优良、品牌知名度高的商品，提升观众的信任度和购买意愿。

（5）考虑商品的季节性和时效性

主播需要根据季节和时效性选择商品，如节假日、季节性商品等，以提高销售量和利润。

（6）创新和多样化

主播需要不断创新，使商品多样化，以满足观众的多样化需求，提高他们的购买意愿并增强其黏性。

（7）建立供应链和库存管理机制

主播需要建立稳定的供应链机制和有效的库存管理机制，确保商品的供应和库存充足，避免因缺货而影响销售。

（8）与供应商建立良好关系

主播应与供应商建立良好关系，确保商品质量和供应稳定，同时获得更好的采购价格和促销机会。

5．直播的预热策略

直播的预热策略是吸引观众的重要手段之一。直播的预热策略旨在提前吸引观众兴趣，提升直播当天的流量和参与度。通过一系列预热策略，主播可为直播当天的成功奠定坚实的基础。总的来说，直播的预热策略主要包括以下几个。

（1）社交媒体预热

利用社交媒体（如微信、微博、抖音等）发布直播预告，提醒观众关注并参与直播。主播可以通过图文、短视频等形式进行宣传，引起观众的兴趣和好奇心。

（2）与关键意见领袖合作

与相关领域的关键意见领袖合作，让他们在自己的社交媒体上发布直播预告，借助他们的影响力吸引更多观众。

（3）提供限时免费活动或特价优惠

在直播前提供限时免费活动或特价优惠，吸引观众关注和参与。这可以激发观众的购买欲望，提高直播间的流量和转化率。

（4）设计直播预告海报

设计精美的直播预告海报，突出直播的主题和亮点，吸引观众的眼球。直播预告海报可以发布在社交媒体、官方网站等渠道，以提醒观众关注直播。

（5）在直播前设置互动问答环节

在直播前设置互动问答环节，让观众参与问答，并从参中抽取幸运观众送出奖品或优惠券等福利。

（6）提前制作上一期直播的精彩片段或花絮

在本次直播开始前制作上一期直播的一些精彩片段或花絮，并在本次直播开始前发布，让观众对以往的直播内容有所了解，并吸引观众的注意力，让其对本次的直播内容抱有期待。

（7）开展口碑营销

开展口碑营销可以让观众主动传播直播信息，借助观众的力量扩大传播范围。主播可以利用上一次直播中优质的内容和服务吸引观众主动分享并推荐本次直播的相关信息。

6．直播的人气策略

直播的人气策略是确保直播成功的关键策略之一。直播的人气策略主要围绕提高观众参与度和留存率展开，主要包括以下几个方面。

（1）明确定位和塑造个性化形象

明确定位和塑造个性化形象有助于在细分领域中塑造专业形象，吸引目标观众。主播可以根据直播的主题、内容和目标观众选择合适的形象和风格。

（2）设计互动话题和活动

设计互动话题和活动，引导观众参与讨论和互动，提高直播间的活跃度和参与度。主播可以通过提问、答题、抽奖等方式激发观众的参与热情。

（3）打造个人魅力

主播的个人魅力是直播吸引观众的重要因素之一。主播需要具备良好的语言表达能力和互动技巧，这样能够吸引观众的注意力并与其建立良好的互动关系。

（4）提供福利和优惠

提供福利和优惠是吸引观众的有效手段之一。主播可以设置限时免费、特价优惠、红包抽奖等活动，吸引观众关注和购买。

（5）多渠道宣传

利用多个渠道进行宣传，如社交媒体、站外平台等，可以提高直播间的曝光度，扩大直播内容的传播范围。主播可以通过合作推广、广告投放等方式进行宣传。

（6）保持稳定的直播时间和时长

保持稳定的直播时间和时长能够让观众养成在固定时间观看直播的习惯。同时，主播可以在直播间告知观众下次直播的时间，提醒观众关注。

（7）丰富的营销玩法与互动方式

丰富的营销玩法与互动方式可以增加观众的参与感和归属感，并拉近主播与观众之间的距离，从而使两者之间建立起一种更加紧密且持久的情感联系。

案例分析

以五粮液为例看直播运营策略

五粮液作为中国历史悠久、享有盛誉的白酒品牌，近年来积极探索直播运营策略，实现了品牌年轻化、市场扩张等多重目标。

1. 直播运营策略分析

五粮液在直播中深入挖掘品牌背后的文化内涵，通过讲述品牌故事、酿酒工艺等，增强了观众对品牌的认同感和情感连接。

五粮液通过直播展示酿酒过程、品鉴会等，让观众更直观地了解产品特点；同时，推出限量版、定制款等创新产品，满足观众的个性化需求。

五粮液积极与其他领域的品牌、关键意见领袖进行跨界合作，如与时尚品牌联名推出限量版礼盒，与知名美食博主合作推广下酒菜搭配等，提升了品牌知名度。

五粮液通过数据分析精准定位目标观众，制定个性化的营销策略。例如，针对年轻观众推出强调时尚、潮流的直播内容，针对中老年观众推出强调品质、健康的直播内容。

五粮液利用直播平台开展电商销售，通过直播带货、限时优惠等形式促进产品销售；同时，通过直播收集观众反馈，优化供应链和库存管理。

2. 实施效果评估

五粮液通过对直播运营策略的实施，使直播内容更符合年轻观众的审美和兴趣，实现了品牌年轻化，增强了品牌的时尚感。跨界合作和精准营销使五粮液的观众范围更加广泛，覆盖了不同年龄与兴趣层次的观众。直播电商带动了产品销售的增长，同时直播中的互动环节增强了观众与品牌的互动和黏性。

3. 总结与启示

五粮液在直播运营策略的运用上展现了创新精神和较高的市场敏锐度。通过深入挖掘品牌故事、产品创新、跨界合作等手段，五粮液成功吸引了年轻观众的注意力。同时，五粮液通过精准营销和直播带货等方式拓展了销售渠道，增强了品牌影响力。这为其他品牌在直播运营方面提供了有益的借鉴和启示。

5.4 直播节目主持人打造

直播节目主持人是指负责主持直播节目的专业人员，他们需要在直播过程中与观众互动，介绍节目内容，掌控节目进程，并且通过自身的形象和言辞展现节目的风格和特色。同时，直播节目主持人也需要具备较高的专业素养、较强的责任心和应对突发情况的能力，以确保直播节目顺利进行。

5.4.1 直播节目主持人的风格

直播节目主持人的风格是指直播节目主持人在主持节目的过程中展现出来的独特的气质和魅力，是直播节目主持人在长期的实践中逐渐形成的个性化特点。直播节目主持人的风格定位主要受自身的性格、兴趣、爱好、文化素养、审美追求等多方面影响，同时也受到所在媒体平台的定位、节目类型、观众群体等因素的影响。

1. 直播节目主持人的分类

直播节目主持人可以根据不同的标准进行分类。

（1）按工作职责范围和工作形态划分

- 单一型主持人：不介入其他制作环节，只负责面对观众进行传播的最后一环，且基本处于单一语境下的单向传播状态的主持人，其主要职责是按照既定的程序播报稿件，发挥空间较小。
- 参与型主持人：参与节目的采、写、编、播等各个环节，与编辑、记者等团队成员共同完成工作。
- 主导型主持人：主导整个节目进程，从策划、采访、制作到播出全程参与。
- 独立型主持人：独立完成整个节目的主持工作，不与其他人员合作。

（2）按节目内容划分

- 新闻节目主持人：主持新闻类节目，负责播报新闻、解读新闻、评论新闻等。
- 社教专题节目主持人：主持社会教育类专题节目，负责介绍知识、引导话题、与观众互动等。
- 综艺、娱乐、竞赛节目主持人：主持综艺娱乐类节目，负责调动气氛、组织游戏、介绍规则等。
- 体育节目主持人：主持体育类节目，负责解说比赛、介绍运动员、分析技战术等。
- 少儿、军事等节目主持人：主持针对少儿、军人等特定对象群体的节目，负责与观众互动交流、提供信息等。

（3）按节目形态、主持方式划分

- 评论型节目主持人：主持各类评论节目，负责发表评论、阐述观点等。
- 记者型节目主持人：主持各类现场报道、专题片，负责采访、调查、分析等。

（4）按地域划分

- 本土主持人：指在本地从事主持工作的人，通常对本地文化、语言和习俗比较了解。
- 外籍主持人：指从其他国家来到本地从事主持工作的人，通常具备国际化视野和跨文化交流能力。

2. 直播节目主持人的风格定位

直播节目主持人的风格定位应该与节目的定位和风格相符，能够突出节目的特点和亮点，同时也要符合主持人的个人形象和特点。

（1）端庄大气型

这种类型的主持人通常以气质优雅、仪态端庄、语言准确为主要特点，适合主持新闻、时政等比较正式的节目。

（2）亲和力强型

这种类型的主持人通常以平易近人、善于沟通、反应敏捷为主要特点，适合主持访谈、生活服务类等互动性比较强的节目。

（3）幽默风趣型

这种类型的主持人通常以幽默诙谐、机智灵活为主要特点，适合主持娱乐、综艺类等让人轻松愉快的节目。

（4）知性优雅型

这种类型的主持人通常以知识渊博、思维敏捷、语言优美为主要特点，适合主持文化、教育类等需要较高文化素养的节目。

（5）热情阳光型

这种类型的主持人通常以热情洋溢、充满活力为主要特点，适合主持体育、旅游类等需要时刻保持活力和热情的节目。

需要注意的是，直播节目主持人的风格定位并不是一成不变的，可以根据节目的需要和个人发展进行适当的调整和创新。

5.4.2 直播节目主持人的专业要求

直播节目主持人需要达到多方面的专业要求，具体如下。

1. 语言表达方面的专业要求

直播节目主持人在语言表达方面需要具备多方面的专业素质和能力，包括会说清晰标准的普通话，具备灵活多变的表达技巧，注重语言的质量和美感，等等。直播节目主持人达到这些要求是保证直播节目顺利进行的基础，也是提升节目质量和观众体验的关键。

首先，直播节目主持人应会说规范、标准的普通话，这是主持工作中最基本的语言要求；同时，圆润的嗓音也是表达流畅、自然的基础条件。

其次，灵活多变的表达技巧是直播节目主持人必备的素质。直播节目主持人需要根据节目的不同类型和风格调整自己的语言风格和表达方式，例如，在轻松愉悦的节目中需要表现出活泼、风趣的一面，而在严肃、正式的节目中则需要展现出稳重、专业的形象。

最后，在语言表达方面，直播节目主持人还需要注重语言的质量和美感。直播节目主持人的语言应该简洁明了、准确生动，能够吸引观众的注意力并传达出节目的主题和价值。同时，直播节目主持人的语速、语调和节奏也应该与节目的风格和进程相符，营造出良好的视听效果。

2. 形象气质方面的专业要求

直播节目主持人的形象气质不仅关乎个人魅力，还直接影响观众对直播节目的认知和评价。因此，直播节目主持人需要注重自身形象气质的塑造和维护，在形象气质方面要达到健康、自信、亲和、有感染力、专业、严谨等要求。达到这些要求能够帮助直播节目主持人塑造良好的形象气质，提升节目的质量和观众的体验。

首先，直播节目主持人需要具备健康、自信、积极向上的形象。在主持过程中，直播节目主持人需要保持良好的身体状态和精神状态，展现出健康、自信的形象。同时，直播节目主持人还需要具备积极向上的心态，要传递正能量和积极信息，从而影响和感染观众。

其次，直播节目主持人需要具备亲和力、感染力和魅力。在主持过程中，直播节目主持人需要与观众建立良好的互动关系，展现出亲切、友善的形象。同时，直播节目主持人还需要具备感染力，能够通过自己的言谈举止带动观众的情绪并营造良好氛围。魅力则是指直播节目主持人的个性魅力，包括幽默、机智等，能够吸引观众的注意力和增强观众的兴趣。

再次，直播节目主持人还需要具备专业、严谨的形象。作为媒体工作者，直播节目主持人需要具备扎实的专业知识和技能，能够准确、客观地传达信息。同时，在主持过程中，直播节目主持人需要注意言辞的准确性和表达的清晰度，展现出严谨、专业的形象。

最后，直播节目主持人需要注重自身形象气质的塑造和维护。这包括注意穿着打扮、言谈举止、仪态等方面的细节，以及通过不断学习和实践提升自己的专业素养和形象气质。同时，直播节目主持人还需要注重维护良好的个人形象和声誉，避免不良行为和言论对自身形象造成的负面影响。

3．主持技巧方面的专业要求

主持技巧包括情绪控制、互动交流、快速反应等，是直播节目主持人能够准确、流畅、自然地传达信息、引导节目进程的关键。这些要求能够帮助直播节目主持人更好地掌控节目进程，与观众建立良好的互动关系，提升节目的质量和观众的体验。

首先，直播节目主持人需要具备情绪控制能力。在主持过程中，直播节目主持人需要保持稳定的情绪状态，不出现过于激动、紧张等情况。同时，直播节目主持人还需要根据节目的氛围和情境适时地调节自己的情绪，带动观众的情绪。

其次，直播节目主持人需要具备互动交流能力。直播节目主持人需要与观众建立良好的互动关系，通过提问、回答等方式与观众进行交流。同时，直播节目主持人还需要掌握一定的沟通技巧，能够有效地倾听观众的意见和建议，并且给予积极的回应和反馈。

再次，直播节目主持人还需要具备快速反应能力。在主持过程中，有时候会出现意外情况或者突发状况，如嘉宾失误、技术故障等，因此直播节目主持人需要具备快速反应能力，能够及时处理问题、化解危机。这需要直播节目主持人具备丰富的经验和应对策略，以及灵活的思维和敏锐的观察力。

最后，直播节目主持人需要注重主持技巧的不断提升和完善。通过不断学习和实践，直播节目主持人可以逐渐提升自己的专业素养和主持技巧，不断改进自己的不足之处，提升节目的质量和观众的体验。

4．文化素养方面的专业要求

作为一名直播节目主持人，不仅需要具备扎实的专业知识和技能，还需要拥有广泛的文化知识和深厚的文化底蕴，深入理解节目主题，掌握相关领域的知识和动态，在文化素养方面具备丰富的知识储备、文化敏感性和文化意识、跨文化交流能力，以及注重自身的文化素养和形象。达到这些要求能够帮助直播节目主持人更好地理解节目内容，与观众进行有意义的交流和互动，并提升节目的质量和观众的体验。

首先，直播节目主持人需要具备丰富的知识储备，包括历史、文学、艺术、科技等多个领域的知识。这些知识能够帮助直播节目主持人更好地理解节目内容，深入挖掘主题，为观众提供更加丰富、有深度的信息。同时，直播节目主持人还需要不断更新自己的知识储备，保持对时事和社会热点的关注，以便在主持过程中能够与观众进行有意义的交流和互动。

其次，直播节目主持人需要具备文化敏感性和文化意识。在主持过程中，直播节目主持人需要注意尊重不同文化背景的嘉宾和观众，避免文化冲突和误解。同时，在涉及文化内容的介绍和解读时，直播节目主持人需要保持客观、准确的态度，避免误导观众或造成不必要的争议。

再次，直播节目主持人需要具备一定的跨文化交流能力。随着全球化的发展，越来越多的直播节目涉及国际交流和跨文化对话。直播节目主持人需要了解不同国家和地区的文化特点、语言习惯等，以便在主持过程中更好地与国际嘉宾和观众进行交流和互动。

最后，直播节目主持人需要注重自身的文化素养和形象。在主持过程中，直播节目主持人需要注意言谈举止得体和礼貌，保持对观众的尊重和关注。同时，在个人形象方面，直播节目主持人需要与节目风格和主题相符，展现出良好的职业素养和文化底蕴。

5．政治素养方面的专业要求

作为公众人物，直播节目主持人不仅需要具备扎实的专业知识和技能，还需要具备正确的政治立场和信仰、政治敏感度和判断力、相关政治知识和理论。这些内容能够帮助直播节目主持人更好地把握正确的舆论导向、传递正能量，并提升节目的质量和观众的体验。

首先，直播节目主持人需要具备正确的政治立场和信仰。作为媒体工作者，直播节目主持人需要坚持社会主义核心价值观，积极传递正能量，维护社会稳定和民族团结。在涉及政治敏感话题的主持中，直播节目主持人需要保持客观、中立的态度，不发表违法违规的言论。

其次，直播节目主持人需要具备政治敏感度和判断力。在主持过程中，直播节目主持人需要时刻保持清醒的头脑，对涉及政治敏感的话题进行准确的判断和分析。对于一些模糊不清或存在争议的话题，直播节目主持人需要谨慎处理，避免误导观众或造成不必要的负面影响。

最后，直播节目主持人还需要了解和掌握相关政治知识和理论。对于国家的大政方针、政策法规等，直播节目主持人需要有一定的了解和认识，以便在主持过程中能够正确地解读和传递相关信息。同时，直播节目主持人还需要关注国际政治形势和动态，以便在国际交流和跨文化对话中准确地传达我国的政治立场和观点。

5.4.3 直播节目主持人的专业训练

在直播节目的繁荣发展中，直播节目主持人作为直播节目的灵魂与核心，其专业素养和综合能力的高低直接关系到节目的质量和观众的满意度。因此，对直播节目主持人进行专业训练显得尤为重要。这不仅仅是一项技能的提升，更是一个综合素质的打造过程。直播节目主持人需要具备出色的语言表达能力、灵活的应变能力、丰富的知识储备以及良好的心理素质。通过系统的培训和实践锻炼，我们可以培养出一批既具备专业素养又充满个人魅力的直播节目主持人，为观众带来高质量的节目体验。

一名直播节目主持人需要经过专业的训练和培养，需要注重多方面的素质和能力。通过语言表达、形象塑造、主持技巧、心理素质等方面的专业训练和培养，以及专业知识的学习，直播节目主持人可以不断提高自己的专业水平，变得更加优秀。

1．语言表达训练

语言表达是直播节目主持人的基本功，语言表达能力需要通过专业的训练来提高，训练方法包括朗读、演讲、辩论等。此外，直播节目主持人还需要注重语音、语调和语速的训练，以更自然、流畅地表达。

2．形象塑造训练

直播节目主持人的形象对于节目的影响非常大，因此直播节目主持人需要进行专业的形象塑造训练。训练方法包括礼仪训练、造型设计训练、舞台走姿训练等，这能够让直播节目主持人展现出优雅、得体、符合节目风格的形象。

3．主持技巧训练

主持技巧是直播节目主持人在实践中逐渐积累的，直播节目主持人需要接受专业的训练和指导。训练方法包括模拟直播、实况转播等，这能够让直播节目主持人掌握各种主持技巧，包括如何与嘉宾互动、如何应对突发情况、如何调动现场气氛等。

4．心理素质培养

直播节目主持是一项易使人高度紧张的工作，需要直播节目主持人具备稳定的心态和较强的心理素质。心理素质培养方法包括进行心理疏导、模拟直播等，这能够让直播节目主持人逐渐适应并克服紧张情绪，保持冷静、自信的状态。

5．专业知识学习

直播节目主持人不仅需要具备丰富的专业知识，包括政治、经济、文化等方面的知识，还需要不断学习新知识，扩充自己的知识储备，以便更好地理解和呈现节目内容。

【课后实训】

1. 播读下列短消息[①]。

实例 1

澳大利亚悉尼市数万户商家和居民在 2007 年 3 月 31 日晚 7 时 30 分（北京时间 17 时 30 分）集体断电一小时，以引起人们对温室气体排放导致全球变暖问题的关注。天黑之后，悉尼歌剧院等标志性建筑纷纷熄灯。

这一活动名为“地球时间”，由世界自然保护基金和澳大利亚发行量最大的报纸之一的《悉尼先驱晨报》联合发起。大约2000 家企业和 53 万户居民报名参加了“地球时间”活动，自觉断电一小时。除标志性建筑，悉尼城区许多高楼也纷纷熄灯，整个城市变黑了不少。不过路灯和紧急照明装置没有熄灭，港口的照明也一切如常。“熄灯”对悉尼人的生活并无太大影响。

除此之外，还有人利用全城不少地方熄灯的便利观看星空。几百个市民提前预约，在熄灯期间前往悉尼天文台，利用这一小时更好地观看星空。悉尼天文台负责人说，很多市民都为有在黑暗中观察地平线的机会感到激动。

实例 2

所罗门群岛 2010 年 4 月 2 日发生里氏 8 级地震，强烈地震在引发海啸造成人员伤亡的同时，将当地一座名为拉农加的岛屿突然“拔高”了约 3 米。岛屿周围的珊瑚礁受此影响露出海面，附近的海洋生态系统遭到严重破坏。

岛屿上升使岛屿周围的珊瑚礁暴露在空气中，大量珊瑚虫以及搁浅在珊瑚礁上的海洋生物死亡，弥漫出一股难闻的腐烂气味。

① 这部分短消息皆为经典练习题，仅用于本书的课后实训练习，模拟真实的播读场景。

村民哈里松·加戈边做手势边说，地震造成的裂缝甚至将整座岛屿一分为二，部分裂缝有 50 厘米宽。

在拉农加岛北部，当地村民在海岸上发现了一艘沉船，那是二战时期沉没的一艘巡逻艇。当地渔民凯加拉下海探视了新的海底景象，发现了一道与海岸线平行延伸的裂缝，长度至少有 500 米。

凯加拉说，当地村民认为岛屿上升是因为海平面降了下去，担心海啸可能再次袭来，因此大多数居民拒绝从高地搬回原来的住处。

“噪声相当大，”凯加拉描述岛屿上升时的情景，“水退了下去，然后没有再升上来。”他还指出水位下降和地震是同时发生的。

拉农加岛是世界知名的旅游潜水胜地之一。这次地震给当地的旅游业造成了“灾难性”的后果，严重破坏了海底珊瑚礁景观。

在所罗门群岛西部省首府吉佐岛从事潜水业的丹尼·肯尼迪说，地震破坏了大量珊瑚礁，对潜水爱好者而言，这个曾经闻名于世的潜水胜地不再具有吸引力。

除了旅游业受到影响，当地以捕鱼为生的渔民也受到严重影响。

实例 3

“我没有资格回答这个问题。”上周六下午，诺贝尔物理学奖得主丁肇中同几十家媒体记者见面。对于自己不清楚的领域，他用这句话做了回答。

“我始终认为，在一个领域的成功，不能代表对所有领域都了解。”丁教授进一步解释道，“在我的实验室，我要求跟随我做实验的百余名各国科学家都能做到不随便回答自己不了解的问题。”

实例 4

据《纽约时报》北京时间今晨报道，欧洲天文学家宣布，他们首次在太阳系之外发现了一颗可能适合人类居住的行星，在这颗行星上可能存在海洋和生命。

据悉，这颗行星质量约为地球的 5 倍，距离地球 20 光年，围绕一颗名为“格利泽 581”的红矮星运转，因此被命名为“格利泽 581c”。到目前为止，在已经发现的约200 颗太阳系以外的行星中，格利泽 581c 是最小的一颗。

此外，它的运转轨道处于“可居住区”之内，如果其他条件合适，其上就有可能存在地表水和生命。

格利泽 581c 由一个 11 名欧洲天文学家组成的小组发现，目前该小组已经撰写了相关论文，并提交给《天文和天体物理学》杂志。

不过，日内瓦天文台的天文学家、该论文主要作者斯蒂芬妮·尤德里表示，现在还无法得出格利泽 581c 存在液态水的结论。

麻省理工学院的行星专家萨拉·西格表示：“如果格利泽 581c 的大气层比金星还要厚，液态水将由于温度过高而无法存在。”

两年前，天文学家在“格利泽 581 系”发现了一颗海王星大小的行星。在此之后，天文学家又在“格利泽581 系”发现了一颗有地球 8 倍大小的疑似行星。新的可能适合人类居住的行星的发现，意味着格利泽 581c 将成为人类未来太空航行的首选目标。

实例 5

昨天，在伦敦马拉松赛中，中国选手周春秀以 2 小时 20 分 38 秒的优异成绩夺得女子组冠军，这一成绩排名今年世界第一，同时这也是中国选手首次在伦敦马拉松赛中折桂。

伦敦马拉松赛是世界最著名的马拉松赛之一，它与芝加哥马拉松赛、纽约马拉松赛、波士顿马拉松赛并称为世界四大马拉松赛。尽管是首次亮相伦敦马拉松赛，但是周春秀从比赛一开始就展示出了良好的竞技状态。在比赛还剩3千米的时候，周春秀展示出了良好的冲刺能力，从大部队中脱颖而出，并将领先优势保持到了最后，最终以2小时20分38秒、领先第二名选手1分多钟的成绩冲过终点。女子组的亚军被埃塞俄比亚名将、去年柏林马拉松赛冠军瓦米夺得，她的成绩是2小时21分45秒。

现年29岁的周春秀来自江苏，在去年的首尔马拉松赛上，周春秀以2小时19分51秒的成绩获得了冠军，而且创造了当年第二个世界最好成绩，成为田径历史上第七个突破2小时20分大关的女运动员。另外，周春秀还创造了1年内4次跑出2小时30分以内的纪录。在去年的多哈亚运会上，周春秀获得了冠军，而这次在伦敦马拉松赛事上成功折桂，也再次证明了周春秀具备强大的实力，有望在奥运会上成为中国田径队的又一名夺金选手。

男子组冠军最终被肯尼亚的名将利尔获得，他最终的成绩是2小时7分41秒。

2. 朗读散文《垂柳——春的使者》(节选，部分有改动)。

人们在冬的寒意尚未消失前，就在寻找春的足迹了。宋代诗人曾这样吟诵道："终日寻春入醉乡，不知何处见春光？风条舞绿水杨柳，雨点飞红山海棠。"春是希望的象征，春是收获的渴望。唐代诗人杜甫曾咏道："侵陵雪色还萱草，漏泄春光有柳条。"

没错，在北方的广大地区，感受春意最早的乔木当属垂柳。不信你看，在那"侵陵雪色还萱草"之际，首先将春光"泄露"人间的，不正是暗暗泛青的柳芽？你再看，大多数树木还在沉睡乍醒时，垂柳已将粒粒柳芽抽成万缕烟丝。它那轻盈婆娑的树姿，那迎风摇曳的枝条，那青翠欲滴的细叶，不仅为绽苞吐蕊的桃杏增艳添丽，还给人以意态欣欣的青春气息。

柳树不仅是最早的报春使者，还是经济价值较高的树木。

柳树枝干坚韧，耐水湿，不怕风吹浪打，即使被洪水淹没树顶数月，也能安然无恙，是一种十分理想的防浪护岸的树种。

柳树木质轻柔，色泽褐红，纹理顺直，是农具、家具和农家小型建筑的优良用材。柳树还有其他用途。它的枝条虽然纤细，但很有韧性。在农村老人或妇女手中，柳条又会变出柳篮、柳盔、柳箱、簸箕、抬筐等日用工艺品。

柳芽、柳絮、柳叶、柳根和柳皮的用途也很广泛。柳芽含有丰富的蛋白质，可凉拌、炒食、做汤、做馅，也可泡茶。我小的时候，一到春天就经常跑到河套岸边，去捋嫩嫩的柳芽，回来让母亲用开水焯一遍，做凉拌菜吃，很是香甜。柳芽茶色如碧泉，饮之清香。

柳树喜潮湿环境，适应力强。在我国的大江南北，无论是塘边河岸，还是丘陵山地，柳枝一经扦插，都能扎根生长。在一般情况下，用不了十几年工夫，柳苗就能长成十几米高的浓荫大树。所以，人们常说"无心插柳柳成荫"。倘若有意栽培它，那它生长更快，报效于人的也就更多。

3. 做不少于3分钟的主题为"修身·成才·报国"的演讲。

4. 分组进行辩论，并现场直播。

A组

➢正方：应当鼓励"新新人类"作家

➢反方：应当批判"新新人类"作家

B组

➢正方：在人生的道路上，机遇更重要

➢反方：在人生的道路上，奋斗更重要

C 组

➢正方：在校大学生创业利大于弊

➢反方：在校大学生创业弊大于利

D 组

➢正方：文才比口才更重要

➢反方：口才比文才更重要

5. 选择自己喜欢的一场体育赛事进行复述转播。

6. 选择自己喜欢的一场电竞赛事进行复述转播。

7. 做一次主题为“感悟经典，品鉴人生”的模拟直播，按准备要求设计直播间，准备直播设备。

第 6 章　直播节目的主持策略与技巧

知识目标

1. 了解知识类直播节目的相关内容。
2. 了解幽默类直播节目的相关内容。
3. 了解少儿类直播节目的相关内容。
4. 了解文化类直播节目的相关内容。
5. 了解旅游类直播节目的相关内容。
6. 了解运动类直播节目的相关内容。

能力目标

1. 掌握直播节目主持的基本技巧，了解不同类型直播节目的主持策略。

2. 强化语言表达技巧，培养清晰、流畅、有吸引力的口头表达能力，包括即兴发言、情感调动和与观众沟通等能力。

3. 掌握直播软件和设备的使用方法，包括直播设备设置、直播流程管理和技术问题的快速应对。

4. 具备内容策划与创新能力，能够独立策划直播内容，包括主题选定、节目结构设计、互动环节安排以及内容创新。

5. 学习数据分析技能，能够利用直播平台提供的数据分析工具对观众行为进行分析，优化直播策略和内容。

素质目标

1. 培养良好的职业素养，树立对直播工作的责任感和敬业态度，确保直播内容的专业性和权威性。

2. 强化团队协作意识，在直播准备和执行过程中，与团队成员有效沟通，共同解决问题，提升团队合作效率。

3. 增强应变抗压能力，在直播过程中保持积极的情绪状态，有效管理个人情绪，以积极的态度影响和带动观众。

4. 提升持续学习能力，面对新媒体技术的快速发展，保持学习的热情和好奇心，不断增加自己的知识和技能。

直播节目是以“互联网+”为基础构成的直播生态系统，呈现出专业化、多元化的特征。近年来，直播节目在内容上守正，在形式上创新，进一步推动了我国数字经济的发展。直播行业已经形成了一个多元化的复杂体系，其核心职能是搭建内容创作者与观众之间的沟通桥梁。直播平台不断地吸引着越来越多的创作者加入并生产高品质的节目内容。

以前，直播行业乱象层出不穷，但现在有了丰富、多元的内容作为支撑，这让直播平台开始重新定义直播，撕掉过去的标签，重新找到与观众、生态的连接点。这不仅是直播平台具有活力和吸引力的重要体现，也是直播平台拥有文化自信的表现。如今，社会呈现出全民直播的态势，各大直播平台积极推动“直播+”布局，使直播与电竞、综艺、文化、旅游、教育等产业相结合，通过打造形式愈加丰富、内容更加多样的直播节目，构建多元化、差异化、高品质的直播生态体系。

随着网络直播渗透率的不断提升，观众逐渐养成了观看网络直播的习惯。2024 年，中国演出行业协会发布的《中国网络表演（直播与短视频）行业发展报告（2023—2024）》数据显示，2023 年中国网络表演（直播）行业市场营收规模达 2095 亿元，较 2022 年增长 5.15%。

直播带货站在风口上，以网络作为载体推动消费，在扩大内需方面发挥了积极的作用。淘宝直播、快手、抖音、微博、京东直播、小红书在平台属性、流量来源、带货商品属性、带货模式等方面具有明显差异，如表 6-1 所示。

表 6-1　不同直播平台对比

平台	平台属性	流量来源	带货商品属性	带货模式
淘宝直播	电商	公域流量 内容矩阵	全品类	商家自播 达人导购
快手	社交+内容	公域流量	低价商品	达人直播 打榜“PK”
抖音	社交+内容	公域流量	日用百货 服装等	直播带货 “种草”转化
微博	社交+内容	公域流量	日用百货 服装配饰	话题热搜 名人背书
京东直播	电商	公域流量	全品类	商家自播
小红书	“种草”基地	公域与私域并存	美妆类 潮流品牌	“种草”内容 直播笔记

6.1　知识类直播节目

6.1.1　知识类直播节目简介

知识类直播节目（以下正文中简称知识类直播）注重传播知识，提升观众的文化品位，兼具娱乐属性和文化属性，能使观众得到娱乐性和知识性的双重满足。知识类直播涵盖诗词、文物、戏曲、民歌等内容，可传承优秀文化、丰富国民精神生活。

根据《2023 抖音读书生态数据报告》，抖音知识类直播呈增长态势。截至 2023 年 2 月，入驻抖音的出版社超 300 家，共有 10 位茅盾文学奖获奖作家入驻抖音，诺贝尔奖得主、院士、教授等都纷纷成为抖音用户的老师，还有超 1500 位图书作者在抖音分享读书心得。此外，《2023 抖音读书生态数据报告》还呈现了不同年龄和地域的用户对读书视频的偏好。其中，“00 后”偏爱文学、科普和艺术类读书视频，“90 后”偏爱情感心理和科普类读书视频，“80 后”和“70 后”则分别偏爱商业财经和诗词类读书视频。此外，北京用户偏爱哲学、艺术类读书视频，上海用户偏爱商业财经类读书视频，陕西、河南、贵州用户则分别偏爱历史、文学、科普类读书视频。相比图文、音频形式，直播讲书更加直观且互动性更强，达人的推荐、讲解，普通用户的读书心得分享，都成为网友选书、购书的重要参考。

知识类直播将商业行为与文化结合在一起，使直播具备一定的文化内涵和情感色彩。随着现代社会的高速发展，人们越来越重视精神需求的满足。知识类直播恰恰激发了用户的消费心理，如知识获取、审美欣赏、情感满足、怀旧等，完善了知识生态。这些带有文化内涵特征的直播获得了较好的传播效果，让直播从“文化自觉”走向“文化自信”乃至“文化自强”。未来，知识类直播还将肩负更重大的传播使命。

6.1.2 知识类直播节目主持策略

知识类直播包罗万象，涉及社会历史、人文地理、民俗风情等内容。主持人如果没有渊博的知识，很难主持好知识类直播。

因此，主持人要由内而外地进行提升，从地方文化宝库中汲取营养，陶冶情操，引发思考，收获成长。主持人还要静得下心，稳得住神，抵御社会上的各种诱惑，持之以恒，日积月累，这样才能提升素质和修养。主持人只有具备扎实的专业基础和深厚的文化底蕴，才能主持好具有引领性的知识类直播。

知识类直播主持策略具体包含以下 3 个方面，分别是身份定位、主持风格、内容策略。

1．身份定位

主持人进入知识类直播的赛道后，须突破传统主持壁垒，对主持人的身份定位进行创新设计。在知识类直播中，主持人扮演的角色通常有 3 种：一是话题的发起者，二是知识类直播的参与者，三是知识类直播节奏的推动者。这 3 种角色不是单独存在的，而是彼此深度融合的，在跳进跳出中实现相互转换。在直播过程中，随着节目内容的变化，主持人的传播场域也会发生动态性的转变。

知识类直播要注重打造体验式传播的效果。主持人需发挥主观能动性，先对知识类直播中涉及的知识内容进行学习，通过认知与情感判断产生相应的感受，再将这种深度体验的感受传达给观众，从而进行体验式传播，最终实现与观众的情感共鸣。

知识类直播主持人是一个“杂家”，既要自己懂，又要能给观众做深入浅出的分析解释。主持人自身知识的积累程度决定着节目的层次，主持人品位的高低决定着节目的质量。因此，主持人需具备富有个性的谈吐、渊博的学识，同时进行生动传神的表演，这样才能够让节目变得更加鲜活，进而增强节目的可看性，引起观众的观看兴趣，最终使节目获得更多观众的青睐。

2．主持风格

知识类直播主持人需注意以下 3 点，分别是副语言的使用、语言风格的运用，以及个性魅力的凸显。

首先，主持人需注意副语言的使用。主持人应仪态端庄从容，举止优雅得体，从容淡定，给人一种闲庭信步之感，让观众觉得如沐春风，进而沉醉其中，被知识内容所吸引。

其次，主持人要以口语化、平实化的语言风格进行表达。主持人在直播时应语调自然，不要拿腔拿调，避免使用播音腔、朗诵腔。主持人要让自己的角色贴近生活，这样才能与观众形成良好的沟通关系。此外，主持人在语言表达方面还需注意理性与感性的融合；不要见字读字，也不要让声音脱离画面，可采用情景再现的方式进行深入浅出的讲解；语速缓慢，语气悠远绵长，语言具有文化韵味；以观众的视角切入，展现人性关怀，既能呈现阳春白雪，又能呈现下里巴人，达到雅俗共赏的传播效果。

最后，主持人需凸显自身独一无二的个性魅力。在直播过程中，主持人只进行稳定准确的规范式表达会缺少吸引力，难以调动观众的情绪。如果语言样态缺少变化，就会产生个性单一、风格固化等问题。因此，主持人要真情流露，凸显个性魅力，将观众带入节目。

3．内容策略

在知识类直播开播前，主持人需对节目内容进行拆解。拆解节目是先对节目中的精华内容提炼总结，再进行阐述。

首先，知识类直播的引入部分不宜太长，但一定要有吸引力。不同的知识类直播要营造出不同的氛围，大多可采用营造危机感、动力感、收获感的方法。如果书中所讲述的问题具有普适性，这时主持人就可以营造危机感。例如主持人可以说："在日常生活中，很多人都会遇到……但这样的问题究竟应该如何解决呢？"此时，观众就会产生共鸣，有继续听下去的欲望。主持人深度解读后，再鼓舞观众，就能让观众以满满的动力重新投入生活和工作中。

其次，观众最需要的是收获感，其想要收获各种领域的知识，例如掌握在事业上如何升职加薪、怎么培养情感、怎么健康运动、如何高情商沟通、如何赚钱理财等知识。主持人需设定好自己的身份。主持人不是一个将文字转化成声音的机器，而是要化身学者，自信地侃侃而谈。

最后，既要归纳总结节目的观点，又要表达自己的心得体会。主持人可将节目内容和自己的生活实际相结合，并给出自己的思考和建议。

6.1.3　知识类直播节目主持技巧

知识类直播旨在通过直播的形式分享知识和技能。与其他类型的直播相比，知识类直播对主持人的专业素养和知识储备提出了更高的要求。因此，做好充分的准备工作至关重要。主持人需要对当期话题进行深入的了解和研究，确保所分享的信息不仅准确无误，还要具有深度；在直播结构的设计上要清晰且具有逻辑。一个好的直播节目在开场时要引人入胜，引起观众的好奇心，将观众快速带入直播氛围；在中段要内容丰富饱满；在结尾应有总结性的观点，帮助观众回顾和巩固所学内容。

在直播过程中，与观众的互动是不可或缺的重要一环。主持人可以通过提问、引导投票等方式鼓励观众参与讨论。主持人也可鼓励观众留下反馈和建议，以便不断优化直播内容和形式。简言之，主持人要对观众的反馈和评论给予及时的回应，增强直播的互动性，让观众感到自己的观点被主持人看到并重视。

在语言表达方面，主持人的语速要适中、语言要简洁明了，避免使用过于专业的术语，以确保观众能够轻松理解。同时，主持人也可通过调整语调、节奏和音量来传达情感，使内容更具感染力和吸引力。在直播过程中，主持人也可适时运用一些肢体语言来增强知识的传播效果。

对于知识类直播而言，主持人要具有持续的学习能力和自我提升的意识。随着新知识和信息的不断涌现，主持人也要不断更新自己的知识库，提升表达和沟通技巧，以保证知识类直播的内容具有前沿性和吸引力。

案例分析

以“鹤老师”的知识直播为例

“鹤老师”在抖音平台拥有数量庞大的粉丝群体。其直播内容丰富有趣，凭借独特且新锐的视角对各种事件进行深入浅出的讲解，致力于为广大观众呈现实用的知识。“鹤老师”在某次直播中讲解宏观经济调控时，结合当时央行降息这一热点事件，剖析了央行降息对市场资金流动、企业融资成本及个人消费信贷等方面的影响。他通过这种紧密联系实际的讲解方式，让原本复杂抽象的经济概念变得清晰易懂，使观众能够轻松理解和接受。

“鹤老师”在直播中也展现出了诸多出色的技巧。他善于运用生动有趣的案例来阐释抽象的知识。例如，在讲解投资相关内容时，将投资比作航海冒险，把不同的投资产品比作不同的船只，而面临的风险和收益则如同海上的风浪与宝藏。这种形象的比喻极大地降低了观众的理解门槛，增加了学习的趣味性。

此外，“鹤老师”还非常注重与观众的互动。他积极解答观众的疑问，还会根据观众的提问进一步展开讨论。当有观众问到关于通货膨胀对个人理财的影响时，“鹤老师”不仅详细解答，还由此展开延伸，与观众共同探讨在通货膨胀背景下的多种理财策略，营造出了良好的学习交流氛围。

“鹤老师”具有显著的代表性。在知识传播与普及方面，其表现堪称卓越。他让众多原本对经济知识感到陌生和困惑的人逐渐了解经济运行的规律和原理，大大提升了观众的经济素养，对经济知识的广泛推广发挥了积极且重要的作用。在内容创新与价值方面，他的直播内容始终紧跟时代热点和经济发展的趋势，不断挖掘出新颖的经济话题和独到的观点。为观众持续提供有价值的经济知识，充分满足了观众对经济知识的强烈求知欲。在粉丝经济与影响力方面，凭借庞大的粉丝基数和强大的影响力，“鹤老师”已成为知识类直播领域的标志性人物。“鹤老师”的成功范例有力地推动了知识类直播的商业价值变现和社会影响力提升。

6.2 幽默类直播节目

6.2.1 幽默类直播节目简介

“幽默”一词最早是由英文单词 humor 音译过来的。所谓幽默，就是衡量说话者本身是否具备将事件通过轻松的方式传递给受众的标准，它能体现说话者对思路的把控和对语言的运用能力，同时也能从侧面反映出说话者的思辨能力。

幽默是人类特有的，是智慧灵光的闪现。幽默可能发生在社会生活中的每一个层面、任何一个角落。幽默是一种不拘性别、不拘年龄、不拘社会地位的普遍语言。幽默也可以折射出一个人乃至一个民族、一个国家的文明程度。

近年来，幽默类直播节目（以下正文中简称幽默类直播）以其轻松愉快的特点越来越受欢迎。幽默类直播的成功在很大限度上依赖于主持人（本节的主持人指幽默类直播节目主持人）的个性魅力，营造轻松氛围是幽默类直播的关键。主持人可以采用个性化的元素彰显自身的幽默感，如独特的笑声、易引人发笑的口头禅、有趣的段子等。幽默元素可以来自对日常生活的有趣观察、对时事的巧妙评论，或者是对直播过程中突发情况的机智应对。

此外，肢体语言也是幽默类直播中的重要元素。主持人可以通过夸张的表情和动作来增强喜剧效果。互动游戏也是幽默类直播中常用的调动观众参与积极性的方式。主持人可以设计有趣的游戏环节、在游戏中设置笑料等。

幽默的语言是幽默类直播的灵魂。主持人需要善于运用双关、夸张等修辞手法和谐音，结合直播内容巧妙地进行即兴创作，并注意语速和语调的变化，增强语言的表现力。主持人应该学会从日常生活中汲取灵感，将日常生活元素融入直播内容，为观众带来欢笑。

幽默的主持人受欢迎程度比较高，符合广大观众希望通过节目摆脱繁重生活压力的心理诉求。主持人一旦具备幽默的意识，掌握运用幽默的原则，拥有释放幽默的能力，那么在节目中必然可以妙语连珠，给观众带来快乐。

6.2.2 幽默类直播节目主持策略

幽默方式多种多样，因人而异，不同的幽默方式会带来不同的节目效果。幽默的主持不仅能给观众带来喜悦和欢乐，还能让观众在欢声笑语中进行思考，感悟进取和向上的力量。在幽默类直播中，主持人需要注意语言丰富多变、表达富有感染力、内容具有沉淀感、肢体语言有多变感，从而给观众营造一种身临其境、轻松愉快的氛围。

主持人需使用口语化、生活化的语言，切忌使用播音腔和朗诵腔，否则会让观众产生距离感。主持人需卸下标签，寻找生活中与人交流的真实状态，认真思考交流对象的特点，在熟悉文稿的基础上即兴发挥。幽默类直播的话题通常有 3 种，即日常生活话题、学习工作话题、情感类话题。在主持过程中，主持人可以模拟不同场景下的对话方式，以调节节目氛围，增强节目的娱乐性和趣味性，使节目更易于让观众产生共鸣，有效拉近与观众之间的心理距离。

此外，主持人还要注意增强互动感。观众在观看节目时会通过发弹幕的形式进行互动，发表自身的感慨和想法。主持人不可忽视互动的作用，在互动时进行幽默地表达既能活跃气氛，又能很好地控制节奏。面对观众的留言，主持人既要认真听取、吸纳各种好的观点，又要巧妙地运用幽默的话语表露自己或同意或否定的态度。当主持人在直播中遇到意想不到的窘迫情况时，说一句幽默的玩笑话便可消除尴尬。幽默的语言可以使观众在笑声中评判是非。主持人在此基础上对所表达观点加以引申、提炼，可使观点形象化并变得意味深长，从而引发观众思考。

主持人需要提升语言修辞手法的运用技巧。“修”指修饰之意，“辞”指言辞。话有三说，巧说为妙，巧说就是指运用修辞手法技巧。语言修辞手法包括比喻、夸张、对比、设问、反语等，主持人运用这些修辞手法可以使语言幽默、生动、形象。

- 比喻就是打比方，是制造幽默语言的主要途径之一。主持人可抓住事物之间的相似性，用浅显、具体、生动的事物来代替抽象且难以理解的事物，即借助一个事物来说明另一个事物。这不仅可以把抽象的事物具体化，也可以将陌生的事物变得熟悉可感，从而让语言表达更加生动、形象，产生幽默风趣的表达效果。
- 夸张是在客观现实的基础上，充分运用个人想象力，有目的地放大或者缩小事物本身的形象特征，以增强表达效果的修辞手法。用夸张的语言形容事物，可以引起观众的注意和强烈共鸣，进而增强语言的感染力，产生幽默的效果。很多喜剧语言都采用了夸张的修辞手法。

- 对比就是借助事物之间的差异和矛盾，把相互对立的事物放在一起进行比较，让观众在比较中分清好坏、辨别是非。主持人巧用对比进行调侃，不仅可以打造鲜明突出的对比效果，也能让自己要表达的观点更加鲜明、更加突出。
- 设问是指无疑而问、自问自答，简单来讲就是明知故问，即故意提出问题，随后回答问题。主持人使用设问的方式能够引起观众的注意，启发观众思考、互动。在特定的语境中使用设问的修辞手法会产生幽默的效果。
- 反语是指反语性内在语，俗称说反话。根据对象和情感色彩的不同，反语往往可以分为讽刺反语和风趣反语。讽刺反语是以讽刺的形式直接表达内心深处的不满，风趣反语追求风趣、幽默、诙谐的表达效果。主持人可运用反语打造诙谐幽默的效果。运用反语时需注意的常见问题就是让人听不出这是反语。因此，主持人在运用反语时要注意两点：一是说话要刻意，二是在某些词的表达上可以采用格外夸张的重音进行强调。

6.2.3 幽默类直播节目主持技巧

在幽默类直播中，主持人应该使用生动、形象的语言，以及富有感染力的语调和节奏。同时，适当的夸张和模仿也是增加直播趣味性的有效手段。

首先，主持人可以采用双关语与有多重意义的“俏皮话”或谐音语，打造出意想不到的幽默效果，也可以采用夸张或反语等修辞手法另辟蹊径地表达独特的见解。

其次，主持人可以借助表演元素增强幽默感，如可通过夸张的表情和肢体动作进行表演，也可利用声音变化塑造角色或表达情感。

最后，主持人可以积极互动与即兴发挥，拉近与观众之间的距离。在直播过程中，主持人应随时捕捉现场的氛围和观众的反应，进行即兴的幽默表演。这需要主持人具备敏锐的观察力和快速反应的能力，能够在短时间内构思出幽默的桥段。

案例分析

以单立人喜剧、李波的中式单口直播为例

近年来，单口喜剧广受欢迎。不同于传统喜剧的起承转合，单口喜剧节奏快，只需短短几句话就能抖出一个包袱。单口喜剧还具有很强的逻辑性，能给观众带来思考。在此基础上，单口喜剧又具有较强的交互性。

美国的单口行业相对成熟，老牌节目《今夜秀》首播于 1954 年，此后逐渐形成规模，主要包括 4 个环节——单口表演、现场音乐表演、嘉宾访谈、与观众互动等。其话题内容广泛，涉及社会和生活的方方面面。

中式单口和西方单口有很大的差异。西方单口的话题和尺度在中国可能会让人产生不适感。中式单口的幽默是含蓄的、耐人寻味的，这是中国文化特有的魅力。因此，中式单口更具个性和娱乐性，更接地气，也更符合中国观众的文化娱乐需求。

我国单口喜剧尚未形成明确的发展模式，还在探索阶段。这主要有两方面原因：一是商业模式较为单一，二是人才储备不足。单立人喜剧抓住内容入口，培养喜剧人才。其表演类型主要分为开放麦、商演、个人专场、线上节目等。单立人喜剧对内容质量把关极为严格。演员创作好内容后，需要反复试演、打磨，在内容质量和表演水平均达标后，才能参加商演。达标的要求是每分钟至少包含 4 个笑点，并且内容时长至少要有

5～7 分钟。演员在积累到 60 分钟左右的笑点后，就达到了开设个人专场的水平。单立人喜剧利用高频次的现场演出让演员在实践中反复锻炼，培养了大批优秀演员。单立人喜剧获得了来自优酷的数千万元 A 轮融资，拓展了单口喜剧的商业业态。

随着线上直播的兴起，单口喜剧面临新机遇。但是线上直播平台用户的兴趣偏好和使用场景更加复杂，为单口喜剧的发展带来了一定挑战。除线上直播，单立人喜剧还将喜剧与其他产品形态相融合，创造额外收益。在音频节目领域，单立人喜剧和日谈公园推出了《日谈喜剧人》节目。众多网络平台、电视台、网综公司、影视公司也相继与单立人喜剧建立合作关系，在短视频节目、电影、短剧等方面展开合作。

除了单立人喜剧，李波的中式单口直播也有广泛的影响力。李波原为辽宁广播电视台（现为“辽宁广播电视集团”）主持人，曾参加过《演说家》《笑傲江湖》等诸多热门综艺节目。自 2013 年离开辽宁广播电视台后，李波凭借多年的喜剧创作经验和对文化市场的深入研究，创立了中式单口的新派别，在互联网平台收获千万粉丝，网民甚至称其为“中式单口女王”。“波波笑剧场”旗下小剧场数量众多，每年都会做百余场全国巡演，具有广泛的群众基础。

李波是旗袍的深度爱好者，经常穿着旗袍、撑着折扇站在舞台上演绎喜剧。粉丝会调侃她像海豹，甚至将她穿旗袍的样子做成表情包，但是她没有身材焦虑，在举手投足间引人发笑。作为喜剧工作者，除了应具有扎实的文化基础，还要在表达观点的同时彰显社会责任感。2023年，李波制作了全国首档喜剧竞技类直播综艺节目《东北新喜剧大赛》（见图 6-1），为喜剧人才的发展注入了新的活力。该节目在抖音全程直播，取得了积极的反响。

图 6-1 《东北新喜剧大赛》

6.3 少儿类直播节目

6.3.1 少儿类直播节目简介

在全媒体时代，少儿类直播节目应体现儿童性、互动性、主动性。少儿类直播节目的宗旨是服务少儿，因此少儿类直播节目要以少儿为本，致力于满足少儿的内在需求，如情感表达的需求、娱乐及学习知识的需求等，但是目前很多少儿类直播节目过于成人化。少儿类直播节目不应以成人的视角对少儿的诉求进行主观臆断，其内容应契合少儿的心理特性。每一个少儿都是一个独立存在的个体，有自己的思想，有自己对事物的看法。因此，不应当将成人的思维模式强加于少儿身上，更不能用成人的语言去讲述少儿间的情感。只有以少儿易于理解和接受的形式直播，才能真正有益于少儿的生理和心理健康。

少儿类直播节目（以下正文中简称少儿类直播）类型多元，有真人秀、少儿新闻、益智竞技、访谈等。少儿类直播需要采用丰富的表现形式，如先以游戏手段引入话题，再通过故事化、情节化的形式呈现内容，从而达到让少儿在轻松欢快的氛围中了解直播内容与增长见识的目的。

少儿类直播面向的对象是3～14岁的孩子。少儿类直播需要提高少儿的参与度，要鼓励少儿多想象、多思考、多表达，为节目制造更多亮点，维护和鼓励少儿的主动性和积极性。比如可以采用成人和少儿联合主持的方式，并选出少儿记者，让少儿记者采集自己身边的时事、趣闻。这可以通过视频、直播等多种形式进行记录，并通过微博、微信公众号等渠道进行传播。这不仅能丰富节目内容，还能与观众进行多元互动。

6.3.2 少儿类直播节目主持策略

随着媒介传播渠道更加多样，少儿看世界的途径也越来越多。在直播领域，赛道逐渐垂直化、精细化，少儿类直播也应运而生。少儿的思维具有跳跃性的特点。因此，少儿类直播主持人也要有跳跃性的思维，提高与少儿的互动能力，这样才能让少儿乐于接受节目内容。少儿类直播主持人不仅需要具备丰富的知识储备，更要有较深厚的专业素养、精准表达的能力、亲切沟通的能力、灵活应变的能力等。

近年来，少儿类直播主持人的形象逐渐转变，以前多为哥哥姐姐型，如“鞠萍姐姐”“月亮姐姐”“小鹿姐姐”等，后来出现了同龄型、卡通型、长辈型、老师型。时下，在“10后”中更是出现了“小孩哥”“小孩姐”等新颖的形象，他们通常掌握一项专业技能，在唱歌、舞蹈、厨艺、科技等领域都表现非凡，甚至让许多成人都自叹不如。除此之外，他们的知识面也非常广，不仅上知天文、下知地理，还拥有积极勇敢的人生态度。对于成人都琢磨不透的道理，“小孩哥”“小孩姐”却表现出超出年龄的豁达，看得更为透彻。这类新颖的称呼不是嘲讽，而是成人对于“10后”的一种打心底的认同。

少儿类直播主持人还需要注意副语言的使用。副语言主要包括面部表情和体态语言两方面。亲切的语言、丰富的表情以及手势的配合有助于展现主持人的情绪状态，让主持人的形象更加生动。面部表情是指通过眉毛、眼睛等的灵活运用来表达情感、传递思想。体态语言是指肢体动作及或站或坐的姿态。体态语言作为一种非语言手段，虽不及面部表情和目光的传情达意效果，但也不可忽视。主持人需保持端正的身姿，对副语言的使用具有一定的机动性。

少儿类直播主持人需要根据少儿的年龄进行风格定位，明确不同年龄的少儿的心理特点，适时调整语言表达方式。

1．3至6岁

3至6岁的少儿大多处于学前期。这个年龄段的少儿想象力较强，思维比较发散，常常会提出一些令人忍俊不禁、哭笑不得的问题。而且，这一阶段的少儿无法长时间集中注意力，有被关怀的需要。主持人要多采用富有亲和力的语言，以拉近与这一阶段的少儿之间的距离。

在内容的选择上，给3岁少儿讲的故事多以绘本类故事为主，给4至6岁少儿讲的故事以寓言类故事为主。在播读风格上也要有所区别。播读绘本类故事需要主持人把自己代入小朋友的角色中，化身为不同形象，注重对角色的演绎。播读寓言类故事时可采用父母给孩子讲故事的风格，生动形象地表达。主持人需要先备稿，了解故事，再富有趣味性地将故事讲述出来，注重用声音描述画面，让少儿感到身临其境。

主持人在播读时语言节奏要放慢，当遇到人名、地点、时间、动作、语气词等词时，可加重语气慢读，以进行强调，并注意感情色彩要浓厚。

主持人要把握好故事的情绪分配。在处理有关角色心情的词汇时，要赋予对应情绪，如伤心、兴奋等。具体而言，主持人可以对声音的四要素进行夸张式处理，如对音高、音强、音长和音色的变形有助于让角色语言更加生动形象。但是夸张要适度，不能脱离角色原型，也不能为了夸张而夸张，要以故事中角色的表情和动作为依据。

2．7至12岁

7至12岁的少儿属于学龄期。这个年龄段的少儿神经系统发育不断加强，语言表达也变得越来越丰富。随着求知欲的增强，这类少儿对事物开始有了自己的看法，更希望获得成人的认可，得到平等的对待。所以，主持人应将自己的角色定位为“朋友型”，这样更容易拉近自己与少儿之间的距离。主持人可以平等地跟少儿对话，为少儿答疑解惑，驱散他们在成长中产生的迷茫。在这种“参与式”的主持下，主持人能潜移默化地成为少儿的知心伙伴。同时，家长在观看节目时，也更能了解这个时期少儿的性格特点，从而引导少儿快乐成长。主持人带着少儿一起发现问题，解决问题，在玩中求知，于乐中明理，就是在对少儿进行一种号召式的、渗透式的教育。

3．13至14岁

13至14岁的少儿呈现出3个特点。

首先，知识储备更丰富，理解能力更强。直播也可以传播知识，因此主持人可采用老师授课式的语言风格。

其次，这个阶段的孩子对事物充满好奇，崇拜英雄，善于思考。

最后，他们对国学类、科幻类作品更感兴趣。所以，主持人要先根据直播内容确定基调、场景、目的，注重情感融入，多运用表情动作。

主持人还要注重讲述感，明确开端、发展、高潮、结局，营造环环紧扣的氛围，用声音表现画面，让观众更好地代入其中。

6.3.3 少儿类直播节目主持技巧

少儿类直播以少儿为目标受众，旨在为少儿提供寓教于乐的内容。少儿类直播主持是一项充满挑战与乐趣的工作。少儿类直播的主持人应该选择符合少儿理解水平的话题，用少儿易于理解的方式传达信息，以引起少儿的兴趣与好奇心。

此外，少儿的注意力容易分散，因此主持人需要使用生动有趣的语言来吸引少儿的注意力，及时调整直播节奏。主持人可采用讲故事、唱儿歌、玩游戏等方式，丰富直播内容，也可适当运用夸张、拟声、拟态等修辞手法，增强语言的表现力，还要注意语速和语调的变化，保持语言的抑扬顿挫。

案例分析

以抖音“护苗直播”专场系列活动和“云上过六一”系列节目为例

抖音“护苗直播”专场系列活动围绕青少年的安全防护、身心健康、文化审美等领域展开，形式包括直播公开课、音乐会等，旨在为青少年健康成长护航，营造良好的网络氛围，促进知识的线上普及与推广，为青少年提供精彩纷呈的文化盛宴，用更丰富有趣的形式培养青少年的兴趣爱好，帮助青少年树立人生梦想。

随着现代社会的不断发展，青少年所面临的社会环境更加复杂，关于青少年的恶性案件频出，因此青少年要有保护自己的安全意识。抖音“护苗直播”公开课围绕青少年防欺凌反暴力、反诈防骗、健康身心等主题展开，涉及如何应对恶性校园欺凌事件，如何正确引导青少年见义勇为，青少年容易遇到的诈骗手段有哪些，怎样正确看待青春期身体上的变化，家长应该如何引导青少年树立正确的审美观等内容，旨在提升青少年的自救互救能力，帮助青少年健康成长。该系列直播吸引了约 36 万人次在线观看，如图6-2 所示。青少年的健康成长关乎无数家庭的幸福，抖音“护苗直播”公开课有助于青少年提升安全意识，让每个青少年都沐浴在阳光下。

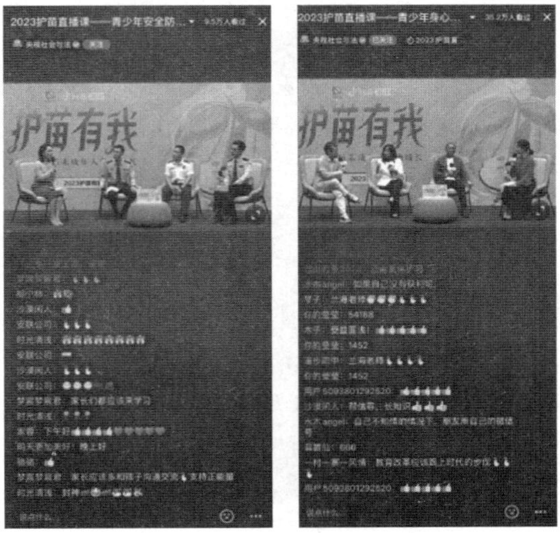

图 6-2　抖音“护苗直播”公开课

近年来，音乐疗愈的应用越来越广泛，尤其是在青少年的心理疗愈等方面。抖音“护苗直播”音乐会旨在用音乐陪伴守护每一个青少年。该音乐会选取了观众耳熟能详的歌曲，每一首歌都对应着经典的少年故事和少年梦想，能鼓舞青少年奋进向上。除了美妙的歌声，主持人还在音乐会上分享了自己的童年趣事，并呼吁直播间的用户共同守护青少年健康成长。

抖音作为一个深受大众喜爱的内容平台，以巨大的流量优势和丰富多元的内容生态吸引了多方关注。央视少儿作为国家级少儿媒体，在广大少儿和家长中拥有极大的影响力，其与抖音强强联合，推出了“云上过六一”系列节目，为少儿类直播的发展起到显著的促进作用。抖音与央视少儿敏锐地抓住儿童节这一热点话题，从内容场景、营销场景等多方面联动，充分发挥平台势能，大大增强了“云上过六一”系列节目的传播效果。“云上过六一”系列节目运用连线、情景剧等方式，展现不同年代、不同地域的“六一”风采，引发观众的集体回忆，如图 6-3 所示。

图 6-3　抖音“云上过六一”直播

《大风车》的主题曲承载着很多人的童年记忆。20 多年后，当“金龟子”和“董浩叔叔”在抖音直播间连麦合唱起这首歌时，很多“大朋友”都瞬间被拉回了童年。“云上过六一”这一现象级直播的“破圈”并不是偶然。

一方面，基于抖音电商的内容优势与多元玩法，“云上过六一”直播跨圈层集结少儿节目知名主持人、二次元 IP 角色、明星达人等嘉宾。从传播主体看，童年偶像与二次元 IP 角色的跨圈联动拓展了原有的内容边界。“金龟子”作为一名著名的央视少儿节目主持人，一直以来都保持着亲切、活泼的形象，与二次元 IP 角色的联动显得十分自然。

另一方面，抖音直播的基因决定了直播的出口是电商带货。“云上过六一”直播具备天然的话题度和曝光度，形成了巨大的直播流量池，其独特而治愈的内容成为直播节目的助推器。这场直播既有情怀又有流量，将优质内容与亲子商品连接，迅速营造“种草”氛围，为商家和品牌提供了实现品效合一的新通路。

本场直播除了在抖音内获得大量关注，也在微博、虎扑等多个平台登上热搜榜（见图 6-4）。网友纷纷表示：“有《大风车》才算完整的儿童节！”“有生之年系列！金龟子和董浩祝大家节日快乐！”网友自发的二次创作与传播行为迅速提升了本场直播活动的流量与声量。

图 6-4　关于“金龟子”“董浩叔叔”直播的热搜

6.4　文化类直播节目

6.4.1　文化类直播节目简介

近年来，文化类直播节目（以下正文中简称文化类直播）越来越多，逐渐成为直播平台上的主流类型。直播平台为文化类直播提供了面向大众的窗口，推动了多元品类的文化碰撞与互融，促使更多内容产生了新的价值。在直播间里赏曲艺、逛非遗、学才艺、看演出也成为观众喜闻乐见的形式。

抖音直播发布的《2022 抖音演艺直播数据报告》显示，2022 年，传统文化包括戏曲、乐器、舞蹈、话剧等艺术门类的演艺类直播超3200 万场，场均观众超过 3900 人次，相当于每天有近 9 万场中等观众规模的演出在抖音上演。这表明，抖音直播为传统艺术的发展提供了肥沃的土壤。

快手的文化类直播也大放异彩，快手多维赋能优质内容，调整功能玩法、营收策略，逐步完善直播生态，促进行业健康发展。快手以文化类直播为载体，发布“国艺传承计划”，用平台流量反哺优秀传统文化内容，帮助优秀传统文化内容找到更广泛的线上舞台，让优秀传统文化被更多人看见。快手对文化类直播的常态化运营，不仅体现出其发布“国艺传承计划”的初心，也是其未来持续努力的方向。

此外，快手还借助平台资源扶持文化类直播主持人成长。例如，快手用千万流量扶持、线上活动运营、线下高光舞台、业内名家导师加持等形式，为文化类直播主持人打通成长路径，帮助他们实现更好的成长和跃迁。

6.4.2 文化类直播节目主持策略

文化类直播的主持人要富有人生感悟，彰显文化内涵。文化类直播的主持人首先需要根据直播平台和节目定位调整文稿，在文稿的基础上进行二度创作，将文稿与个人风格有机结合。文化类直播主持策略可以分为大气沉稳、娓娓道来、柔和知性等。

- 大气沉稳有两层含义，其一是主持时主持人要努力营造磅礴厚重、意蕴丰厚的意境；其二是指对气息和声音的运用，主持人要气息充足，状态积极主动，声音铿锵有力。但激昂澎湃不等同于声音大，大喊体现不出力量，主持人要运用胸腹式联合呼吸法，用气息带动声音，才能更好地体现出力量感。
- 娓娓道来是指节奏相对缓慢，语气意味深长。可以采用“以气带声”的技巧，用气息带动声音，注意气徐声柔、虚实结合，这样会更显语气的意味深长。文化类直播的主持人归根结底是要传达情感，如亲情、爱情、友情等，因此主持人可采用亲切柔和的语气娓娓道来。
- 柔和知性除了指声音温柔，还指气质形象温柔。主持人要保持平常心，让自己放松下来，比如想象生活中的场景，找到平心静气聊天的节奏；同时，注意副语言的运用，如用眼神和笑容等让观众感到舒服惬意，给观众如沐春风之感。

6.4.3 文化类直播节目主持技巧

文化类直播不仅是对知识的传递，更是对文化的交流和传承。文化类直播主持人应该具有传播文化的热情和责任感。同时，文化类直播主持人需要具备深厚的文化底蕴、独特的语言风格、良好的互动能力与专业素养，这样才能为观众带来一场精彩纷呈的文化盛宴。

案例分析

以“2023 快手盛夏巅峰之夜”和“2023 抖音美好奇妙夜”为例

2023 年，快手与抖音都分别推出了文化直播类晚会，并形成系统化的 IP 运营模式。“2023 快手盛夏巅峰之夜”和“2023 抖音美好奇妙夜”都以经典文化内容为主体，辅以创新的表达形式，让文化焕新，丰富了文化类直播生态的多样性。

近年来，快手重新布局直播生态。以前快手用“老铁文化”与观众连接，但随着时代的变化，单一的标签已经很难适应多元化的价值取向。于是，快手延展视野，用文化类直播丰富快手的生态。

在“2023 快手盛夏巅峰之夜”上，快手给用户呈现了一场兼顾传统经典文化与现代流行文化的晚会，用极具“网感”的内容实现观众的停留和互动。快手主持人对舞台的驾驭和在节目中的表现并不专业，但正是这种不够完美的才艺和舞台表现，反而更能拉近直播与观众的距离。观众可以从这些“草根”主持人的身上照见自己，从而产生极强的共情效果，这样的直播反而更有生命力和感染力。

这次直播中，快手采用了“全链路 4K+HDR”的直播技术，这在行业内的大型直播活动中当属首次。整场直播从清晰度到光影、色彩都让观众为之震撼，给观众带来了一场真正的视听盛宴，也将直播间的人气推向新高。

抖音也在积极布局文化类直播，“2023 抖音美好奇妙夜”不仅群星荟萃，还融入了大量传统元素，充分彰显中式美学的魅力，为观众带来了视听上的极致享受。这场直播旨在让观众感受更多文化的滋养，以及公益事业具有的温暖能量，呈现出抖音直播的多元生态。

这场直播在形式上积极创新，与各大博物馆、国家图书馆、成都大熊猫繁育研究基地联动，以增强民族自信为己任，将传统文化与说唱、特效等潮流元素融合。此外，这场直播还运用了现代科技手段，利用舞美设计将传统文化的抽象内核通过具象的艺术形式进行呈现和传达，充分彰显了中式美学和文化自信，为观众带来了全新的视听体验。

抖音大力扶持优质传统文化内容，助力传统文化传承。2023 年，抖音的传统文化类直播场次同比增长 205%，主播总数同比增长 157%，打赏收入同比增长 375%。抖音直播间已经成为传统文化类演出的第二舞台。

6.5 旅游类直播节目

6.5.1 旅游类直播节目简介

随着近年来国家和有关部门对文旅的重视，旅游类直播节目（以下正文中简称旅游类直播）越来越多，直播平台掀起了介绍全国各地旅游景点的热潮，观众足不出户就能走遍千山万水。旅游类直播采用“短视频+直播”的模式为文旅发展提供了新思路：先用短视频预热，再用直播获取观众注意力。有着“中国最美乡村”称号的江西上饶婺源在抖音、快手、微博等各类社交媒体平台上爆火，相关短视频、直播获得了大量转发和评论。众多游客不远万里来到网红景点打卡，带动了当地文旅产业的发展。

旅游类直播有着互联网直播平台的基因，注重用流量变现。直播带货为农产品销售提供了一种全新的思路，农民只需一部智能手机就可以成为直播节目的主持人，这使其可以通过自产自销的方式省去中间商环节，同时拓宽了农产品的销售渠道。旅游类直播带货与一般的电商直播带货不同，它卖的不只是待价而沽的商品，更是大美中华的诗情画意和助力乡村振兴发展的人文情怀。

随着乡村振兴战略的实施，很多政府工作人员入驻抖音直播带货，受到观众的热烈欢迎，有效助推当地的经济发展。

6.5.2 旅游类直播节目主持策略

旅游类直播往往体现为对风土人情、自然风光、名胜古迹、历史故事等内容进行讲解，以满足观众欣赏美、拓展视野的需求。主持人需要进行身份建立，与观众进行情感连接。旅游类直播从初期的导游模式逐渐发展到以体验互动为主的表现形式，主持人不仅起着串联整个节目的作用，还具有代替观众深入景区体验的功能。主持人带领观众观赏自然风光、人文景观，让观众“云上旅游”，因此要用真实可感的语言表达感受，充分调动观众的情绪，注意自身情绪的自然流露，节奏轻快、声音放松，让观众感到亲切、自然。

旅游类直播主持人还需要注意跟观众实时互动，关注观众的反馈内容，对观众的问题进行实时解答，并控制沟通的节奏，与观众进行情感互动。这种互动方式需要主持人具有较好的临场应变能力，也需要主持人具有丰富的知识储备。

目前，旅游类直播领域的同质化内容较多，这容易使观众产生审美疲劳。而且，旅游类直播存在内容空洞的情况。旅游景点不仅有自然风景，还有大量的人文景观。主持人不应只介绍景点的地理位置，还应介绍当地的风土人情，增强节目的人文内涵。旅游地不单有景，还有情。因此，主持人需要提前对景点进行全面了解，这样才能够充分展现景点的特色。主持人要成为复合型直播人才，积累台前和幕后的经验，使自己的言行表现与画面融为一体，相得益彰。简言之，主持人需要强化“内容为主”的意识，打造独特的短视频 IP，这样才能在旅游类直播赛道中占据一席之地。

旅游类直播的品牌化发展需要与主持人高度捆绑，品牌要形成鲜明的个人特色。例如，“蜀中桃子姐”深受网友的喜爱，她所拍摄和创作的短视频内容简单，大多是农村地区常见美食的制作方法，但她却找到了个性化的表达方式。她用四川话讲解美食的制作过程，语言真实质朴，讲究以情动人。她的每条短视频都有较多点赞和评论，其抖音直播间粉丝众多。“蜀中桃子姐”逐渐形成一个品牌，其所代言或制作的农产品和川菜已经成为众多网友追捧的特色美食。

6.5.3 旅游类直播节目主持技巧

旅游类直播旨在通过直播的方式带领观众领略不同风景，感受各地风土人情，提供教育性、娱乐性和互动性兼具的内容。旅游类直播主持人需要充分准备、精心设计，注重互动与营造视觉音效，同时保持专业与热情的态度。

案例分析

以“房琪 kiki”的旅游类直播为例

“房琪 kiki”在抖音平台拥有两千多万名粉丝。她的视频作品多是展现世界各地的美景与人文风情。例如，在介绍大理的视频中，她用细腻的文字描绘了大理的风花雪月，以及那悠然自得的生活节奏，让无数观众对大理心生向往。

在直播中，“房琪 kiki”展现出了诸多出色的技巧。

首先是专业知识与历史文化的融合。在介绍西湖的直播里，她不仅生动描绘了西湖的湖光山色，还深入挖掘并详细讲解其丰富的历史文化背景，包括苏轼治理西湖的故事，以及历代文人墨客留下的诗词佳作等，让观众在欣赏美景的同时深刻领略其深厚的文化底蕴，并进一步增强了西湖的吸引力。在讲述岳飞与西湖的关联时，她将岳飞的英勇事迹与西湖岳庙巧妙结合，让观众对这段历史有了更直观的感受。

其次是生动描述与情感共鸣。“房琪 kiki”擅长运用诗意的语言描述美景，引发观众强烈的情感共鸣。她在形容西湖的美景时说道：“西湖的美，是一种静谧的美，像一幅淡淡的水墨画，在时光中晕染开来。”这种生动且饱含情感的表达使观众仿佛身临其境，更容易产生对西湖的向往之情。在介绍桂林山水时，她说道：“桂林的山，像是大地的诗篇，每一座都书写着大自然的鬼斧神工。”让观众瞬间被桂林山水的魅力所吸引。

接着是互动交流与问题解答。在直播过程中，“房琪 kiki”积极与观众互动，鼓励观众提问，并耐心且细致地进行解答。例如，当有观众询问西湖的最佳游览季节时，她不仅详细介绍了春夏秋冬每个季节中西湖独特的韵味，还分享了不同季节的游玩攻略，增强了观众的参与感。再如，在介绍张家界时，针对观众提出的关于景区交通的问题，她给出了详细的交通建议和注意事项。

最后是视觉呈现与氛围营造。通过高质量的直播画面和精心挑选的背景音乐，房琪成功营造出与旅游地相契合的美妙氛围。例如在直播海边日出时，搭配轻柔且舒缓的背景音乐，让观众仿佛身临其境，亲身感受那温暖而壮观的日出时刻，极大地提升了观看体验；在直播草原风光时，选择了悠扬的马头琴背景音乐，使观众更能感受到草原的辽阔与自由。

“房琪 kiki”的直播具有显著的代表性，主要体现在以下几方面。

其一，内容与风格独特。她的直播内容和风格独具特色，为旅游类直播内容创作开辟了全新的方向，引领了旅游类直播的发展潮流。她直播的川西之旅，以独特的视角和文艺的表述，成为很多同行借鉴的范例。

其二，粉丝影响与旅游推广。庞大的粉丝群体使她的推荐和分享具备强大的影响力，对旅游地的宣传和推广起到了积极的推动作用，显著地促进了当地旅游业的蓬勃发展。例如，她直播推荐的贵州千户苗寨就吸引了大量的观众前往，带动了当地旅游经济的增长。

其三，文化传播与价值引领。“房琪 kiki”尤为注重文化的传播，让观众在欣赏美景的同时，深切感受到中华优秀传统文化的迷人魅力。这对于提升观众的文化素养和审美水平具有至关重要的意义。例如，在介绍西安古城时，她对古城墙、兵马俑等历史遗迹背后的文化内容进行深入解读，让观众对历史文化有了更深刻的认识。

6.6 运动类直播节目

6.6.1 运动类直播节目简介

近年来，运动类直播节目（以下正文中简称运动类直播）呈现增长趋势，并用线上直播带动线下实践，赋能体育行业的发展，具有弘扬体育精神的重要意义。群众体育的发展直接关系到全民健康水平，影响着社会文明的进步。在运动类直播中，健身类直播是一个非常热门的种类。2020 年，《国务院办公厅关于加强全民健身场地设施建设发展群众体育的意见》中明确提出了推进“互联网+健身”，鼓励体育明星等体育专业技术人才参加健身直播活动。主流媒体和视频平台大力扶持运动类直播，号召明星等公众人物多录健身视频，传播正能量，旨在发挥公众人物的影响力，进一步提升群众的锻炼意识，普及更健康、更多元的运动方式。

运动类直播的火热也带动了体育消费市场的发展。2022年4 月，抖音电商共售出 22.9 万张瑜伽垫、75.2 万根跳绳。2022 年，淘宝直播的运动户外品类整体成交额同比增长 15%。

观众往往关注运动的社交、时尚、门槛低、亲近自然、自由等属性。《淘宝直播 2022 新潮户外运动报告》显示，不同人群对户外运动的选择各不相同，男性更偏爱力量型的路亚、橄榄球运动，女性更喜欢展现身体协调性的滑板、飞盘运动。“80 后”更爱露营和滑板，“90 后”“00 后”热衷于需要使用运动装备的运动。这些户外运动正从小众走向热门，成为年轻人开展运动的新风向。

健身类直播的风潮体现出观众健康意识的提升，用户对传播运动知识、健康生活方式的直播具有广泛的需求。在健身类直播中，塑形燃脂、健康饮食、拉伸放松这 3 个垂类最受欢迎。健身类直播具有个性化、传播快、大众化等特点，能有效地打破时空限制。无论是体育内容创作者、健身爱好者，还是体育赛事观众、普通观众，都可以通过直播平台参与运动。健身类直播还给人“多人共练”的沉浸感，观众可在直播间分享自己的健身历程，并形成运动打卡的习惯。

抖音发起“DOU 动计划”“抖音全民健身计划”，由优质体育内容创作者担任“抖音运动推广官”，邀请观众共同创作健身内容，分享积极向上的生活方式。抖音还推出《抖音健身手册》、“冠军健身课”系列直播。苏炳添、武大靖等专业运动员分别带来健身操、腿部训练、搏击等“冠军健身课”（见图 6-5），中国女足运动员唐佳丽也在抖音带练头颈部运动、牵拉运动等，世界级知名健身内容创作者帕梅拉带领观众锻炼的直播也广受好评。

图 6-5　苏炳添在抖音直播间开设的“冠军健身课”

6.6.2　运动类直播节目主持策略

运动类直播与其他类型的直播不同，主持人的主持重点不在呈现大篇幅的说辞上，而是在对传达产品的使用体验以及与观众的双向情感互动等方面。这样可以提高观众的参与热情和购买热度，进而提高运动类直播的效果。可见，运动类直播的主持属性较为隐蔽，而商业属性和社交属性较为鲜明。

运动类直播中的主持人除了带领观众运动，还要注重直播脚本的设计。在主持运动类直播时，主持人除了需要介绍产地、用途、价格、品牌等基本产品信息，还需要重点介绍产品的优势和特点，这是吸引观众购买的关键。除此之外，主持人可以结合相关的运动知识和健身计划来介绍产品，这有助于与观众建立良好关系。

运动类直播注重参与性，一般由两名及以上主持人主持，每名主持人都需要明确自己的职责，如介绍产品、活跃氛围、表演才艺等。主持人通过把控直播节目，以流程引导、交流互动、产品体验等形式，提升观众对运动类直播的喜爱度以及对产品的认可度，从而实现成交转化的目的。

巧用话术是实现成交以及吸引观众停留的关键。主持人在介绍产品时需要注重运用场景化描述，让观众直接联想到产品的使用场景。下面这段话术就用精准、具体、形象可感的描述实现对产品的高度转化。

我想知道直播间有没有喜欢跳肚皮舞的人。如果有的话请发送弹幕“1”，这款瑜伽裤真的是为你做的专属设计！普通的瑜伽裤都是一片平的，但这款真的不一样！如果有人是有马甲线的，穿它真的非常好看，可以把你的马甲线呈现出来，而且不勒人。上面搭一件运动背心，真的非常好看，又有气质！它的面料很好，手感非常舒服，柔软光滑，而且弹性非常大，运动的时候它也不会勒到小腹。

6.6.3 运动类直播节目主持技巧

运动类直播旨在通过直播的方式展现运动的魅力，传递体育精神。运动类直播的主持人需要具备丰富的运动知识、精准的语言表达能力、掌控直播节奏的能力以及与观众互动的技巧。

对运动项目的深入了解是主持成功的关键。这不仅能够确保主持人在直播中传达的信息准确无误，还能够使主持人提供深度的分析和见解，优化观众的观看体验。

营造现场感是运动类直播的一大挑战。这需要主持人具备敏锐的观察力和快速反应的能力，以及通过语速、语调和措辞的变化来营造氛围的能力。

案例分析

以刘畊宏的运动类直播为例

自2022年4月以来，刘畊宏的健身操风靡全网，直播间粉丝突破7000万人。刘畊宏无疑成为当时最出圈的运动类主播。刘畊宏除了歌手这一身份，还是健身教练，输出的内容非常专业，可见其成功的关键是选择了擅长的赛道。

刘畊宏在网上做运动教学，带领观众运动与保持身心健康，有效地丰富了广大群众的文娱方式。在冬奥会期间，国家号召全民健身，民众的健身热情空前高涨，运动类直播也获得了广泛的关注。刘畊宏快速涨粉后，给抖音带来了巨大流量，因此抖音也大力推广刘畊宏的相关作品，使其形成涨粉的逻辑闭环。

运动类直播的受众群体广泛，每个人都有运动的诉求。刘畊宏直播间的主持风格主要呈现出4个特点，分别是目标设定明确、寓教于乐、善于共情以及多视角的运用。

首先，动作简单易学，目标设定明确。让刘畊宏红遍大江南北的一句话就是“腰间的肥油‘咔咔’掉，马甲线人鱼线我想要”。刘畊宏帮助观众设立一个肉眼可见的目标，由此可见，运动类直播主持人对运动目标的描述越精准、具体、生动、形象，越容易让观众产生期待感，越能增强观众的黏性。

其次，刘畊宏的教学极富感染力，寓教于乐。他会采用邀请而非命令的语气，邀请观众及其家人一起参与运动，这不仅有利于观众增强亲子互动，还能帮助观众营造热爱健身、热爱运动的良好家庭氛围。

再次，刘畊宏很善于共情，频繁给予观众鼓励和信任。他经常对着屏幕前的观众说“很酸，我知道”“我知道你很累”“坚持住，你可以做到的”“不要放弃，要全力以赴，像你的人生一样全力以赴！”听到这些鼓励的话语后，观众坚持的信念更加强烈。而且，刘畊宏还会给予观众充足的空间和选择的自由，不会强迫观众坚持，而是让观众想练就继续练，想休息就适当休息一下。

最后，多视角的运用拉近了刘畊宏与观众的距离。妻子和岳母的出镜为刘畊宏的直播带来了新的叙事视角。妻子和岳母的动作可谓是观众的翻版，让观众仿佛看见了自己，如图6-6所示。妻子经常流露出痛苦的表情，嘴里大声喊叫“酸痛”，同时又对着镜头因自己“划水”而暗自窃喜。这些都是普通大众最真实的心态和表现，能让观众产生强烈的共鸣。

图 6-6　刘畊宏及其妻子和岳母

【课后实训】

1. 撰写知识类直播节目策划书，包括节目流程、环节设计、直播脚本、主持话术等。
2. 撰写幽默类直播节目策划书，包括节目流程、环节设计、直播脚本、主持话术等。
3. 撰写文化类直播节目策划书，包括节目流程、环节设计、直播脚本、主持话术等。
4. 在直播平台上开展少儿类直播，直播后进行复盘和总结。
5. 在直播平台上开展旅游类直播，直播后进行复盘和总结。
6. 在直播平台上开展运动类直播，直播后进行复盘和总结。

第 7 章　网络节目主持

知识目标

1. 了解网络综艺节目的概念、发展和类型。
2. 了解网络综艺节目主持人的打造。
3. 了解网络新闻节目的特点、类型和发展。
4. 了解网络新闻节目主持人的打造。
5. 了解其他网络节目的主持技巧。

能力目标

1. 掌握网络综艺节目的主持技巧。
2. 参与策划并主持一档网络综艺节目。
3. 掌握网络新闻节目的主持技巧。
4. 参与策划并主持一档网络新闻节目。
5. 熟练掌握其他网络节目的主持技巧。

素质目标

1. 具备良好的互动沟通能力，增强观众参与感和黏性。
2. 灵活处理多元内容，适应网络节目的多样性。
3. 精通新媒体技术，保证节目流畅与高质量播出。
4. 塑造个人品牌，提升自己在网络节目中的影响力。

网络是由美国国防部高级研究计划局（DARPA）于1977 年发明、1980 年前后建立和发展的。网络节目则在 2005 年前后初露端倪。在内容上，网络节目主要以网络综艺节目、网络新闻节目为主，可由广播电视台等影视传媒制作机构制作，也可以是网络自制综艺节目。网络被认定为“第四媒体”，在媒介传播中发挥着不可替代的作用。

7.1　网络综艺节目

网络综艺节目主要指网络视频服务商、影视传媒制作机构或个人制作的以网络平台为传播载体和播出渠道的具有娱乐性、参与性、竞技性等的综艺节目形式。相关网络平台有大众熟知的爱奇艺、腾讯视频、优酷、抖音、快手等。

网络综艺节目中有一部分是由广播电视台等影视传媒制作机构制作，仅借助网络这一新兴媒体播出的综艺节目；另一部分则是网络自制综艺节目，其以互联网为载体，以视频网站为内容制作主体和发布平台。

7.1.1 网络综艺节目简介

网络综艺节目形式新颖灵活，内容独特，风格多变，包括脱口秀、真人秀、喜剧、生活体验类、美食类、音乐类等多种类型。

1．网络综艺节目的出现与发展

中国电视综艺节目首秀应该是1983年2月12日播出的中央广播电视台（简称“央视”）第一届春节联欢晚会（见图7-1）。央视首届春晚是采用观众点播的方式，李谷一因深受观众喜爱，演唱了8首歌曲；著名蒙古族演员斯琴高娃跳起蒙古舞，还以虎妞的形象表演了小品。随着网络的兴起和发展，电视综艺节目的形式也逐渐多元化。

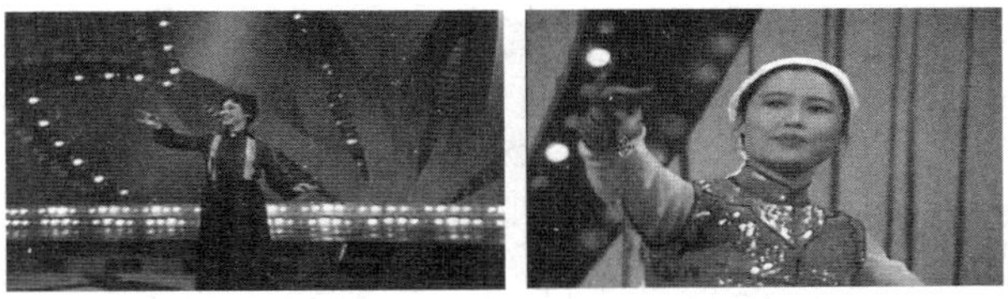

图7-1　第一届春节联欢晚会

（1）电视综艺节目衍生出网络综艺节目

2007年以前，网络综艺节目才刚刚兴起，主要表现为一些微型综艺节目集合、综艺资讯盘点及视频合集等。例如芒果TV的《综艺最看点》（见图7-2）和《环球影讯》等综艺资讯类的节目，基本上就是对电视综艺节目提供的素材进行二次配音剪辑，然后由主持人进行串联。更准确地说，此时的网络综艺节目还没有真正地独立出来，是电视综艺节目的衍生品。

（2）网络综艺资讯类节目萌发

2007年，脱口秀节目《大鹏嘚吧嘚》在搜狐视频上线，首次将大众的视线聚焦到网络综艺节目这个新兴领域，网络综艺行业的大幕徐徐拉开。处于萌芽期的网络综艺节目基本呈现为网络综艺资讯类节目。随着观众对节目内容的要求越来越高，网络综艺资讯类节目开始向着以与明星对话或者是单人脱口秀的方式来进行综艺资讯播报的方向发展，如优酷出品的《名人坊》（见图7-3）。

图7-2《综艺最看点》

图7-3　优酷《名人坊》

总体而言，这时的网络综艺节目形式比较简单，制作也比较简单，整体比较粗糙。

（3）网络综艺真人秀节目出现并快速发展

中国网络综艺节目的快速发展阶段主要是从2007年到2015年。真人配合演出的综艺节目开始大量涌现，成为网络综艺节目的主流模式。从2012年到2015年，网络综艺真人秀节目的占比不断上升，从2012年的42.9%一直上涨到2015年的52.5%，3年期间涨了近10个百分点。2016年这一占比是62.4%，而到了2017年该数据是87.7%。从这个跨越式的增长速度来看，网络综艺真人秀节目真正进入了大制作时代，不断靠近甚至部分超越了电视综艺节目的水准。

网络综艺真人秀节目制作比较精良，形式比较丰富，既有情感类、时尚类真人秀节目，也有萌娃旅行类真人秀节目。另外，选秀、音乐、健身等比赛类真人秀节目也层出不穷。

2．网络综艺节目的发展趋势

网络综艺节目的发展呈现以下趋势。

（1）稳步发展，逐渐成为主流

2013—2015 年，虽然互联网已然是综艺节目跨屏传播和引发爆点的重要领域，但专门由互联网机构制作并专门在新媒体终端播放的综艺节目，也就是所谓的“网综”还非常稀少，影响力也不大。

2016 年被称作“网综”元年，网络综艺节目迅速发展，呈“霸屏”之势，在节目数量、播放量、类型、水准、传播效果等方面，都有追赶甚至比肩电视综艺节目之势，一些电视综艺节目也开始转战网络综艺市场，仅在网络平台播放。

据极光大数据统计，2015—2017 年，我国网络综艺节目数量从96 档上升到197 档，翻了不止一倍，各主流视频网站均推出网络综艺节目，加入激烈的市场竞争中。2015 年，排名前 10 的网络综艺节目总播放量为 74.2 亿次，2017 年其已上升至 264 亿次。由此可知，网络综艺节目对于观众的吸引力迅速提升，成为网络视频平台的重要流量来源。

2018 年，全国新上线网络综艺节目 241 档。

2019 年，随着我国网络综艺市场发展趋于平稳，以及受客观情况的影响，全国新上线的网络综艺节目数量有所减少。

2020 年，网络综艺市场逐渐恢复热度，下半年网络综艺节目题材主要为观察体验类和音乐类综艺（见图 7-4）。2020 年全年上线网络综艺节目 229 档，相比 2019 年的 221 档略有增加。其中“综 N 代”节目 60 档，占比 26%，比 2019 年增加 8 档；真人秀节目 74 档，占比 32%。腾讯视频、爱奇艺、优酷、芒果 TV 这 4 个平台独播的网络综艺节目数量占全网播出的网络综艺节目数量的比例为 77%。

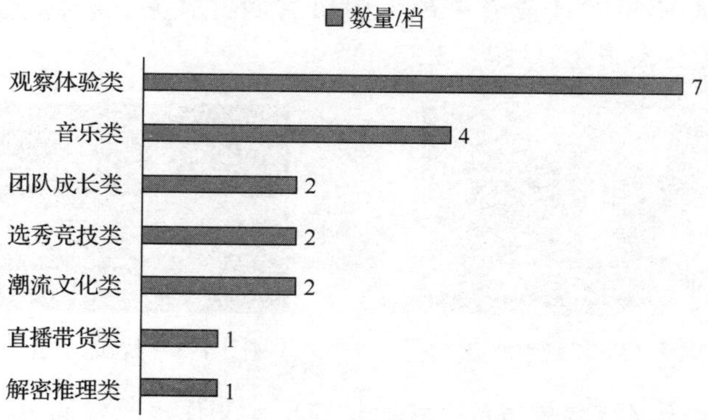

图 7-4　2020 年下半年我国网络综艺节目题材分布

2021—2022 年初，网络综艺节目基本处于原地踏步的阶段，部分知名节目翻新汇编或重新剪辑后播出。虽然平台、机构的大制作受限，但是自媒体个人用户制作开展的带有综艺性质的短视频、直播出现井喷之势，出现一夜涨粉几万、几十万的现象，催生了众多流量博主。

2023 年初，网络平台和制作机构开始全面起势，主要表现为已有系列节目的出新和新节目的大量涌现。其中出现了大量的原创节目，这也标志着自制网络综艺节目逐渐成形。

（2）独播成为主要播出模式

2021 年，全国新上线网络综艺节目 215 档。网络平台开始转变思路，独播成为网络综艺节目的主要播出模式。

"规模+播放表现"的双剑合力形成了长视频的阶梯式格局。具体到播放平台来看，在网络综艺节目兴起之时，除了一些电视综艺节目在网络平台的二次传播以及《哈哈哈哈哈第 2 季》沿用了之前轮值招商和联播的情况，受热度影响，多家平台纷纷推出自制网络综艺节目，并以独播为主，以强化平台调性，吸纳新用户。其中，腾讯视频上线了 69 档独播节目，在各平台中排名第一；其次是爱奇艺，上线数量为 53 档；芒果 TV 以 47 档排名第三。整体来看，随着市场的发展，网络综艺市场的竞争愈演愈烈。其中，腾讯视频、芒果 TV、优酷、爱奇艺脱颖而出，成为引领国内网络综艺市场发展的头部平台。

（3）创新发展成为新特点

2022 年开始，网络综艺节目进一步繁荣发展，数量趋于稳定，题材、类型丰富多元；网络平台和制作机构创作生产精品的意识进一步增强，它们积极摆脱"有意思没意义"的创作惯性，使内容品质进一步提升，市场投资规模进一步扩大；加上社会正能量的引导，网络综艺节目呈现创新发展的新特点、新景象。

网络综艺节目的发展壮大得益于当前互联网环境的不断改善和原有传统电视综艺节目奠定的基础。商业价值也是网络综艺节目发展的重要依托，尤其是没有相关广播电视台支持的网络综艺节目，是否有冠名赞助和收视基础会直接影响节目的发展。网络综艺节目只有拥有一定的收视基础才能得到较好的冠名赞助。因此，使网络综艺节目具备商业价值和成功推广网络综艺节目对其生存发展至关重要。

3．网络综艺节目存在的问题

网络综艺节目仍存在以下问题。

- 缺少创新：大部分网络综艺节目缺少创新，制作形式、宣传推广模式都有进一步提升的空间。创新是节目的生命力，缺乏创新的节目表面看似风光无限，实际上面临被替代的危机。
- 缺少独特性：一旦某档节目大火，类似的节目就会层出不穷，不仅自身很难具有市场稳定性，很难提高受众的忠实度，同时也容易冲淡市场。节目的独特性是抓住受众眼球、提升收视率的关键，同时也是节目持续发展的基础。
- 缺少深刻性：迎合受众是节目的重要依托。当下的节目大多缺乏内涵，没有树立自身品牌，发展面临窘境。拥有良好的品牌定位对一档节目来说尤为重要，这不仅能形成让自身区别于其他节目的品牌效应，还能让自身在当前的大环境下争得一块立足之地。

4．网络综艺节目的发展方向

网络综艺节目的发展方向主要有以下方面。

- 营造好口碑：节目的口碑极其重要，拥有好口碑不仅可以使自身得到很好的发展，还能使附属节目也得到良好的发展。好口碑还能使节目在众多同类节目中脱颖而出，形成自身的优势。
- 增强节目互动性：网络综艺节目的一个显著特点就是节目互动性较强。受众可以通过发弹幕、留言等多种方式来参与节目互动。越来越多的网络综艺节目设置有互动环节，可以实现线上、线下的近距离互动，这让受众参与度空前提高，受众的意见甚至可以决定现场进展。例如，选秀节目的选手淘汰环节、访谈节目的问答环节等，充分满足了受众参与的意愿。

- 传播主流文化：娱乐文化产业已逐渐形成一个庞大的产业链，承担着传播主流文化的重要任务。综艺节目所传达的价值观会对受众产生较大影响，这也是当前国家广播电视总局对娱乐文化产业严加控制的原因。尤其当前某些网络综艺节目为了提高收视率和盈利，不顾职业道德，传播庸俗低劣的内容，这是应该杜绝的。网络综艺节目既要传播主流文化，又要促进观念正确的非主流文化发展。

5．网络综艺节目的类型与特点

网络综艺节目作为一种综合型节目，包括许多常见的类型，如音乐类、舞蹈类、搞笑类、真人秀等。例如，《我是歌手》属于音乐竞技类，小成本、小制作的《STAR！调查团》属于音乐资讯类，等等。同时，网络平台的不断发展为网络综艺节目类型的丰富提供了广阔的空间，素人选秀、明星比赛、音乐欣赏等众多类型的网络综艺节目喷涌而出。户外类是 2013 年、2014 年上线的网络综艺节目的主要类型，当时新出现的网络综艺节目中有 2/3 都可以归为户外类网络综艺节目。户外类网络综艺节目包括单纯的游戏、竞速、旅行、运动、亲子、生存以及 PK（对抗）闯关式的歌唱节目等诸多类型。

2019 年、2020 年，网络综艺节目类型不断创新，表现出以下特点。

（1）“综 N 代”节目持续火热

2020 年上半年，“综 N 代”节目《歌手 · 当打之年》《这！就是街舞 第三季》获得大量关注。

（2）偶像选秀类节目竞争激烈

自爱奇艺旗下的《偶像练习生》火爆后，爱奇艺、优酷、腾讯这 3 个平台在偶像选秀类节目这一细分领域竞争激烈，《创造营 2020》《明日之子 第三季》《以团之名》等多档偶像选秀类节目层出不穷。

（3）婚恋类节目持续火热

《婚前 21 天》（见图 7-5）等婚恋类节目在 2020 年持续火热，这类节目通过邀请处于不同婚恋阶段的明星，真实记录他们的感情生活，引发全网热议，备受瞩目。

图 7-5 《婚前 21 天》

（4）观察类节目更丰富

2019 年，《我家那闺女》《做家务的男人》《令人心动的 offer》（见图 7-6）等观察类节目层出不穷，覆盖生活、职场等多种场景，明星生活与素人成长也持续引起观众热议。2020 年，观察类节目拓展新领域，包括深入展现独居明星生活，探查明星准备婚礼的故事，等等。

图 7-6 《令人心动的 offer》

（5）经营开店类节目花式呈现

《中餐厅 第三季》《亲爱的客栈 第三季》（见图 7-7）于 2019 年爆火，“明言明语”引领新的流行风潮，“狼性文化”引来新争议。2020 年，《中餐厅 第四季》将场景搬到了邮轮上，极具中国特色。

图 7-7 《亲爱的客栈 第三季》

（6）语言类节目角色更多样

以往语言类节目多以专业脱口秀演员、辩手、明星等角色为主。2020 年开始，语言类节目不断新增不同角色，如老师和学生、面试官和面试者、老板和员工等。

案例分析

以芒果 TV 综艺节目为例

芒果 TV 前身为湖南卫视金鹰网，是湖南广播影视集团旗下唯一互联网视频平台，也是中国 A 股首家国有控股的视频平台、中国五大视频网（其他四大视频网为优酷、爱奇艺、搜狐视频、腾讯视频）之一。它以视听互动为核心，融网络特色与电视特色于一体，实现“多屏合一”独播、跨屏、自制的新媒体视听综合传播服务。该平台曾连续 5 年获评“中国互联网企业百强”，连续 5 年获评“世界媒体五百强”。

下面梳理和纵览芒果 TV 综艺节目的发展。2014 年，芒果 TV 全新亮相，其一众网络综艺节目从策划到推出，在网络综艺市场掀起了阵阵波澜。《花儿与少年》全网独播，第一期当日播放量220万。《爸爸去哪儿 第二季》关联视频播放总量突破1 亿。《偶像万万碎》上线，以诙谐趣味的形式分享明星生活，颠覆了传统访谈节目的单一模式。

2015 年，芒果 TV 全平台深化资源优势，独家推出《正在粉丝楼》《备战 T2 区》《歌手相互论》等自制衍生栏目，并于每周五邀请《我是歌手 第三季》中的嘉宾参与粉丝握手会活动，粉丝可以通过 PC 端、移动客户端留言、互动。《一年级》《2015—2016 湖南卫视跨年演唱会》成为新亮点、新品牌，引得各路媒体纷纷效仿。

2016 年，《青春少年联欢晚会》由星空影视主办，湖南卫视国际频道、金鹰卡通卫视、芒果TV等协同播出。2017年，芒果TV和乐视超级电视正式宣布达成战略合作关系。芒果TV通过强强联合，使其播出的网络综艺节目质量再攀高峰。

2018 年，"芒起来"芒果TV 网络大电影合作大会在北京举行，芒果TV 宣布正式进军网络大电影市场。2019 年起，芒果 TV 的网络综艺节目开始朝内容向、纵深向发展，注重以文化人，提升节目内涵和品质。时至今日，芒果 TV 在综艺节目的策划、制作、运营上可谓开创先河、标新立异、独树一帜的存在，可以说是"一直被模仿，从未被超越"。

芒果 TV 的发展与布局主要围绕综艺节目展开。芒果 TV 的综艺节目细分为真人秀、音乐、脱口秀、亲子、情感、搞笑、访谈、生活、竞演、晚会、竞技、美食、旅游等类型。其王牌节目众多，如《密室大逃脱》《森林进化论》《全员加速中》《中餐厅》《向往的生活》《爸爸当家》《快乐的大人》《你好，星期六》《金牌服务生》《跳进地理书的旅行》等。这些节目通常按季播出，成规模策划，点击量、收视率相当稳定，内容覆盖范围广，所针对的受众群体精准且广泛。

7.1.2 网络综艺节目的前期工作

我们可以从网络综艺节目的选题确立、内容和形式创新、实施过程 3 个方面来系统地了解和掌握网络综艺节目的前期工作。

1．网络综艺节目的选题确立

恰当地确立选题是一档节目得以实施和成功的关键。网络综艺节目选题的确定需要从类型和内容两个方面考量。首先是确定选题类型。先明确是户外类还是室（厅）内类，然后进一步明确真人秀、音乐、竞技、游戏等细分类型。选题类型确定之后，再根据选题的目的、价值、意义和依据确定具体内容。对于网络综艺节目而言，不能因为其综合性、娱乐性而降低对选题的要求。

网络综艺节目的选题必须符合以下要求。

- 选题的确立必须符合相关政策法规，不打擦边球，不为吸引眼球铤而走险。
- 选题的确立必须符合大众审美，符合大众传播规律。
- 选题的确立应该基于充分的市场分析和受众分析，选题应有市场发展前景，为受众所喜闻乐见，同时可持续发展。

网络综艺节目的选题确定需要注意以下几点。

- 类型先行：要先根据节目策划、制作、运营团队的实际情况确定好网络综艺节目的类型和主要展现形式，因为受类型和形式所限而不能得以实现的选题则为失败的选题。
- 明确形式：形式是手段，确立选题时应该考虑到选题将以什么样的形式呈现。例如，音乐类选题可以采取资讯播报、访谈、竞技等不同的形式。
- 细化内容：节目形式应为内容服务，所以确定好节目类型与形式之后，就要确定节目内容；另外节目组需要根据节目内容进行素材的搜集和整理、人员的邀请和安排等。所以节目内容的确定不能是泛泛的，而应是精细化的。例如我们熟悉的音乐竞技类网络综艺节目，包括定位为素人专业歌手参加的《中国好声音》，定位为明星专业歌手参加的《我是歌手》，等等，都在选题阶段对内容进行了精细化处理，这为节目的成功播出和运营提供了更大的可能性。

2．网络综艺节目的内容和形式创新

网络综艺节目以内容为主，但又受到节目形式、市场、品牌影响力、商业价值、受众需求度和满意度等诸多因素的影响。

在目前网络综艺市场趋于饱和、受众选择多元且随意的境况下，想要保证节目有稳定上涨的收视率和好口碑，就需要不断创新节目的内容和形式。但是当前我国网络综艺节目的创新度与市场的要求还有差距。

节目元素的同质化及节目内容和形式的创新度不足会使相关的节目，特别是单纯的游戏、竞速、旅行、运动、亲子、生存等类型的户外节目，以及 PK 闯关式的歌唱节目的收视率受到影响。所以节目的内容和形式需要不断创新。如果一味守旧，只能面临受众的流失和收视率的下降，且受众评价反馈渠道丰富、操作便捷，负面影响很容易扩大，所以创新是必不可少的，也是势在必行的。

3．网络综艺节目的实施过程

一档网络综艺节目的产生大概需要经过选题策划—素材搜集整理—编辑制作—宣传运营—平台播出—反馈整理的流程。

（1）选题确立，依选题开始实施

对于选题策划及确立，这里不再赘述。以艺人访谈类节目《非常静距离》为例（见图 7-8），在节目的实施环节需要做的工作如下。确定艺人档期，沟通采访时间，这一环节是节目实施的最初环节，需要合作部门协商处理。在协商的过程中，节目组能得到一些艺人方面的意见，例如艺人希望通过节目展现怎样的形象，通过节目宣传自身的哪些作品。必要的话，节目组还需要艺人提供一些物料。确定艺人档期之后，编导需要根据沟通情况创作节目台本、采访提纲。节目台本包含节目流程、节目中会提及的问题和需要用到的道具，以及录制要求。节目台本需要重点制作，因为其直接关系到节目的精彩程度。再如《STAR！调查团》是一档短小的艺人资讯节目，所以节目中设置的问题主要用于了解艺人的相关信息，同时也要在节目中穿插一些简单的游戏环节，使节目更加具有娱乐趣味性。节目组根据需要，可能会使用艺人的焦点大图以及艺人签名照等来完成节目的制作和推广，这就需要再次跟艺人方沟通。节目台本通常需要经过多次修改才能完成。

图 7-8 《非常静距离》

（2）准备完善，按计划开始录制

所有的准备工作完成之后就是节目的具体录制了。节目录制时的一个重要人物就是主持人。在当今的网络综艺节目制作团队中，主持人的重要性不言而喻。不同于广播电视节目发展初期，主持人刚刚出现，只是作为节目的参与者。随着采编播一体化的全面实现，主持人更深入地参与节目已经成为常态，现在的主持人已经基本成为节目的绝对核心，大多数主持人都身兼制片人、编导等多重身份，有的更会参与节目的策划、宣传、运营。在具体录制过程中，主持人需要把握录制的节奏，根据现场情况灵活应对，寻求能引起观众兴趣的内容和形式。

（3）后期剪辑和节目包装助节目成型

录制完成后需要对节目进行后期剪辑，包括调色、音轨整理、镜头切换、时长控制等。

最后是节目包装，编导根据前期策划和现场录制素材写出具体的剪辑参考本，跟后期处理人员一起打造出想要的节目效果。这需要编导和后期处理人员具备丰富的经验并进行默契的配合，流畅沟通，从而把观众最想看到的内容重点呈现出来。

7.1.3 网络综艺节目主持人的打造

随着网络综艺节目的崛起，主持人的角色定位变得日益重要。他们不仅是节目的灵魂，也是连接观众与内容的桥梁。在网络综艺节目的大潮中，主持人需要具备独特的形象、较高的综合素质和精湛的主持技巧，才能驾驭多元化的节目内容，与观众建立深厚的情感联系。在这一小节，我们将深入剖析网络综艺节目主持人的定位，探讨其形象设计、综合素质以及主持技巧，以期为网络综艺节目主持人的打造提供全面的指导和借鉴。

1．网络综艺节目主持人的定位

网络综艺节目主持人在节目中扮演着至关重要的角色，如同在广播电视等传统媒体中主持人的角色和定位一样，其不仅起到串联、衔接和推进节目的作用，而且越来越处于节目的中心地位。主持人的表现直接影响着节目的水准、收视率和口碑，进而影响着网络平台的受众忠诚度和商业价值。

在网络综艺节目中，主持人的定位有以下 3 类。

（1）明星主持人定位

网络综艺节目的综艺性、娱乐性较强，所以网络综艺节目主持人必须具备娱乐明星的特征。明星主持人可以通过其本身的知名度和号召力吸引受众的关注和喜爱。同时，明星主持人的话语权和话题创造能力也很强，其可以让受众在比较短的时间内快速融入节目氛围。另外，明星主持人的出现还可以为节目带来更多流量和话题，通过自身的光环和名声吸引更多的受众围观，提高节目的收视率。

（2）知名主持人定位

知名主持人也可以理解为资深主持人或学者型主持人，主要指那些经验丰富、专业素养高、深受大众欢迎的主持人。这类主持人一般有较高的专业素养，并且对娱乐圈、文化圈的人物、事件等有深入了解。因此知名主持人往往可以在主持过程中给受众带来更加深入和专业的解析；同时还可以根据节目进展对节目内容进行及时的调整和引导，使受众的视野得到更加全面和深刻的拓展。

（3）新人主持人定位

近年来，随着网络新媒体、自媒体新人的不断涌现，新人主持人在网络综艺节目中的地位也越来越重要。新人主持人可能缺乏前两种主持人所具有的专业素养和号召力，但是新鲜的面孔、个性化的主持风格以及对年轻受众群体的敏锐洞察，使得新人主持人有着独特的魅力。此外，对于一些创新题材的节目，新人主持人往往具有更强的适应力和创造力，可以为节目提供更多新鲜和有趣的元素。

总之，不同的网络综艺节目需要不同类型的主持人，主持人在节目中应根据自身定位承担主持人责任，完成角色任务，扮演好节目的主角。主持人只有将自身的个性、特点与节目需求、定位相结合，才能真正实现节目的最优效果。

2．网络综艺节目主持人的形象设计

网络平台传播快速、选择随意、互动灵活，所以主持人在整体造型上是否可以获得大众的喜爱和追捧是网络综艺节目能否成功的重要影响因素。网络综艺节目能够引领时尚潮流、吸引受众的原因是受众可以通过节目了解流行趋势，其中有的人会模仿自己喜欢的主持人的穿着打扮，有的人会对主持人的发型、形象、服装进行讨论和点评，甚至批评。网络综艺节目主持人的整体造型本身就是一个看点。

网络综艺节目主持人形象设计的整体要求和电视节目主持人大致相同，具体分为以下几种。

（1）服饰方面的要求

网络综艺节目主持人的服装可以时尚新潮，但切忌为博眼球，穿着“薄、透、漏”等奇装异服。服饰选择应遵循“TPO”原则，TPO 即 Time（时间）、Place（地点）、Occasion（场合）。也就是说，主持人要“应时、应景、应事、应己、应制”地选择最合适的服饰。同时服饰要合体合身，切忌杂乱，忌残忌破，忌污忌皱，忌衣冠不整。男主持人的服饰以西装为主，女主持人的服饰以西装套裙为主，如图 7-9 所示。

图 7-9　男女主持人的常见服饰

（2）发型方面的要求

发型是主持人形象设计的重要组成部分，是自然美与修饰美的结合。发型不仅反映了人们的物质、文化生活水平，而且也体现了时代的精神风貌。发型的选择应与脸型、年龄、性格、气质、爱好相符。发色上，除非进行角色扮演或特殊设计，否则不宜染发、挑染。主持人在发型方面应遵循的总体原则是：整洁，规范，长度适当；适合自己。

（3）妆容方面的要求

女主持人的妆容可以适当夸张一些。例如，在眼影的色彩运用上，可以大胆地选用一些比较亮的色彩。男主持人的妆容看上去自然得体即可。

总而言之，网络综艺节目主持人在造型上不能过于夸张和媚俗，应把握好度。受众的欣赏水平和年龄段可能大不相同，文化层次和教育背景也可能千差万别，因此主持人的形象设计要使大多数人接受、欣赏。

3．网络综艺节目主持人的综合素质

网络综艺节目主持人的综合素质决定了节目的成败和质量的优劣，网络综艺节目主持人拥有较高的综合素质具体表现在以下几个方面。

- 拥有良好的教育背景、丰富的知识储备，在节目主持中能很好地承上启下，不主观地将观众低智化。
- 对节目流程、内容、嘉宾以及录制环境、场地等了如指掌，能和前期、中期、后期工作人员顺畅沟通，在整个节目的主持过程中表现出稳定性和高情商。
- 普通话标准，声音悦耳动听，音高适度，音色圆润。表达逻辑清晰，感染力强，控制力强。主持过程中有控制，张弛有度。
- 形象设计符合大众审美和节目整体定位，服饰、发型、妆容自然大方，亲和力强。
- 语言表达上刻意或稍带夸张的修饰效果，能带给观众更多的新奇感。

4．网络综艺节目主持人的主持技巧

网络综艺节目主持人需要掌握的主持技巧主要有以下几个方面。

（1）凸显娱乐性

随着时代的发展和变化，生活节奏越来越快，现在的观众很难静下心来准时准点地守在电视机前收看节目，此时轻松、娱乐性强且内容丰富的网络综艺节目就获得观众的青睐。因此，网络综艺节目主持人在主持的时候，要以凸显娱乐性为主、强调教育性为辅。

（2）突出重点，符合需要

网络综艺节目主持人必须具备良好的语言表达能力，要有强烈的表达欲望和精湛的表达技巧，条理清晰、层次分明。其语言表达应该符合节目的需要，并不是说得越多越好、越快越好，而是要突出重点，讲到点上。

（3）习惯口语化表达

相比传统电视节目，网络综艺节目的内容和语言更贴近观众的日常生活，所以网络综艺节目主持人要习惯口语化表达，营造一种轻松、惬意的现场氛围，使观众能够轻松理解主持人表述的内容，进而让观众更有代入感。

（4）强化控场力

在网络综艺节目的录制或者直播过程中，主持人需要引导嘉宾的感受和表现，还要兼顾节目节奏的控制、现场气氛的调节、观众情绪的配合等。

7.2 网络新闻节目

7.2.1 网络新闻节目简介

随着新媒体时代的到来，传统新闻业发生了巨大的变化，新闻生产不再是报纸、广播、电视等传统媒体的专属，新闻生产者也不再只是传统的专业记者，新闻传播在网络平台上朝着“人人皆可发，人人皆可说”的方向发展。随着发展方向的变化，新闻的呈现方式也变得多样化，新媒体为新闻节目的制作、传播、发展提供了机遇，同时也带来了更大的挑战。由此，如何在新媒体时代背景下，结合广大受众对新闻传播的需求来制作网络新闻节目和打造网络新闻节目主持人是本节探讨的主要内容。

1．网络新闻节目的出现

网络为人们提供了丰富多彩的新闻信息和一个各取所需、畅所欲言的平台。很多人已经习惯了每天上网浏览新闻，网络成为很多人及时了解时事的重要渠道。当重大事件发生时，越来越多的人的第一选择是上网浏览并获取有关信息。

（1）网络新闻的出现

1994 年 4 月，中国全面接入互联网。1995 年 1 月，《神州学人》杂志（见图 7-10）成为中国第一家上网媒体。1998 年 5 月，在联合国新闻委员会年会上，“第四媒体”的概念正式得到使用。2000 年，“网络媒体”开始取代“第四媒体”这一比喻性用法而得到更频繁的使用。

图 7-10 《神州学人》杂志

网络新闻突破了传统的新闻传播概念，在视、听、感方面给人们全新的体验。它将无序化的新闻进行有序整合，并且大大压缩了信息，能让人们在最短的时间内获得最有效的新闻信息。不仅如此，网络新闻不再受传统新闻发布者的限制，人们可以发布自己的新闻，并且网络新闻可在短时间内获得更快的传播。随着媒介技术的发展和人们认知水平的提高，网络新闻向着更深层次发展，这完全颠覆了传统的新闻传播概念。

（2）融合新闻节目的出现

随着我国科学技术水平的不断提高，新闻呈现方式也发生着变化，其中一种是指融合各种传统传播媒体形态（文字、图片、视频、音频、动画）的优势于一档新闻节目中，并将各种媒体的优势进行互补，进而在最大限度地挖掘媒体传播潜力的同时，优化实际的媒体传播效率。通过这种方式呈现的新闻，称为融合新闻。

以融合新闻为主要传播内容的节目称为融合新闻节目。融合新闻节目文、图、声并茂，使受众能够更加直接地了解新闻，让新闻呈现更加真实客观。它能将新媒体的优势发挥到极致，并积极地推动传统新闻业的转型升级。融合新闻节目是现在的网络新闻节目中最主要、最普遍的形式之一，也是我国未来媒体行业内容展现形式的发展趋势之一。

（3）其他新闻节目的出现

其他新闻节目的形式较多，就不一一列举了，此处以传感器新闻为例进行讲解。

传感器新闻指通过传感器获得数据信息，经过算法的分析整合，将其以一定的呈现形式融入新闻报道的一种新闻生产方式。在21世纪早期，传感器新闻就已出现，发展至现在，美国已有大学开设传感器新闻课程，专门研究水污染、海平面上升、空气质量等问题。值得一提的是无人机的使用，无人机携带传感器，可以进一步扩大新闻工作者观察和记录新闻事件的范围，因此，无人机在新闻界的使用也日渐成为流行趋势。

传感器新闻是互联网和物联网时代的必然产物，它通过分析数据得到新闻，使新闻精确度更高，也使新闻更加真实可信。在传统新闻业中应用传感器新闻，不但可以节省大量的人力物力，而且可以提高新闻的精确度和研究多领域、多专业的内容，从而提高新闻节目的质量与效率。

2．网络新闻节目的特点

2023年3月29日，中国网络视听节目服务协会发布了《中国网络视听发展研究报告（2023）》。报告显示，截至2022年12月，我国网络视听用户规模达10.40亿人，超过即时通信（10.38亿人），成为互联网应用第一大群体，而网络视听网民使用率已达97.4%。目前，中国网络新闻网站主要有中央新闻网站、部委新闻网站、地方新闻网站、综合门户新闻网站等。这些网站的网络新闻节目都以互联网为载体，呈现以下几个特点。

（1）时效性

网络媒体与传统媒体（如报纸、广播、电视等）相比，在对突发事件的报道方面有着不可比拟的优势：网络的即时性使得网络媒体可以在第一时间陈述事件的发生，跟踪报道发展情况，并随时更新；网络媒体还因其传播的信息可保存、检索查阅及下载，而支持对事件自始至终的运行情况进行分析比较；同时，网络的巨大信息空间又使网络媒体可以为网民提供大量的背景资料，帮助网民更好地把握事件全貌；另外，文字、图片、音频、视频等多种信息呈现形式的综合运用能更好地体现事件的现场感、真实感。

以2023年的两会报道为例，新华网就实现了两会新闻专题节目的即时传播，做到了在第一时间发布新闻。网络新闻节目凭借这种独有的即时传播的优势，能够实现真正意义上的24小时即时播出，能够把网民“欲知、未知”的新闻在第一时间传播出去，使我们居住的星球成为真正的“地球村”。

（2）海量性

网络新闻节目不会受到版面和时间的限制，因此可以说“世界上有多少信息，网络上几乎就有多少信息”。在网络上既可以播出包含巨大信息量的新闻节目，也可以保存相关资料，还可以对同一时间的信息进行归纳、分类，形成便于网民了解事件全貌及检索的数据库。这些都是传统媒体无法做到的。例如，人民网就建立了一定规模的文献库，以供网民检索或引用。

（3）交互性

网络媒体的交互性为其注入了不少的活力。在编读往来方面，网络媒体无论是在内容还是在形式上都有了新的发展和突破。网民可以通过互动平台，在第一时间向媒体和其他网民传达自己的意见与见解，这让其参与性、平等性大大增强。

网络新闻节目的生产者可以通过发电子邮件、网上聊天、论坛交流等方式让网民参与某些新闻事件的写作，这是在传统新闻中没有的写作方式，也是网络新闻节目吸引网民的重要手段之一。

（4）链接性

网络中的链接或超链接在网络新闻节目中特别重要。超链接可以使网民在阅读新闻时能按照自己的意愿和思路，实现新闻内容的"跳转"及表达方式的转换，这样就能给网民提供更多、更丰富的素材，而且网民可以自主选择自己感兴趣的信息进行阅读。网络新闻节目的链接性也是一种开放性的体现，大大增强了新闻报道的综合性、可选择性和自主性。相应的资料链接、背景链接有利于使网络新闻节目内容深化、信息透明化、传播方式多样化。

3．网络新闻节目的类型

根据内容和形式的不同，网络新闻节目可分为网络新闻报道、网络新闻资讯和网络新闻评论三大类型。

（1）网络新闻报道

① 网络新闻报道的概念

网络新闻报道是指各类媒体机构和新闻生产者通过互联网平台发布和传播的新闻报道。

② 网络新闻报道的特点

网络新闻报道具有自主性、新闻性、科学性等特点。

- 自主性：新闻生产者自主选择报道或者揭露目标，自主进行调查活动；新闻生产者不依赖官方发表的材料写报道，而是亲自进行调查，揭露真相；新闻生产者也不应像写独家新闻那样只依靠单一材料，而应通过彻底的调查采访来揭示事件的整体情况。
- 新闻性：报道或揭露目标通常是当前人们最关心的问题。
- 科学性：信息的呈现建立在扎扎实实、深入细致的调查研究之上。

③ 网络新闻报道的分类

网络新闻报道的分类标准和具体类型如表 7-1 所示。

表 7-1　网络新闻报道的分类标准和具体类型

分类标准	具体类型
按报道内容	经济报道、政治报道、科技报道、军事报道、文化教育报道、体育报道等
按报道体裁	消息、通讯、特写、调查报告、采访札记等

（2）网络新闻资讯

① 网络新闻资讯的概念

网络新闻资讯是指各类传统媒体机构及新兴网络媒体通过互联网平台提供的有关事件、政策、社会现象等的客观消息。

② 网络新闻资讯的特点

- 权威性：网络新闻资讯的权威性是它最大的优势之一，它汇集了最新、最火的社会动态，可以让人们及时跟上世界的变化，了解国内外发生的重大事件，分析当前的世界状况，掌握社会发展趋势，进而做出更实际的决策与反应。
- 可靠性：只提供来源可靠、客观真实的消息。
- 重要性：网络新闻资讯对社会来说是重要的，它是人们了解和学习外界信息的重要窗口。网络新闻资讯可以提升人们的文化品位，帮助人们开阔视野、把握时代脉络，有助于提升人们的思想、文化修养。
- 实用性：网络新闻资讯必须被人们消费，而且能够在相对较短的时间内给人们带来价值。

③ 网络新闻资讯的现状

- 以流量导向为主：网络新闻资讯平台通过点击量加权的方式给予新闻生产者收益，因此以点击量为主的理念驱动着新闻生产者生产新闻，人们则通过点击给予新闻生产者反馈，这种双向互动机制促使新闻资讯以流量导向为主。
- 内容良莠不齐：网络新闻资讯平台通过引入多个媒介生产机构、设置多个新闻账号的方式，拓宽了新闻内容的来源，同时也降低了新闻生产的门槛；网络新闻资讯平台上既有专业新闻机构，也有海量的自媒体创作者，不同的新闻生产者对新闻内容的价值判断存在巨大差异，因此网络新闻资讯平台中的新闻内容质量参差不齐。
- 内容数量、品类多：网络新闻资讯平台中，新闻生产者每天上传数以十万计的新闻内容，这些内容会按照属性的不同分发到平台上的数百个频道之中。因此，网络新闻资讯平台中的内容数量、品类较多，能够满足人们对内容的多样化需求。
- 内容时效性强：网络新闻资讯内容的时效性强是其重要特点，其内容生产速度往往是以秒或者分钟来计算的。

（3）网络新闻评论

① 网络新闻评论的概念

新闻评论是对最近发生在现实生活中的新闻事件和迫切需要解决的问题进行的议论。网络新闻评论是人们通过网络这一平台对最新发表的新闻事件或当前事态所发表的议论，这些议论不一定是正规的评价。在微信、微博等任何一种平台上发表的议论都可以是网络新闻评论。

② 网络新闻评论的特征

网络新闻评论虽然没有传统新闻评论那么长的发展时间，但是发展异常迅速。网络新闻评论的特征具体如下。

- 信息传达的便捷性：网络新闻评论将新闻的强时效性体现得淋漓尽致，它一方面将新闻快速传播出去，另一方面不断地挖掘新闻的当前意义和价值。网络新闻评论的快速生成体现在新闻受众群体接触方便和舆论形成迅速两方面，这一过程比报纸、电视评论和广播节目的生成过程更省时、省力。如今，智能手机的普及和 5G 网络的覆盖使得网络新闻评论可以做到每时每刻、每分每秒都在更新，并且没有固定的形式。在面对一些突发的新闻事件时，微博、微信往往能快速成为该事件的传播平台。
- 个体自主的互动性：网络新闻评论与传统新闻评论的不同之处在于交流双方的交互性增强。网络新闻评论既包含传统媒体中的新闻评论，也包含受众在这种评论中的跟评，还有受众发表的一些公开的个人评论。新媒体不仅是交流意见的工具，还是发表评论的载体。人们既可以对自己感兴趣的话题发表言论，参与讨论，还可以翻阅别人的意见；既是信息的接收者，又是信息的传递者。

- 意见表达的开放性：网络新闻媒体在对新闻信息的采集上和对新闻事件发表意见上有很大限度的自由。受众不受时间和空间的限制，在任何时间、任何地方，只要有网络就可以自由公开地发表言论，每个受众都是自由的、平等的。受众在阅读信息时可以不断发表自己的意见，也可以吸纳他人的意见，这可以使受众更好地理解事实，把握事件的本质。意见表达的开放性使受众接收的信息在广度和深度上都有所增加。

- 传受双方的平等性：新闻媒体应以平等的视角来关注人们的生活，以人们的所思所想为着眼点去衡量新闻事件的价值。在微博、论坛中，人与人之间的沟通是没有阻碍的，人们可以跟随自己的想法去讨论自己喜欢的事件、话题，在了解他人不同意见的同时发表自己的独到见解。在信息传递上，新媒体平台为网络新闻评论提供了“专属舞台”，传受双方不受时间、空间的制约，真正实现了信息传递的平等性。

③ 网络新闻评论的发展趋势

- 网络新闻评论的质量需提高：在网络全球化的大背景下，一个新闻事件通过媒体的报道及社交媒体的传播会很快被处于网络另一端的受众知晓，一个微博博主发布的信息可以在几秒内被粉丝点赞、评论和转发，新闻评论者可以在第一时间发表自己对某一新闻事件的看法。新闻评论者知识水平与立场的不同决定了网络新闻评论的质量也会不同，这就需要新闻评论者提高自身素养，发表积极向上且有益于国家和社会发展的网络新闻评论。

- 积极提升舆论引导力：新媒体环境下，人们获取信息不再仅通过传统的广播、电视、报纸，而是更多依赖于新媒体。新闻评论者越来越年轻化。作为新媒体环境下的有志青年，作为有头脑的信息富裕者，应明辨是非善恶，积极提升网络新闻评论的舆论引导力。

- 向理性的公共话语空间转变：新媒体的发展使人人都可以通过网络自由且公开地发表观点和言论。但这种自由是相对的，全体社会成员应努力营造一个健康良好的网络新闻评论环境，国家、社会和个人应共同推进网络新闻评论向更理性的公共话语空间转变。网络新闻评论是反映受众心声的重要载体，也是进行舆论引导的着力点，在新媒体环境下其更应该发挥积极作用，引导受众在不断的讨论交流中无限接近新闻事实真相，成为受众的“减压阀”。

4．网络新闻节目的发展

网络新闻节目的出现方便了受众获取信息，有利于社会的发展。研究网络新闻节目的现状及其发展前景，对于正确认识网络新闻节目、引导其积极健康地发展有着很大的意义，同时也有助于改善目前网络新闻节目存在的不足。在相关法律法规的引导下，在网民的监督下，网络新闻节目正逐步走向成熟，向着更光明的未来前进。网络新闻节目的发展存在以下几个趋势。

（1）融合新闻继续发展

从目前的形势来看，新媒体与传统媒体正处在融合的过程中，在未来的一段时间里，这种融合会不断深化。新媒体与传统媒体在传播手段上存在着交互性，同时，两者之间也有互补的需要。随着数字技术、计算机技术、互联网和信息传播技术的日臻完善与成熟，新闻传播手段的更新速度将会越来越快，间隔将会越来越短，新的媒体技术革命已经初见端倪。

随着科学技术的发展，网络技术还会发生人们意想不到的突飞猛进的变化。在“数字地球”时代，网络被进一步扩展，其传播新闻的作用固然会得到加强。互联网的快速普及和高速发展推动了人类社会向信息社会迅速转变，不仅带来了一场媒体革命，而且强烈地推动和改变着经济和社会生活，并关系到世界的未来发展。同时，新媒体的出现和发展不仅对新闻从业人员提出了更高的要求，而且对普通的受众也提出了新的问题。我们应清醒地认识到，对于新媒体规律和特点的深入认识和充分应用，还有一段很长的路要走。

（2）众包新闻与众筹新闻得到发展

经过新媒体技术赋能，新闻生产和传播已经不只是媒体的事情，每个人都能够成为新闻的生产者和传播者，新闻来源变得更为丰富，受众的新闻生产意识提高，从被动地接受媒体的信息灌输转为主动地寻求新闻信息。这种受众新闻观的变化为众包新闻和众筹新闻的发展创造了良好的外部环境。高水平的受众有着更好的消费习惯，会不自觉地追求更高品质的信息，在现有信息不能满足自身需求的情况下可能会选择众包新闻和众筹新闻。众包新闻和众筹新闻适用于调查性报道、新闻摄影、亚文化和小众选题报道、纪录片等领域，不仅能为传统新闻业减轻负担，还能为传统新闻业带来部分收入。

各种新的媒体形式的出现向新闻行业提出了更高的要求。新闻行业要拓宽新闻传播的范围，将来自不同领域的新闻元素整合到一起，推陈出新，这样才能持续吸引受众的注意力。

（3）传感器新闻继续发展

传感器虽可收集大量数据，但如何从海量的数据中发现新闻，如何使这些新闻以轻松、易于接受的方式吸引大众的目光，成为传统新闻业发展的难题。大量重复、虚假的数据混杂在真实数据中，这就需要新闻从业者对其进行侦查辨别。

案例分析

以腾讯新闻内容运营逻辑为例

腾讯新闻主要依靠算法对海量的内容进行个性化分发，并引入自身需求的稀缺内容。腾讯新闻内容运营中的一大重点工作是对日常各媒体生产的内容进行挑选、运营、编辑及呈现，通过人工运营热点内容，将重点选题推荐给各媒体机构。其产品主要针对的是运营后台的推荐逻辑，以及整个内容呈现的逻辑，旨在通过合理的设计来提高用户对内容的关注度。

目前腾讯新闻在内容引入方面的重点有“新闻”“新知”“新娱乐”3 个。

第一个重点是“新闻”。这主要包含日常所谓的“硬资讯”，如时政、社会、国际、军事资讯，也包括财经、科技、教育、体育等资讯内容，主要用于让用户了解全国甚至全世界正在发生的“大事件”，确保用户每天能获得新的内容。

第二个重点是“新知”。通过这些内容，用户能够获取新知识，产生获得感。整体而言，这主要包括生活、科普、育儿、文化、历史资讯。

第三个重点是“新娱乐”。“新娱乐”更倾向于呈现娱乐类资讯，除了常规的娱乐内容，还包括电影、综艺、搞笑、游戏、动漫等领域的内容，能给用户带来愉悦感。

这就是目前腾讯新闻重点打造的“新闻”“新知”“新娱乐”3 个板块，其内容稀缺度较高，在内容供给量上还有很大的增长空间。

在品类方面，腾讯新闻会在未来打造“高流”“高潜”的品类。“高流”即流量很高，内容供给量很大，数据效果也非常好；“高潜”即有很大的潜力，判断潜力大小主要看点击通过率（Click Through Rate，CTR）。除了CTR，还要看用户消费时长，这代表用户的最终消费价值。CTR越高，说明用户对该信息的需求越大，这些信息很有潜力，未来能够成为用户主动获得的内容。目前腾讯新闻有新闻、法制、交通、国际社会、国内时政等品类。

在日常内容运营中可以发现，移动互联网时代仍然以内容为主。不管算法怎么变，内容都是基础。在现在的流量时代，如果想要打造自己的独特优势，并使其被用户所感知，新闻生产者就要更多地建设自己独特的内容集，生产更多属于自己的特色内容。一些数据好的或流量高、关注度高的内容，本身具有广泛的争议性，或者用户可以预见其争议性。新闻生产者在写作上注意细节的刻画，营造特定的氛围，就能产生一个独特的标签，让用户感知到自己的IP。

7.2.2 网络新闻节目的策划

网络新闻节目即网络平台上专门以新闻为题材的节目，是指针对某个重大的新闻事件或者活动现象、问题等，综合运用文字、图片、视频等多媒体表现手段，通过网站编辑策划、编排、设计和制作所进行的全方位、多层次、深度性的新闻报道形式。

新媒体时代，传统的传播模式受到重大冲击，新闻生产和消费方式发生巨大变革，网站编辑想要生产制作出精品网络新闻节目，就应该顺应时代趋势，创新策划理念和流程，让网络新闻节目的题材富有新意。网络新闻节目的策划需要遵循一定原则，包括选题富有特色、善于跨界合作、整体把握内容、创新传播形式、注重用户体验等。

1．网络新闻节目的选题策划

网络新闻节目作为传播信息、引导舆论的重要载体，其选题策划显得尤为重要。优秀的选题能够吸引用户的注意，提升节目影响力，而选题策划则需要遵循真实性、时效性、贴近性等基本原则。面对重大突发事件，选题策划更需灵活应变，快速响应，确保信息及时、准确地传播。

（1）网络新闻节目选题策划的重要性

网络新闻节目选题策划是为使某些选题达到预期的传播效果，对未来报道活动进行理性规划和设计的过程。具体而言，是在对新闻进行真实报道的基础上，深入挖掘客观事物的新闻价值，对现有的新闻资源及线索进行创新，然后选择一种最恰当的方式，在最恰当的时机将报道推出，从而使新闻传播实现预期的效果。网络新闻节目选题策划非常重要，一个新闻选题的成功需要网站编辑前期的精心准备和策划，也需要设计、组织等多个环节及媒体各部门的通力合作。不论是重大的主题性报道选题，还是突发事件选题，都要进行策划。

（2）网络新闻节目选题策划应遵循的基本原则

首先，网络新闻节目的真实性底线不能破。

其次，要坚持党和国家的基本方针政策，与国家宣传的主基调、主旋律保持一致。

再次，选题要有服务性和贴近性才能引起用户的兴趣。

最后，选题要有创新性，网站编辑要善于从新闻线索中挖掘更深入的信息，呈现别开生面的新闻。

（3）重大突发事件新闻的选题策划原则

重大突发事件新闻的选题策划原则如表7-2所示。

表 7-2 重大突发事件新闻的选题策划原则

角度与原则	分类		具体内容
策划角度	后果式		着重报道突发事件发生后的结果
	前因式		着重探求突发事件的起因、背景
	影响式		着重关注突发事件所带来的社会影响
策划原则	重大突发事件新闻的策划原则		坚持真实、客观
			坚持人文关怀
			强调原创，注重创新
			有利于问题的解决
			学会反思
	可预知的重大事件新闻的策划原则	报道时机	在事件发生前启动建设新闻专题
			在事件发生时同步启动建设新闻专题
		报道的规模与角度	全景式报道
			特写式报道
	重要的社会现象或问题的策划原则		围绕一个主题组织材料
			一个主题统领若干子主题
			横向汇集各种材料，纵向拓展报道深度

（4）如何做好网络新闻节目的选题

① 保证选题弘扬社会主义核心价值观与正能量

新闻选题策划是一项注重创意的活动，同时具有系统性和理想性。任何一个新闻线索都能够用于新闻策划，加之全媒体时代新闻传播速度加快，这就要求网站编辑对社会热点新闻和人民关注的新闻具有高度敏感性，能够将新闻策划的切入点放置在社会的方方面面，并且符合当前阶段相关法律、政策的规定。

- 时政类新闻选题策划应从民生角度出发，关注人民所关心的重要内容，保证新闻内容与人民生活及根本利益息息相关。网站编辑还要保证新闻报道模式不断优化和更新，以使新闻选题得到更深层次的丰富。
- 社会类新闻选题策划应从社会热点入手，选择一些具有代表性和典型性的人物与事件作为切入点。网站编辑应理性对待新闻选题，不掺杂私人情感，保证新闻内容的准确性。

由于全媒体时代各类新闻层出不穷，人们在查阅信息时会有眼花缭乱的感觉，这就需要网站编辑对新闻的报道角度进行创新，在彰显新闻主体立意的同时传播正能量，弘扬社会主义核心价值观，确保新闻播出后的舆论导向是正确的，这样才能体现出新闻选题策划的重要价值和作用。此外，全媒体时代下的新闻选题策划在做到吸引眼球的同时更应该注重质量。

② 不断寻找好的新闻选题

一篇好的新闻报道要有一个好的选题，要做好新闻报道就得不断找到好选题。在全媒体时代下，网站编辑不仅要时刻保证新闻事件的热点性，也要通过正确的渠道采编有价值的选题。寻找新闻选题的方法可以分为以下 5 个。

- 培养线人，获取新闻线索。
- 培养广泛阅读的习惯，对自己负责的新闻类别保持高度敏感，时刻关注新闻事件或采访对象的动态。如今，大部分的部门、单位都已建立了自己公开信息的平台，如官方网站或微信公众号，而且为了提高平台的关注度，这些部门、单位都喜欢在自己的平台上公开第一手的消息。这类平台是新闻选题的获取渠道之一。

- 做好新闻热线电话或爆料平台的建设，大众爆料是新闻选题的重要来源之一。
- 关注其他媒体的新闻报道。其他媒体进行新闻报道的角度、方式能给网站编辑以启发，有助于其挖掘出更有意义、更有影响力的内容。
- 从数据中找选题。近几年，数据新闻成为很多媒体乐于制作的内容。将数据单拎出来做新闻，重点清晰，让人一目了然；同时，不少媒体还会结合网友投票、网友关注热点等数据进行新闻的再加工。另外，媒体还可以与互联网公司合作，利用大数据分析和处理技术，使新闻内容更准确、更全面，增加新闻报道的可信性和权威性，这也是媒体对新闻内容进行创新的有效途径。

（5）全媒体对新闻选题策划的影响

全媒体时代，媒体竞争呈现多元化趋势。新闻选题策划的水平高低成为媒体能否吸引用户、占领市场的关键因素，而全媒体的运用水平则影响着新闻的传播水平和传播效果。所以在全媒体背景下进行新闻选题策划，必须重视信息传播网络化的特点，通过网站、客户端等渠道来挖掘线索，不断创新报道角度，全面合理利用全媒体来进行新闻推广。

2．网络新闻节目的策划与制作

在网络新闻节目中，网站编辑不应是新闻信息的搬运工，而是新闻信息的整合者。这种整合能力体现了网站编辑的核心竞争力。网络新闻节目的策划与制作则是体现网站编辑整合能力的重要标志。

（1）网站编辑如何正确合理地选择网络新闻节目的专题类型

要策划、制作网络新闻节目，网站编辑就要准确把握网络新闻节目的核心目的，弄清楚是为了宣传某人物，还是报道某事件，或是聚焦某话题，正确合理地选择网络新闻节目的类型。

根据不同的角度，网络新闻节目可以分为不同的专题类型（见表 7-3）。

表 7-3　网络新闻节目的专题类型

分类角度	类型
根据报道领域分类	财经专题、科技专题、教育专题等
根据编辑方式分类	采访型专题和编辑性专题
根据报道态度分类	客观性专题和主观性专题
根据更新程度分类	动态性专题和静态性专题
根据专题属性分类	人物类专题、事件类专题、政务主题类专题和话题类专题

下面对根据专题属性分类的网络新闻节目的专题进行简单介绍。

- 人物类专题，是以人物为报道对象的专题。这类专题着重于对人物进行全方位、多角度报道。
- 事件类专题，是指针对某个新闻事件展开报道，一般针对突发事件或热点事件，其中，突发事件分为自然性重大突发事件和社会性重大突发事件。这类专题的新闻性较强，网站编辑需要对新闻事件进行纵深挖掘，根据新闻事件的发展历程及时对专题信息进行跟踪和报道，考虑人们对于时间的要求，满足他们未知而欲知的需要。此类专题的突发性强，因此在选题上不用花费多大的工夫。
- 政务主题类专题，是对可预见的活动进行的专题策划。现在很多政府机构以轻松幽默的语言制作了系列化的专业视频并发布，以宣传本职工作，科普相关知识，获得年轻网友的喜爱。政务主题类专题中的典型例子是政务微博。政务微博要做到贴心服务群众，除了内容接地气，还要讲究用户思维，在保证政务信息正确传达的基础上，从群众角度出发，用群众熟悉的语言把政务内容宣传出去。贴心服务群众还需要政务微博运营人员着眼于群众需求，从政府部门、行业的海量信息中捕捉有用信息，按照一定价值标准进行信息归纳和整合，用形象直白、图文并茂的表达方式将政务信息传递给群众。

- 话题类专题，一般是指时效性不强但社会关注度比较高的话题，如养老、生育、就业、环保、教育等。对于话题类专题，网站编辑首先必须重视并坚持传递人们最关注的信息。此类专题一般都和国计民生紧密相关，因此备受关注。另外，要注意体现此类话题的争议性，注意表达多方的声音，不能一言堂，更要注重设置网友反馈专栏，及时与网友进行互动，为网友的讨论与意见发表提供平台。

（2）如何策划优秀的网络新闻节目

① 选题得当，突出网站的特色与资源优势

策划的第一步就是确定选题，选题做好策划就成功了一半。网络新闻节目是在某一主题或事件下的相关新闻、言论及资料的集合，选题是整个网络新闻节目的纲领，直接决定了网络新闻节目的质量和关注度。

目前对于一些重大突发事件新闻或可预知的重大事件新闻，许多网站编辑都会考虑策划制作网络新闻节目，这造成网络新闻节目的选题千篇一律，这些网站难以形成自身的特色，更难以在竞争中胜出。网站编辑要敢于摆脱旧有报道思路的束缚，明确自身的定位和优势，通过专题策划形成自己的亮点与特色，找到最佳选题和报道角度。

首先，特色的挖掘至关重要。网站编辑不仅要围绕选题本身的特质，更要充分开发与利用网站的资源优势，推出有特色的独家专题节目。特别是对于具有传统媒体背景的网站来说，原创能力是重要财富，能充分体现其采编团队优势、独家资源优势和地缘优势，网站编辑要善于将这种原创能力转化为选题的竞争力。例如，2023 年 8 月 24 日，首届中国网络视听精品创作峰会在青岛市召开，受全球瞩目。齐鲁网 · 闪电新闻作为地方新闻网站，充分运用该峰会在青岛举行的地缘优势，紧扣“共享大视听，精品赢未来”主题，组织“文化传承发展”主论坛、9 个分论坛和 18 项特色活动，涵盖政策发布宣讲、行业先进示范、精品展播展映、业务交流研讨、视听文艺评论等行业热点和前沿内容，搭建全国性合作交流平台，推动网络视听行业高质量发展，实现新繁荣。齐鲁网 · 闪电新闻对中国网络视听精品创作峰会的现场报道如图 7-11 所示。

图 7-11　齐鲁网 · 闪电新闻对中国网络视听精品创作峰会的现场报道

其次，创新报道角度。同样的新闻事件在采用不同的报道角度时会产生不同的传播效果，网站编辑要善于在相同中求得不同。选取一个好的报道角度，能让网络新闻节目脱颖而出，使其不落俗套，甚至能在立意上与其他节目分出高下。例如，2023 年杭州亚运会开幕前夕，人民网推出大型专题节目《当国乐遇上杭州亚运会有多燃》。不同于大多数网站对 2023 年杭州亚运会的报道角度，人民网另辟蹊径，从“国乐 · 民风”的角度深入挖掘，以弘扬中华优秀传统文化，彰显文化自信，如图 7-12 所示。

图 7-12　人民网大型专题节目《当国乐遇上亚运会有多燃》

最后，确定好选题后，进入组稿环节。一般来说，节目制作的成功与否在很大限度上取决于组稿质量。在融媒体时代，各种媒体的边界正在消融，各行业、各领域间的界限逐渐模糊，网站单纯靠调配内部采编队伍搜集信息显然已经远远不够，应树立跨界合作的意识，将组稿变为综合性的社会活动。网站需博采众长，多维应变，统筹集体智慧和资源，将网站内外人员的能力、知识整合，这样才能有好的方案，才能使节目内容充实，全面地反映相关事件、问题和现象等，才能让受众满意。

② 网站应联动外部资源，开拓信息源，提高效益

首先，网站可以与传统媒体形成战略联盟，使信息共享并跨平台传播。传统媒体通常具有较长的发展历史，拥有庞大的资源网络和采集信息的队伍，保留着相当多宝贵的历史资料，拥有一些特殊的采访资源，这是当今许多网站所不具备的。因此网站有必要与传统媒体结成战略联盟，对于一些重要的信息进行共享。特别是在一些重大事件发生或重大活动举行时，通过这种方式组稿，一是能以低廉的成本获得多样的新闻内容，二是能够在最快的时间获取最有效的信息，三是能为彼此提供较好的互相推广和展示的平台，从而实现资源融通、利益共享。

其次，网站可以向专家、学者或权威人士约稿。有些网络新闻节目可能具有很强的创新性，现有公开资料稀缺，网站编辑通过搜索引擎不一定能获取相关的信息资料，因此需要根据主题或栏目联系相关的专家、学者或权威人士，由他们创作出独家且专业的稿件。

最后，用户生成内容成为融媒体时代内容的重要组成部分。在融媒体时代，人人都可以成为信息的生产者和传播者，网民早已不是被动的受众，作为新媒介、新技术的使用者，他们可以设置议程、提供新闻源、参与舆论形成、多渠道反馈信息，这些都能成为网络新闻节目的组成部分，网站编辑要善于筛选整合。

在融媒体时代，许多网站正是通过多方统筹联动组织创作出高水平的独家专题节目，这不但提升了网站形象，还兼顾了社会效益和经济效益，达到了很好的传播效果。例如，2023 年 7 月 29 日新华网推出的大型专题节目《成都大运会 | 追光逐梦：世界感触青春盛会的中华文化脉动》（见图7-13），就是通过跨界合作获取内容丰富、形式多样的新闻资源，从而为网友提供了一场网上文化盛宴。

图 7-13　新华网推出的成都大运会专题节目

③ 信息网络构思要层次清晰、渠道合法、持续更新

组稿完成后，网站编辑面对繁杂多样的新闻资源，要将网络新闻节目作为一个系统工程来考虑，构思出完整而又合理的信息网络，做到层次清晰、渠道合适、持续更新，

兼具空间性与时间性。

网络新闻节目应具备空间上的集成性与分布性。网络存储空间巨大，网络新闻节目可以将各方面的相关信息高度集成化，反映一个特定主题或事件，形成传播合力。此外，将不同内容制作成最合适的媒介样式，由平台立体呈现，能最大化新闻内容的传播效果。

网络新闻节目应具备时间上的实时性与延展性。一方面，即时性是网络传播的一大特点。新闻事件发生后，媒体应快速反应并及时传播、实时更新，这在融媒体时代仍然是一个重要原则。在注重实时性的同时，网站编辑需要注意新闻题材的完整性，以克服其可能造成的信息碎片化的缺陷。另一方面，新闻题材的延展性是融媒体时代网络新闻节目的新特点。在网络新闻节目中对新闻事实进行跟踪报道，对舆论进行持续引导，对史料进行展示，能将新闻的时间线从当下不断向历史和将来两个方向延展，真正实现新闻专题的数据库价值。例如，2023 年 8 月 24 日，人民网推出金砖国家同非洲国家及其他新兴市场和发展中国家领导人对话会专题节目，其以宣传重要讲话为工作重心，充分结合热点，包含系列原创报道。

④ 创新形式，丰富多媒体手段，增强传播效果

多媒体传播是网络新闻传播的特色，更是网络新闻节目的一个重要优势。然而一些网络新闻节目只是将文字、图片、声音、视频、动画等各种常见素材简单地堆积，它们之间的内在关系没有得到梳理，各种形式的信息之间也未能做到相互补充、照应，因此这类节目未能达到提升利用效率与传播效果的目的。

在融媒体时代，新技术层出不穷，如中全景技术、VR 直播技术、云直播技术、HTML5 技术等，这丰富了多媒体形式。除了传统的文字、图片、音频、视频、图表、Flash 动画等多媒体元素，网站还可以利用新技术创新多媒体表现形式，更为立体地表现新闻内容，增加新闻的活跃度和可看性，增强用户的现场感、参与感、沉浸感。同时，创新多媒体整合理念，将各种不同形式的多媒体素材有机结合，使各种媒体元素使用合理、各司其职，又相互交织、共同作用，为主题和内容服务，就能形成一个丰富而有深度的多媒体报道。例如，人民网推出的平台“灵境・人民艺术馆”将文字、图片、音频、视频、Flash 动画、无人机、3D 特效、AR、VR、全景等多媒体手段完美结合，为用户提供一个考古文化盛宴，可谓多媒体形式的“集大成者”。

⑤ 注重用户，增强互动的有效性和双向性

虽然互动是网络新闻节目中一种不可或缺的手段，但是很多网络新闻节目中的互动手段几乎成为了摆设。也就是说，并非所有互动都能有效展开。究其原因，主要是没有明确推出网络新闻节目的目的是增强报道的传播效果，只有注重用户体验、让用户深入参与互动，才能达到良好效果。

注重用户体验的核心理念是将网络新闻节目当作产品来设计，增强互动的有效性和双向性。要让互动手段更深入有效，就要根据不同主题的需要，设计目的性更强、有特色的互动方式，而不是千篇一律地提供调查与评论这两种互动栏目。例如，开发互动小游戏提高用户互动兴趣，邀请用户提供相关新闻事例丰富报道内容，让用户设计话题并参与讨论，甚至让用户参与并推动整个社会热点问题的解决，等等。这些互动本身就是有意义或富含信息价值的，用户互动的结果反过来又能成为网站编辑新的信息来源。因而，在用户对网络新闻节目的互动栏目做出反应之后，网站编辑可以及时收集和整理用户提供的信息，并将互动结果直接呈现或加工后再反馈给广大用户，实现网站编辑与用户的双向互动，即用户生成内容与专业生成内容动态交互、双轮驱动。例如，2022 年 3 月 30 日中国

网·中国四川推出的专题节目《锦绣直播专题：四川省劳模工匠宣讲团线上宣讲——其美多吉》，其在多媒体报道的基础上加入了交互功能，通过交互行为并以多种感官来呈现信息，带给人们全新的体验。同时，现场直播使用户从信息的被动接收者成为积极的参与者，百万名用户利用新媒体主动生产内容，成为传播与推广的主力军。

（3）网站编辑如何制作网络新闻节目

只有经过精心的准备和策划，网站编辑才能制做出有深度、有内涵、可读性强的网络新闻节目。

网络新闻节目的制作主要包括以下 5 个方面。

① 选题的确定

选题在网络新闻节目的策划中起核心作用。一个好的选题会直接决定网络新闻节目的意义和价值。网站编辑在确定选题时，一般要注意以下几个方面。

- 新闻性：在确定选题时，网站编辑必须结合新闻价值判断，对选题进行分析，选取新闻性更强、价值更高的选题进行策划。
- 真实性：在确定选题的过程中，网站编辑要反复多次验证选题的真实性，确保报道内容是真实可信的。如果选题是虚假的，那么整个节目就会因缺乏事实根据而无法立足。
- 统一性：在确定选题前，网站编辑必须要考虑所登载的网站的风格，结合网站一贯的报道风格对选题进行规划、设置。
- 吸引性：选题内容对用户是否具有吸引力，是判断选题好坏的重要标准。只有对用户有用的信息，才能引起他们的阅读兴趣。
- 价值性：主题新颖、有价值、有吸引力的选题确定后，网站编辑要耐心打磨内容，只有精品才能给用户留下深刻的印象。

② 报道的范围和重点

确定报道的选题后，网站编辑接下来就要界定报道的范围和重点了。报道范围指报道面，是报道局部、个体还是全局、整体。

网络新闻节目的内容具有复杂性。网站编辑既要做到全面，但也不能全部平均，而是应在划分报道范围的基础上，对报道内容进行详略划分，突出重点，通过典型案例来反映整体情况。一般的新闻事件都有相应的典型人物、典型时刻。对于信息量巨大的新闻事件，进行全面翔实的报道是不现实的。在进行策划时，网站编辑可以通过对典型案例的描述来反映一个人或者一个群体对全局的影响，突出重点内容，以实现策划的目的。

③ 报道的规模与进程

在确定了选题的主要内容后，网站编辑要根据该内容考虑报道的规模和进程。报道规模指报道的时间、空间与人力这 3 个方面。报道进程指报道全过程中对时段的划分与安排。网站编辑可以根据选题的主要内容确定报道的规模。如果报道规模不大，就可以做成单页式，把所有的内容集中放在上面。如果报道规模较大，可以根据报道内容的侧重点进行拆分，设计出模块化的系列报道。确定好报道规模后，网站编辑可根据计划对报道进行进程划分与安排，确保同步。

④ 报道的发稿计划

制订发稿计划指对报道进程中各阶段刊出新闻稿件的统筹规划，包括确定报道的选题内容、题材、篇幅、作者页面位置、刊出时间、多媒体互动手段等。只有制订了详细的发稿计划，才能做好每日的内容更新，保证报道的有序性、整体性、全面性、多样性。

⑤ 网络新闻节目的表现形式和报道方式

网络新闻节目的一大特色在于能综合运用多媒体技术。根据网络新闻节目的内容，网站编辑可以选择不同的表现形式：对于现场快讯可采用文字进行报道；对于会议的全过程，可以利用视频进行报道；对于现场的典型瞬间，则可采取图片新闻的形式。网络新闻节目中的图片可以以静止的方式出现，也可以以 Flash 的形式连续播出。网站编辑还可以在专题中加入采访录音、背景音乐等音频素材，以丰富专题内容。视频素材也可加入网络新闻节目中。在使用视频素材时应当精挑细选，将最具代表性、最有说服力的内容放到专题里面。除了以上常用的表现方式，网站编辑也可选用漫画、时间轴、地图等新颖的表现方式，使网络新闻节目出新出彩。

网络新闻节目可以采取的报道方式多种多样，包括集中式报道、系列式报道、组合式报道、连续式报道、网民参与式报道、媒介介入式报道、媒介联动式报道等。网站编辑可以根据需要选择不同的报道方式。在网络新闻节目策划与制作中，网站编辑应根据具体情况进行调控。在调控过程中，网站编辑要不断接收反馈，并根据客观情况的变化修正原先的方案，确保网络新闻节目的传播取得理想的效果。根据反馈的信息，网站编辑可以修正报道思路，调整报道规模，改变报道方式。

7.2.3 网络新闻节目主持人打造

网络新闻节目主持人（本小节正文简称主持人）是节目的核心人物，他们的定位不仅在于传递信息，更在于引导舆论、塑造品牌形象。主持人的形象设计需要做到专业而严谨，既要符合网络新闻节目的庄重感，又要吸引受众的眼球。在职业素养方面，主持人应具备高度的政治觉悟、敏锐的新闻洞察力和扎实的语言表达能力。而在主持技巧上，他们需要掌握适时引导、准确解读、有效互动等核心技巧，以确保信息的准确传达和节目的高质量播出。

1．网络新闻节目主持人定位

主持人在节目中扮演非常重要的角色，一般具有采、编、播、控等多种业务能力。在一个相对固定的网络新闻节目中，主持人往往集编辑、记者、播音员等角色于一身。主持人的主要工作是观察新闻事件，然后通过媒体进行新闻内容的传播。主持人的专业水平直接影响着受众对新闻的理解和感受，因此优秀的主持人能够提高节目质量。此外，主持人良好的角色定位还有助于打造节目的品牌形象。

（1）主持人是受众的意见领袖

“传统的意见领袖大多出现在人际传播或组织传播当中，在某个小群体或者小范围当中形成影响力。”在网络新闻节目制作过程中，由于成本和资金有限，主持人往往就是节目的制作者，这真正体现了采编播一体，一专多能。主持人要真正贴近受众，为受众服务，成为受众的新闻发言人。网络新闻节目本身所具有的去中心化和反权威化特性给了受众更大的话语权，而这时主持人必须及时通过自己对信息的解读和分析做出正确的意见引导，从而避免网络上“乌合之众”现象的发生。因此，主持人必须具备较高的政治素养，并能够深入分析当前形势，得出正确结论。

当然，主持人还要避免过激语言带来的煽动性和负面情绪，以免导致社会矛盾激化。新媒体背景下，主持人往往扮演着受众的意见领袖的角色。

（2）倾听者与叙述者角色的转换

网络新闻节目竞争越发激烈，这要求主持人用最短的时间令受众接受网络新闻。同时，主持人的角色定位是网络新闻节目的一个重要标志，对新闻的传播具有重要作用。

网络新闻节目中主持人的角色主要有两种，一种是倾听者的角色，另一种是叙述者的角色。例如，在一些网络新闻访谈节目中，主持人需要先扮演倾听者，倾听采访对象并适时进行专业提问，让采访对象说出心里话，让受众更加了解采访对象，这需要日常的丰富积累和充分的案头准备；接着扮演叙述者的角色，能让受众掌握当前发生新闻事件的来龙去脉。主持人应该不断提高自身叙事水平和讲述能力，以更好地向受众报道新闻。

（3）新媒体时代下网络新闻节目主持人的角色定位与素质提升

① 参加多种节目

新媒体不断发展的背景下，新媒体与传统媒体之间的融合也在不断加深。新媒体的传播速度较快，受众参与程度高，所以主持人应注重拓展视野，提高专业能力，尽量参与多种节目的制作，不断提高综合素养和能力。除此之外，主持人应找到属于自己的个性定位，这需要主持人进行长期的素质积累，转变传统的主持观念，将创新理念与主持风格相结合。总的来说，具备个人特色的主持人更容易吸引受众，进而提高节目的收视率。

② 增强互动

传统新闻节目主持人相对来说与受众互动较少，而网络新闻节目能够实现主持人与受众的及时、多渠道互动，对传统新闻节目造成了一定的冲击。因此，主持人应积极扩展互动渠道，努力增加与受众的互动，展现自己的优势。例如，央视主持人参与助农直播带货，不仅提高了受众的参与度，还有助于与受众进行直接交流和沟通。主持人不仅应充分利用新媒体平台进行信息传播，还应利用现代科技制作丰富多彩的视听内容来满足受众多样化的需求。优秀的主持人要快速适应时代发展，边积累，边实践，及时高效地与受众展开互动，在这方面可以借鉴一些娱乐节目主持人的长处。

③ 传播真实的新闻

真实性是新闻的灵魂和生命力。在当今时代下，新闻传播具备更大的优势，传播渠道更广，受众更多，这也对主持人的修养和主持技巧提出了更高的要求。主持人可以利用网络平台上的资源更加高效地向受众传播真实的新闻，同时结合自身的角色定位，采取多种方式进行报道，实现真实新闻的及时传播。

④ 提高综合素质

好的主持人必须不断地提高自身综合素质。第一，应具备强烈的社会责任感。因此，主持人要不断提高政治素养。第二，要具备丰富的阅历、文化修养以及良好的形象。主持人在受众心中建立起良好的个人形象，有助于提高网络新闻节目的收视率。

总而言之，在自媒体迅速发展的环境下，主持人应及时调整自身观念，不断提高自己的专业素质，同时找准自身角色定位，增强与受众的互动，通过自身鲜明的个性和专业的业务能力打造节目的品牌形象。

2．网络新闻节目主持人形象设计

主持人的形象代表着媒体的形象，关乎节目的整体播出质量。节目知名度、频道影响力的形成离不开良好的主持人形象。作为公众人物，主持人应充分了解受众的审美需求，结合节目定位及内容塑造完美的个人形象，不断提高自身修养与知识才能，体现个性魅力。主持人是媒体传播的驾驭者，是节目的“脸面”。主持人的发型、妆容、服饰等都真实地展现在受众眼前，任何方面出现一点细小的差错，都会被无限放大，以至于影响主持人的整体形象，甚至可能影响到节目的播出效果及整体质量。

（1）外在形象的塑造

主持人的外在形象包括妆容、服饰和体态等方面。妆容、服饰和体态是受众在观察主持人时首先感受到的。外在形象占总体印象的60%。良好的第一印象不仅能够充分地展现主持人的个人特质与自身魅力，还能够使观众熟悉节目内容并且对节目加深印象。

① 主持人的外在形象塑造，脸部的妆容修饰必不可少

化妆称得上是一门艺术，这门艺术不仅可以修饰美化人的容颜，还可以带给人们一种美的享受。女主持人的妆容追求简单大方，自然而不失庄重。如果网络新闻节目是在演播室里进行拍摄的，那么主持人的妆容还需要配合演播室的灯光布置，而且网络新闻节目多以中景及近景拍摄，人物脸部的细节在画面中也相对突出。在近景拍摄时，画面多为主持人单人播报新闻，所以脸部妆容尤为重要。恰当的脸部妆容能够使主持人在播报新闻的过程中自然地向受众传情达意，同时也是辅助面部表情及肢体动作的无声语言。

② 服饰是时代审美的缩影，是主持人外在形象的重要组成部分

主持人的穿着打扮在一定程度上反映了节目风格，代表了节目形象，所以主持人的服饰造型颇为重要。网络新闻节目的特点是播报方式更简单，更注重服务意识。这就需要主持人以一种清新、整洁、靓丽的形象出现在受众面前，但主持人的造型必须符合网络新闻节目严肃、庄重的风格。主持人的服饰颜色搭配追求整体效果，男女主持人的服饰在颜色上最好有相互呼应的部分，如男主持人的领带与女主持人的外套或者其他服饰颜色相近，这样两个主持人就有相互呼应的部分，能形成整体感。

③ 增添互动性的体态语言

除妆容、服饰等，主持人的面部表情与肢体动作也很重要，这些外在形象也是主持人表达情绪、与受众交流并达到互动效果的重要手段。介绍背景画面时配合肢体动作，有问有答地互动，能给人一种轻松感，拉近与受众之间的距离。

（2）内在形象的树立

内在形象体现在多个方面，如气质、涵养、学识和修养等。主持人的内在形象决定了其外在表现和总体形象，与其外在形象是相互关联、相互促进的。

① 丰富的文化储备

具有深厚文化底蕴的主持人是保证节目正常进行的基础，也是一档节目成功的保证。主持人只有通过长时间的学习积累，将书本知识与实践经验相结合，才能够不断提升个人的文化素质。

② 超强的应变能力

应变能力指主持人在节目现场面对突发事件造成的障碍和干扰时，敏锐、及时、准确地做出反应，迅速、巧妙、果断地采取有效措施，使节目继续进行或圆满结束的能力。主持人只有具备流利清晰的表述方式、快速的反应能力以及遇事不慌、处变不惊的态度，才能在直播中随机应变。

（3）提升自身形象的策略

提升自身形象的策略共分为以下几个方面。

① 以清新和富有朝气的服饰妆容增强亲和力

主持人在播报新闻时西装革履、正襟危坐，其亲和力会大大减弱。主持人需要做到外表庄重大气且不失亲和力。例如，女性主持人可以在服饰款式上追求流行趋势，添加流行元素，如添加胸针等配饰；在服饰的颜色上可以多选择浅色系和亮色系，如浅绿色、浅粉色、浅蓝色等清新有朝气的颜色，以吸引受众，避免服饰颜色较深，给人一种

压抑且太过严肃的印象。

② 根据内容转换播报方式

网络新闻节目中的内容长短不一，具有一定的跳跃性，主持人需要在神情以及语速、语调上有一定的变化，以播报不同类型的新闻。例如，时政新闻具有权威性、严肃性，主持人须正襟危坐，注视镜头。播读生活资讯类或者社会热点类新闻时，主持人可放慢语速并使语言更加口语化，可使面部表情丰富一些，再配合肢体语言来传递新闻信息。主持人还可以与另一位主持人互动交流，使受众感到亲切而不生硬，拉近节目与受众之间的距离。

③ 塑造个性特征，彰显个人魅力

随着受众文化水平和欣赏水平的提高，主持人的评定标准也发生着变化，但越是能够凸显个人魅力、表达个性特征的主持人往往越受喜爱。主持人的个性特征体现在音色、语言风格、个人情感的抒发等方面。优秀的主持人不仅个人形象与节目风格统一，还能在传递新闻信息的过程中彰显个人魅力，给受众留下深刻的印象。主持人应具备深厚的知识底蕴、优秀的语言表达能力、一定的临场应变和即兴发挥能力。

④ 主持人的语言应具备科学性、技巧性、审美性、时尚性

主持人的语言同其思想水平、文化素养、生活阅历、个性特征、美学情趣有极大的关系，这就要求主持人具有丰富的知识储备，注重知识的积累，对书面语言有较强的理解力、感受力、记忆力，包括运用有声语言时的表现力、控制力，即兴口语生成能力，等等。

3．网络新闻节目主持人的职业素养

主持人作为网络新闻节目的主体，是整个网络新闻节目的“总指挥”，是网络新闻节目与受众之间建立联系的“人物化”桥梁，往往影响着传播活动的成败。因此，主持人要具备职业素养。

（1）主持人为什么需要具备职业素养

① 主持人自身发展的需要

在网络媒介快速发展的背景下，主持人只有提升自己，才不会被行业所淘汰。此外，主持人在网络新闻节目中的地位愈加突出，除了代表自己，还代表着自己所在的节目，更代表着节目的受众。因此，主持人只有不断地学习、完善、充实自己，才会被受众接受与信任。

② 传播需要

主持人作为网络新闻节目的传播主体，就是要将信息和好的理念传播给受众，以此来推动网络新闻节目的传播与发展。所以，优秀的主持人对网络新闻节目来说是非常重要的。

（2）主持人应具备的职业素养

① 学识修养

学识修养也叫文化修养，良好的学识修养以丰富的文化和渊博的知识为基础。主持人只有在日常工作生活中进行长期而又广泛的知识积累，才可以在面对自己的节目、受众时做到胸有成竹，游刃有余。哲学家培根说过：“人有多少知识，就有多少力量。”而主持人作为节目最直接的表现者，必须具有良好的学识修养。主持人只有拥有深厚的知识底蕴，才能吸引受众，并满足受众的精神文化需求。如今优秀的主持人都追求在生活和工作中不断学习进步，用知识来充实自己，进而在节目中有更优秀的表现。一名学识广博、文化底蕴深厚的主持人往往能受到受众的喜爱和长期的支持。

② 语言表达能力

语言表达能力是衡量主持人能否胜任工作的基本因素，因为主持人的工作就是通过自己的语言表达来引导网络新闻节目顺利进行。语言表达能力主要包括以下 3 个方面。

- 能说标准的普通话：发音标准是主持人在节目中最基本的要求，也是主持人的看家本领。主持人作为与受众最接近的人，其一举一动都会对受众产生影响，因此，主持人要发挥示范作用，能说标准的普通话，积极履行国家法律所规定的推广普及国家通用语言文字的义务。
- 表达清楚：在节目中，主持人将有声语言通过镜头传播给受众，如出现发音含混、吐字不清，就会造成受众的接受障碍。主持人对稿件内容的理解不深入，不能将书面语言转化为受众易于接受的口头语言，就可能使节目内容超出受众的理解范围，从而影响节目的传播效果。这就要求主持人在主持节目的过程中必须具体、形象、深入浅出地进行表达。
- 感染力强：主持人经常需要借助有声语言来传播信息，这就要求其语言具有感染力。梁启超在写论说文时提出过两点意见，一曰“动听”，二曰“耐驳”，这两点对于主持人用好有声语言有很大的启示。

③ 现场应变能力

主持人的现场应变能力强可能体现为对一次意外事故的及时应对，对一个尴尬局面的化解，或者一种即兴发挥。著名主持人杨澜在一个颁奖晚会上不小心在台上绊了一下，差点摔倒，引得台下的观众一阵大笑。杨澜当时一点也没有惊慌失措，反而非常机敏地说了一句：“真是人有失足，马有失蹄啊，我刚才表演的狮子滚绣球节目还不够精彩吧？看来这次演出的台阶不那么好下，但台上的节目很精彩，不信，你们瞧他们……”短短的一句玩笑话，不仅化解了当时的尴尬场面，而且显示出了一名优秀的主持人应有的现场应变能力。在复杂环境中，随时都会出现许多“不可控”的因素，而主持人在面对突如其来的事件时，必须要有冷静的头脑、敏锐的反应，这样才能在现场更好地完成主持任务。这就要求主持人不断实践，从中学习并总结经验，从而提高自己的现场应变能力。

④ 职业传播素养

主持人要想将优秀的网络新闻节目呈现给受众，还需要具备信息采集和处理能力，并熟悉网络传播规律。

- 信息采集和处理能力：对于主持人来说，只有在主持之前掌握大量有关节目的信息，才可以在面对镜头时胸有成竹，滔滔不绝；只有在足够信息的支撑下，才能使节目更有深度，才能满足受众的精神文化需求。这就要求主持人能够积极主动地采集信息、接受信息和处理信息。主持人只有具备很强的信息采集和处理能力，才能将重要且有效的信息传递给受众。
- 熟悉网络传播规律：要想成为一名优秀的主持人，除了要具备一些基本的职业素养，如一般的采访、写作、策划能力，还要熟悉网络传播规律，熟悉从有节目创意到节目最终形成的各个工作流程，熟悉有关网络媒介的各个技术方面的工作。

（3）主持人职业素养的形成

① 主持人自身要“内外双修”

俗话说：“活到老，学到老。”一个人只有不断地学习，不断地进步，才能够永远地走在时代的前列。主持人自身素质的提高是节目质量不断提高的基本要求。对于主持人来说，要想被受众所熟知，深受大家喜爱，不能只通过外在“包装”，还要不断提高自己的内在涵养，以此来提高自己的职业素养，这样才可以促使自己成为一名优秀的主持人。

主持人要通过理论与实践的结合，广泛积累知识，提高文化素质；还要丰富人生阅历，增加人生体验。这样才能更有助于自身职业素养的提高。

② 节目组建立优胜劣汰的竞争机制

在市场经济体制下，各节目之间的竞争越来越激烈，导致现在各节目对主持人的要求也越来越高。如果主持人自身不提高自己，那么就无法适应节目的发展与传播需求。

对于节目组来说，只有建立优胜劣汰的竞争机制，才能使主持人产生紧迫感，才有利于节目得到较好的发展。节目组要建立并完善人才招聘机制，员工考核机制，晋升、奖罚、淘汰等机制。只有建立完善的管理制度，才有利于节目更好地传播。

③ 专业院校的培养要与时俱进

当前，我国主持人的来源主要有两个：一是大范围的社会招聘，二是专业院校毕业生选拔。在此之中，专业院校的培养对主持人的职业素养的形成会产生很大的影响。现在，播音主持专业的招生工作已经纳入了艺术类招生工作的范畴，所以，在高考前往往会安排专业的面试，而这种专业的面试主要考查的是考生从事主持工作应具有的职业素养。例如在初试环节，考生需朗读文章，这就是对其声音、普通话水平、语言表达等方面的考查。当学生在专业院校进行系统的学习时，院校应对学生进行有关主持人的职业能力训练，使之符合职业的要求。专业院校的培养要立足于课本上的理论知识，不能认为学生只要有深厚的知识功底就可以成为一名优秀的主持人，而是要与时俱进，紧跟时代的步伐。在信息时代，网络媒介日新月异，专业院校只有与时俱进，才可能培养出与时代同步的主持人。

主持人是以栏目“主人”的身份来把握整个节目的进程、节奏和氛围的，更具体地说，就是以其个人魅力来代言所在栏目的风格和宗旨。一名具有深厚的文化底蕴、较高的文化素养和职业素养的新时代优秀主持人，要长期处于“时刻准备着”的状态。

4．网络新闻节目主持人的主持技巧

主持人的主持技巧是节目成功因素中不可或缺的一环。根据节目内容的不同，他们需要灵活地运用语言，准确传达信息，同时保持节目的流畅性和吸引力。此外，主持人还需营造积极互动的氛围，确保节目效果达到最佳。

（1）网络新闻播报的技巧

- 停顿简洁（少停多连），句尾处理有停连。
- 重音少而精，选择重音时要基于整篇报道考虑。
- 对字头字尾进行恰当处理，字头叼住，字尾上扬。
- 语句规整，注意词的轻重格式和词组的断连。
- 读好语句中的中心词。
- 助词“的、地、得”一般一带而过，介词“当……”要进行特色设计。
- 气匀流畅（呼吸和口腔要控制得当）。
- 用实声，不用虚声。
- 出口积极，看准了就念。

（2）新闻播报的语言样式及特点

- 播报式：又称为播讲式，使用这种方式播报新闻时，语言规整简练，流畅自如。播报式是一种介于口语谈话和宣读之间的语言样式，其适用范围非常广泛，绝大部分广播电视新闻都采用这种语言样式。播报式的缺点是亲切性不如谈话式，严肃性不如宣读式。

- 宣读式：又称播读式，它是 3 种新闻播报语言样式中对规整性要求最严格的一种。这种语言样式带有很强的书面语风格，要求吐字归音、语句停连处理都较为平稳，声音坚实洪亮。
- 谈话式：这种语言样式较播报式更灵活自然，语气稍松缓，交流感强，可让受众有更强的亲切感。它的词语组织更加口语化，比如更多地使用简单句和短句，更多地使用惯用词和在听觉上容易分辨的词。它对规整性、简洁性都有一定要求，比如不能只说半句话，不能拖泥带水、反反复复地说，不能想到哪儿说到哪儿。

（3）说新闻的具体做法

- 强记信息要点和叙事的逻辑顺序，在原文基础上重新组织语序，不拘泥于原来的词句，注意叙事层次分明和语句衔接得当。
- 依据听觉接收信息的线性特点，对新闻事实较为复杂、背景相对陌生的语句做语序调整。可以将对背景、兴趣点的说明提前，或以事件发生及发展的时间或空间为序，由主到次；或根据因果顺序情况进行语序的逻辑结构调整。
- 将生涩刻板的书面文字换成口头词语，但必须符合新闻语体，少用或不用专业术语。尽量避免使用同音字词让受众误解，词语尽量精简有力，深入人心。

（4）说新闻考查的 3 种能力

- 信息把握能力。
- 语言加工能力。
- 语言表达能力。

（5）评论播音的特点

新闻的特点是用事实说话，不直接表述作者的观点。评论则正好相反，它的任务就是针对新闻事件或新近出现的问题直接表述作者观点，在内容上表明态度，提出解决问题的办法，引导舆论，指导社会生活。总的来说，评论播音是比较严肃、比较郑重的。

评论播音的特点是观点鲜明、逻辑严密、以理服人，具体如下所示。

- 观点鲜明：主持人必须在把握播出背景的前提下，明白评论针对的是什么样的事或问题，针对的是什么样的人，发表相应看法对社会生活有什么现实意义，应取得什么样的社会效果。
- 逻辑严密：主持人的观点和态度是通过严密的推理和科学的论证表现出来的，其内容应注重两个问题，第一，条理清晰，主持人应先将评论内容进行梳理，确保所讲内容应有首有尾，前后呼应，句句属实；第二，重点突出，主持人应抓住新闻事件的重点内容，让受众了解评论内容的主要观点。
- 以理服人：主持人贯穿评论播音的始终，要以理服人，不能以势压人或嗲声嗲气地取悦于人，而应呈现正确的观点、严密的逻辑、胸怀宽广的气度，令人听后心悦诚服。

（6）通讯的特点

- 内容真实。
- 通讯讲求时效性，其报道的都是受众应知、欲知、未知的新鲜且典型的事实，但在时效性方面不及消息要求严格。
- 通讯比消息篇幅长、容量大，报道更深入。
- 通讯稿件倾向鲜明，作者的主观感情色彩浓厚。
- 通讯的表现方法比消息丰富、灵活。
- 通讯在叙述上比消息详尽、生动。

（7）通讯播音的要求

- 主持人总体上应表达自然、态度热情、诚恳述说。
- 在掌握通讯结构的基础上，做到清楚表述事实脉络。
- 结合播出背景，具体体会稿件内容，充分认识主题思想和播出的针对性。
- 主持人通常通过领起性或归结性的重点语句直接点题，更主要的是通过具体事实和形象生动的情节来展现主题。
- 通讯播音的倾向要鲜明，主持人的感情要真挚且充沛。
- 无论通讯内容是什么，主持人都要根据每篇通讯所报道的对象的独特点播出每篇通讯的特色，避免千篇一律。
- 注意通讯标题、开头展开部分、结尾之间的照应关系。

7.3 其他网络节目

7.3.1 其他网络节目简介

新媒体平台以腾讯视频、爱奇艺、优酷等为代表，它们的频道分类精准，受众也较精准。例如，少儿频道的节目可以划分为电视剧、电影、综艺、纪录片、动漫；根据内容题材可细分为儿歌、益智、手工绘画、玩具、英语早教、数学、国学、冒险、交通工具、科幻、动物、真人、特摄、探索和其他等类别；将受众按年龄划分为 0～3 岁、4～6 岁、7～9 岁、10 岁及以上。受众可根据内容类型、年龄等分类标准来选择节目内容。因此，新媒体平台现在成为不可或缺的媒介之一。在新媒体平台上，除了网络综艺节目和网络新闻节目，还有财经类节目（相关资讯及评述）、体育类节目（赛事转播及体育消息报道）、文化娱乐类节目（包括真人秀、娱乐资讯等）、生活类节目（生活见闻、大众平日关心的内容）等。

7.3.2 网络解说类节目

新媒体平台上的节目中有一部分可以归为网络解说类节目，如体育解说节目和纪录片、专题片解说节目等。这类节目主要来自节目合作机构或广播电视台等影视传媒机构。当然也有部分体育解说节目（以下简称为体育节目）是平台自制的。

1. 体育节目

随着体育运动的普及，体育节目的收视率越来越高。了解体育，欣赏体育，已经成为人们生活中的一种时尚追求。尤其是现场直播的体育节目越来越强调时效性、趣味性、贴近性、节奏感。这就要求体育节目主持人必须具备很高的专业水平、深厚的知识、独到的观察能力，对比赛进程及其结果或趋势能有科学合理的分析，这样才能更好地吸引受众，让节目更有效地传播。

（1）体育节目主持人的基本语言风格

体育节目主持人的基本语言风格就是鲜活。体育节目主持人在表达观点的时候也要鲜活，所以体育节目主持人要善于体现鲜活、表达鲜活、还原鲜活。因为体育节目的魂就是鲜活，这也是体育节目主持人与其他节目主持人在语言风格上的最大区别。

（2）我国体育节目主持人的基本语言风格的演变

① 不同的时代背景

纵观我国体育节目主持人发展的历程，大约可以将其概括为4个字："四代二型"。"四代"是指四代主持人，包括以张之为代表的第一代，以宋世雄（见图7-14）为代表的第二代。这两代是我国电视体育节目主持事业的开创者，以解说比赛过程为主。以韩乔生（见图7-15）、孙正平（见图7-16）为代表的第三代主持人形成了夹叙夹议的主持风格，带有明显的承前启后的过渡性质。以黄健翔为代表的第四代，他们的评论基本上都是与比赛过程同步的。"二型"指的是以宋世雄为代表的解说型和以洪钢（见图7-17）为代表的评论型。20世纪80年代中后期至90年代，一批新人先后登上体育节目的舞台，为体育节目在新的历史时期的发展做了良好的铺垫。现在，越来越多的传统体育节目主持人来到网络平台开展体育解说工作。

图7-14 宋世雄

图7-15 韩乔生

图7-16 孙正平

图7-17 洪钢

② 不同的来源

从主持人队伍构成来看，体育节目主持人主要来源于4类，第一类为播音专业人员，第二类为体育专业人员，第三类为其他行业转行的人员，第四类为退役的专业运动员。不同来源的体育节目主持人都有自己不同的语言风格，但也存在不足，必须通过专业培训去提高。

③ 不同的性别

相对于男性体育节目主持人解说时的激情澎湃、豪情万丈，女性体育节目主持人更多表现为温婉尔雅、心平气和，这形成了两种截然不同的语言风格。

（3）体育节目主持人的类型

体育节目主持人可以分为沉稳冷静型、幽默娱乐型、激情澎湃型等。

（4）体育节目主持人存在的问题

① 基本功不扎实

当前，我国的体育解说员（同体育节目主持人）在基础业务技能方面存在着比较突出的问题，也就是说，体育解说员不仅要能讲标准的普通话，还要有极强的口头表达能力和随机应变能力，更要有丰富的体育专业知识。

② 配合不默契

在体育节目中常常出现主持人与明星、专业运动员、教练或专家共同解说或评论的形式，这种形式也受到粉丝好评。但这种形式在配合上存在一定的问题，如主持人与嘉宾（明星、专业运动员等）不注意语言上的互补性，出现重复、啰唆等现象。

③ 英语水平低

国际体育赛事使用的语言通常是英语，但目前我国大部分的体育解说员在英语表达方面存在不同程度的欠缺，这对解说国际体育赛事会造成负面影响。我国体育解说员要努力提高英语水平，向全世界展现我国体育事业的蓬勃发展。

④ 缺乏激情

部分体育解说员在解说时甚至在比赛最为紧张激烈的时候缺乏激情，这将无法带动受众的情绪，使其产生共鸣。

（5）体育解说员应具备的素质

从体育节目的要求和国内外知名体育解说员的表现来看，体育解说员应当具备以下5种素质。

① 过硬的政治素质

体育解说员首先要有过硬的政治素质，这是成为优秀的体育解说员的第一步。体育作为一种文化现象，蕴含着丰富的精神内涵。体育解说员要有过硬的政治素质，及时抓住比赛中的闪光点，对其进行升华，从而传递崇高精神，感染受众。体育解说员必须坚持用政治眼光看问题，提高解说时的政治品位，弘扬积极健康的体育精神。

② 强烈的敬业精神

体育解说员要时刻保持自己的工作状态和解说热情，用自己富有感染力的声音引起受众的共鸣，从而达到较好的传播效果。体育解说员在赛前要做好充分的准备，充分了解比赛的背景，解说时要处理好其中的各个细节，还要敏捷地应对各种突发事件，尽量避免口误。

③ 多项型的知识结构

体育是一门实践与理论结合非常密切的学科。体育比赛中有不同的项目，各个体育项目有各自不同的规则和技术特点。体育解说员要做到专业化，起码要懂得相关的体育知识。

④ 冷静敏捷的应变能力

体育解说员无法预料比赛过程中的具体细节，也无法预料运动员会采用何种战术策略。体育解说员不可能事先将解说细节设计好，只能根据比赛的实际情况随机应变地选择解说内容。体育解说是即兴的播讲形式，要求体育解说员思维敏捷、反应迅速，懂得在适当的时候给受众提供所需要的内容。

⑤ 深厚的语言表达功底

体育解说归根结底是一门语言艺术，对各种理论和知识的运用最终都要靠语言来实现。因此，深厚的语言表达功底是解说成功的保障。体育解说员要讲标准的普通话，要练就扎实的口头语言表达能力，解说时要增强幽默感。

总之，体育解说员要不断提高专业水平，打造自身独特的语言风格。体育解说是一门综合性的高级艺术，随着时代的发展，体育节目对体育解说员的要求也越来越全面，只有具备较高综合素质的体育解说员方能胜任这项艰巨的工作，才能丰富体育节目，推动我国体育事业的健康可持续发展。

案例分析

排球解说员孙鹏耀新锐闪耀，解说专业性强，受球迷喜爱

“各位央视频的观众朋友晚上好，这里是成都大运会男排1/4决赛的现场，今天中国男排迎战日本男排，争夺半决赛入场券，比赛开始！”大运会开赛以来，这位声音洪亮高昂又干练专业的解说员便被众多网友津津乐道。每每进行排球解说，这位解说员每每亮嗓，评论区便热闹起来。这位解说员就是通过央视《一起说奥运》比赛崭露头角的孙鹏耀，如图7-18所示。

图 7-18　央视体育解说员孙鹏耀

央视频以其各路赛事全覆盖、全播出的矩阵优势，成为体育观众的主要观看渠道。男女排世联赛的众多场次都是通过央视频直播或回放的，孙鹏耀便由此走进排球迷的视野。孙鹏耀的解说风格被排球迷誉为“一股清流”，相比洪钢冷静批判型的解说风格，黄子忠语速快、滔滔不绝的解说风格，以及田宗琦热情感性的解说风格，孙鹏耀在解说时给人的第一感觉就是专业性强，他对世界各队的发展历程及队员的技术特点了解充分，解说有特色。

与大多央视体育解说员通过解说奥运会、世锦赛等经典赛事而成名不同，孙鹏耀一开始是在 B 站、央视频等网络平台进行解说的，以声音有特色、字正腔圆、言简意赅而受到欢迎。其实，孙鹏耀不是一名排球解说新人，他在成名前也解说了不少的体育节目，特别是排球节目。

为何网友对孙鹏耀的解说如此赞扬？某资深排球迷给出答案：“因为太久没有听到如此专业又不啰唆，不带各种主观色彩、客观公正的排球解说了！”

我们来看一段孙鹏耀在 2023 年 7 月女排世联赛关于中国队首场对阵荷兰队的赛后总评：“中国女排回归的首场比赛，同样也是本届世界联赛的第十场比赛，中国队对战荷兰队。荷兰女排虽然没有拿到东京奥运会的入场券，但队伍整体的实力还是很强的。整场比赛中国女排进入状态非常快，因为之前没有进入场馆训练，所以中国女排有这样的开局，展现出了她们作为世界上顶级选手的能力和水平。开局从发球做起，荷兰女排的两位主攻手达尔德罗普和乌维斯在一传端都比较薄弱，因此择其弱项而攻之，中国女排击溃了荷兰女排的一传。同时在进攻端，中国女排边攻的成功率非常高，整场比赛大部分的时间里，（进攻）成功率都达到 50%以上。这场比赛中，中国女排在发、扣、拦这三大技术环节全面领先荷兰队。戏剧性的一幕出现在第三局局末阶段，中国女排遭遇了荷兰女排的反扑，但最终还是以 33 比 31 拿下第三局，从而以 3 比 0 战胜对手。从 25 分到 33 分，中国女排在一传端的两位主攻可以说是抗住了压力，不管是在对方的局点还是我方的赛点，都发挥出作为世界强队一员应该具备的心理素质和水平。可以讲，中国女排在主力回归后的首秀打得精彩，让人看得舒服。希望接下来面对世界强手，中国女排继续调动状态，为参加东京奥运会做好准备。”这是一段高水平的总评，从开头到结尾，孙鹏耀高度概括中国女排战胜对手的技术因素，并突出了中国女排是在没有适应场馆的前提下完胜荷兰女排。

听一场孙鹏耀的完整解说，我们会发现他对各种战术都很熟悉，“前交叉”“背平”“二号段冲进打短球”“拔高点”等专业表述大量出现，这在以往其他排球解说员身上不能说完全没有体现，即使有体现也没孙鹏耀说得流畅连贯。他的整场解说不拖泥带水、专业术语充分展现，让观众听得舒服、听得明白。可以说，孙鹏耀用最专业的话语进行了最平易近人的解说。

2．纪录片、专题片解说节目

网络平台上的解说类节目除了体育节目，还有纪录片、专题片解说节目。这类节目多由专门的制作机构制作并在网络平台播出，特别是纪录片，其在网络平台上的播出数量远远高于电视台。由于网络平台的开放性和便捷性，各类纪录片解说节目已经成为网络平台的主要传播内容之一，受众较多。专题片解说节目中有一部分来源于传统媒体，并通过网络媒体播出。总之，纪录片、专题片解说节目是网络解说类节目中很重要的一类。

（1）纪录片、专题片解说节目主持人的语言风格

网络解说类节目中的纪录片、专题片解说节目基本都是完整播出的。解说配音是这类节目中非常重要的元素，解说的好坏直接影响着节目的质量。这类节目并不会因为在网络平台上播出就降低对解说的要求。纪录片、专题片解说配音属于播音的范畴，对于声音的要求更为严格和专业，整体说来主持人需要遵守普通话标准。

首先，普通话标准表现在没有方言音、口音。如果有着方言音、口音，则会严重影响节目的整体表达，有的甚至会起到“搞笑”的效果，还会使受众的注意力和收听收看受到影响。

其次，普通话标准表现为吐字归音标准。不能出现平翘舌混淆，如“山色”不能读成“三社”；不能出现前后鼻音混淆，如“明星”不能读成“民心”；不能出现“n”“l”音混淆，如“男男女女”不能读成“褴褴褛褛”；不能出现圆唇和半圆唇混淆，如“bo”不能读成“be”；等等。出现以上任何问题都会引发歧义，影响受众的收听收看。

最后，普通话标准表现为在自如声区处理声音，不“提”、不“捏”、不“挤”，能用自如的语气发声、解说。

（2）纪录片、专题片的解说技巧

纪录片、专题片的解说技巧如下。

- 把握主题，声音入画。
- 弄清背景，心中有底。
- 获准意图，把握目的。
- 把握风格，融入基调。
- 合理划分，表达清楚。
- 把握人物，言语贴切。
- 扫除障碍，字音准确。

7.3.3 网络谈话类节目

下面重点介绍网络谈话类节目主持人的沟通技巧和采访技巧。

在节目不同的环节中，主持人的语言存在着一定的共性，我们通常把这种语言称作串联语。串联语是指主持人在组织串联节目各组成部分的时候即兴发挥的话语。串联语具有很强的主动性、机动性、灵活性和应变性。掌握串联语的特点，有助于主持人更好地把握节目各环节的轻重缓急、快慢疏密，使节目进程紧凑有致，富于节奏感。在不同的环节，串联语有多种表现形式，如开场语、衔接语、问询语、点评语、应答语、交流语、评述语、结束语等。

1．话题的引入

成功入题可以在瞬间唤起受众的注意和兴趣。主持人要灵活地运用开场语，自然而然地引入话题，并展开话题。

（1）开场语的语用功能

- 沟通：主持人通过简要讲述，与受众之间架设起相互信任的桥梁。
- 暖场：开场抒情可激发情绪，拉近受众和主持人的距离。
- 预设：交代话题由来和相关背景，预设节目的基调。
- 布疑：一开始就设置悬念，引起受众的兴趣。
- 引趣：用趣味性讲述引起受众对节目的兴趣。

（2）开场语的表达方式

- 开门见山式：这是一种直接概括地揭示话题、主旨的开场方式，特点是单刀直入，简洁明快，让人在短时间内进入主持人所设计的思路之中，给人干脆利落、直截了当的感觉。运用这种表达方式需要主持人有高度的概括能力和语言表达能力，能够明确地提炼话题宗旨，精确地表述话题内涵，以清晰明快的姿态将话题呈现在受众面前。主持人也可以先将节目的主要内容和关键信息提炼出来，在节目一开始就向人们介绍和推荐，这样入题既可以增强吸引力，使受众产生心理期待，又可以帮助他们做好心理准备。
- 迂回入题式：主持人借助相关或不太相关的内容预设某种前提或调动受众的兴趣，让受众在不知不觉中融入节目。这种入题方式多用于社会性话题，以常见、反常规或有情趣的典型新鲜事例为引，从小事入手，从身边的现象谈起，可实现以小见大、以情感人、以理服人的宣传效果，或讲个小故事、小笑话，以受众容易接受的形式自然入题。很多著名的主持人就常常使用这种方式。
- 引发思考式：主持人用创设悬念或提出疑问的表述，构筑一个受众积极参与的场景。在法制类栏目中，这种方式被普遍应用。另外一种常用到这种开场方式的节目是话题评论类节目，主持人会通过提出问题吸引受众的注意力和引起受众的思考兴趣，使受众一步步进入主持人设计的话题讨论场景中。
- 情绪渲染式：主持人用自己的情感点燃受众的情感，并确定节目基调。通过对周围景物或环境因素的观察、捕捉，触景生情、借景抒情地进入话题，可以为节目营造出一种和谐亲切的现场氛围。运用这种技巧需要注意的是，借用景物和环境因素时不可牵强附会、矫揉造作。

2．话题的衔接

熟练地掌握衔接语有助于主持人顺利地完成起承转合，使话题的层次鲜明、环节清晰、观点突出、富于节奏。

（1）衔接语的语用功能

- 承上启下：运用语言对节目的不同环节、不同内容进行上挂下连的组接，让受众感受到其中的内在联系。
- 设置悬念：主持人用提出疑问或用类似相声里的“抖包袱”的趣味方式衔接后面的内容。
- 铺路搭桥：在节目进行过程中，当某些环节的展开遇到障碍时，主持人可为推动节目进程而随机应变地说几句话。

（2）衔接语的表达方式

- 引用资料，逐渐推进：话题要层次清晰、逐步深入。单纯用语言来实现起承转合和衔接变换有时会略显单薄，适当引用图片、视频、音频等资料可以使转折自然，更容易让受众接受。此外，要注意言简意赅，适时插话，恰当评议，引申纠偏，耐人寻味。
- 设置悬念，引人入胜：主持人可以通过自己的语言把一个故事拆分开来，并按照一定的逻辑设置悬念以吸引受众，在最后将故事推向高潮，吊足受众的胃口。

- 巧用重复，加深印象：重复是指借用现场嘉宾、受众的话或对播放短片中的某个情节加以复述，这样既表达了主持人的倾向，又不会有强加于人的感觉，不仅有助于受众加深对原内容的理解，还可以加深受众的印象，强化认识。

3．话题的结束

在充分地展开一个话题之后，还要巧妙地给它收尾。精彩的结束语不仅可以突出话题的主旨，起到画龙点睛的作用，而且可以升华主题，使受众在一个更高的层次审视话题的价值，并把这种方法折射到其他事物上，产生“余音绕梁，三日不绝”的效果。因此，话题的结束部分至关重要。

结束语并不一定是一大段话，个别主持人总喜欢在节目要结束时喋喋不休，虽然节目很精彩，但结束语给人狗尾续貂之感。结束语要言简意赅，如同文章中的“豹尾”一样简短有力。结束语要与开场语呼应，评论点题，以情感人，触动心灵，梳理归纳要点，由此及彼引发联想，正确分析，合理建议。

4．沟通的技巧

沟通是为了实现事先设定的目标，把信息、思想和情感在个人或群体之间传递，并使个人或群体之间达成共识的过程，如图 7-19 所示。图 7-20 所示为沟通漏斗。

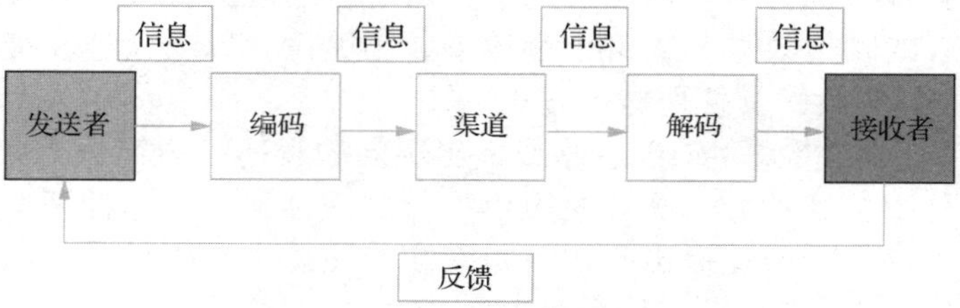

图 7-19　沟通解码图

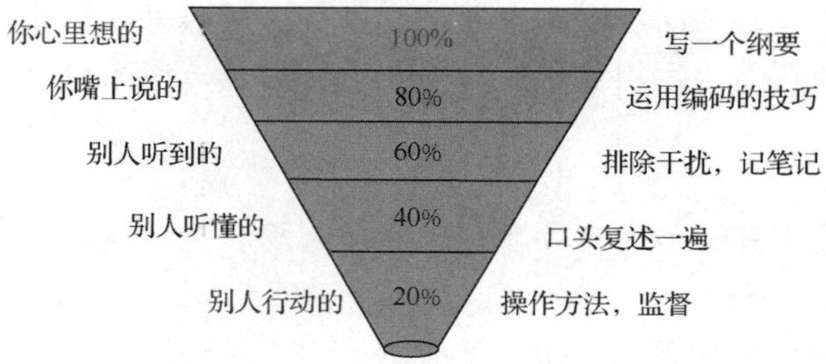

图 7-20　沟通漏斗

在网络谈话类节目中，主持人要进行有效沟通，须做到以下几点。

（1）事先准备

- 明确沟通的目的（Why）。
- 选择信息发送的方式（How）。
- 确定信息发送的时间（When）。
- 确定信息的内容（What）。
- 确定谁该接收信息（Who）。
- 从何处发送信息（Where）。

（2）确认需求

- 提问（Ask）。

- 积极聆听（Listen）。
- 及时确认（Confirm）。

当没听清楚或没理解对方的话语时，要及时提问，一定要完全理解对方的意思，这样才能做到有效沟通。

（3）运用提问的技巧

- 把握提问时机：刚开始交谈时，需要营造轻松氛围，可以先问一个开放式问题；当发现话题跑偏时，再问封闭式问题；当发现对方很紧张时，可再问一个开放式问题。开放式问题与封闭式问题的优势与劣势如表7-4所示。

表7-4 开放式问题与封闭式问题的优势与劣势

问题的类型	优势	劣势
开放式问题	收集信息全面， 谈话氛围愉快	话题容易跑偏， 谈话内容不容易受控制
封闭式问题	节省时间， 谈话内容易受控制	收集信息不全， 谈话气氛紧张

- 少问带有引导性的问题：例如“难道你不认为这样是不对的吗？”这样的问题不利于收集信息，且容易给对方留下不良印象。
- 避免多重问题：不要一口气问很多问题，导致对方不知所措。

5．采访的技巧

在网络谈话类节目当中，人物采访是常见环节。在采访人物的过程中，提问显得尤为重要。高质量的提问离不开采访前的充分准备，主持人要了解采访对象做了哪些事情，他究竟是一个什么样的人，他的性格和为人是怎么样的，他为什么要这么做，他的潜在动因是什么，他的行为背后有哪些深层社会原因。这些问题都要在采访前找到答案，主持人还要尽可能通过各大传统新闻媒体、官方网站等渠道获取一些资料，多查、多看、多思考。主持人在采访时，首先要明确采访主题，然后围绕采访主题提问，层层剖析，步步深入。

（1）采访的准备

- 确定采访重点：当确定了采访对象，就要重点考虑想要知道什么。例如，要采访一名工会会长，主持人不可能面面俱到，只能选择最能反映他的工会会长身份的特点和事迹来采访，如工会成立时间及历史，工会宗旨，工会职能部门，如何管理工会，如何让工会成名，工会获得过的荣誉，等等。
- 收集采访对象的资料：主持人可以从采访对象周围的人入手，可以从其他人入手，也可以通过其他人提供的资料来侧面了解采访对象。主持人要收集的资料可以是采访对象的个人成长经历、年龄、性格、职业等。
- 列一个采访提纲：特别是对新手主持人来说，列采访提纲是非常必要的。主持人可以先确定好采访重点，围绕采访重点列几个大问题，然后针对每个大问题设计几个小问题，目的是让采访对象完整深入地回答大问题。因为普通人接受采访只觉得新鲜、有荣誉感，没有好好想过要对受众说些什么。主持人如果笼统地问一些大问题，这些采访对象往往只会回答一个方面，回答相对简单、笼统，一些紧张的人甚至会答非所问（也不排除采访对象故意答非所问）。这时，如果主持人想问的问题极其重要，那就要想方设法地问到底。

（2）采访的步骤

- 明确采访目的。

- 进行背景调查。
- 进行采访预约。
- 策划采访。
- 与采访对象见面。
- 提第一个问题。
- 营造轻松和谐的采访氛围。
- 提敏感问题。
- 提敏感问题之后的情感恢复。
- 总结本次采访。

（3）采访中提问的技巧

- 提问要营造一种融洽的氛围，从而拉近主持人同采访对象的距离。采访对象千差万别，有的很容易被调动情绪，有的却一直很拘谨，这时可以用聊家常的方法拉近距离。
- 提出的问题要具体细致，不要泛泛而谈。有的主持人在采访中经常会问这样的问题：您遇到了哪些困难？您的感受是什么？您的愿望是什么？您的打算是什么？等等。这些问题缺乏个性，泛泛提问得到的往往是泛泛的回答。主持人提出的问题要具体，避免泛泛提问。
- 要善于运用层层追问的办法来挖掘故事的细节，深入了解采访对象的内心世界。采访中常常会遇到这样一种情况，采访对象往往对自己做过的事情中的细节一带而过，这时主持人就要迅速捕捉细节并追问下去。
- 主持人在向采访对象提出敏感的问题时，可以采取迂回式提问的办法。例如，一个名人的成功受人瞩目，他成功背后的故事往往引人关注，但对于这类问题他往往不会正面回答。那么在采访时，主持人就可以不就事论事，而是从侧面了解他、观察他，从他对侧面问题的回答中体会他的处世之道。

人物采访中，关于提问的技巧还有很多，如采访一些专家学者时，提问就应专业一些，这样才能和采访对象拉近距离；当采访对象的文化程度比较低或表达能力比较弱时，要有耐心；当采访对象跑题时，要想办法引导他回到正题；等等。总而言之，采访是为了获取素材，主持人使用的所有采访技巧都应该为实现这一目的服务。

【课后实训】

1. 网络综艺节目可持续发展的生命力所在是创新，那么如何保持创新力呢？
2. 网络新闻节目的吸引点在哪里？是现场感、讲述感、争议性，还是评论功能？
3. 你最喜欢网络上的哪类节目？评价一下这类节目主持人的主持风格。
4. 发挥你的创新能力，录制一档 3 分钟以内的娱乐播报类节目。
5. 写一篇 200 字以内的新闻简讯，以音频或评论的形式上传到自媒体或其他媒体上。
6. 录制一段 3 分钟以内的体育赛事或纪录片解说视频，上传到自媒体上，看看反响如何。